ドイツの忘れられた世代

戦争の子どもたちが沈黙をやぶる

ザビーネ・ボーデ
齋藤尚子・茂幾保代／訳

Sabine Bode
Die vergessene Generation
Die Kriegskinder brechen ihr Schweigen

三元社

Die Originalausgabe erschien unter dem Titel
Sabine Bode, Die vergessene Generation – Die Kriegskinder brechen ihr Schweigen

Japanese edition published by arrangement through The Sakai Agency

ドイツの忘れられた世代　もくじ

実現した増補版のための序文

ある忘れられた世代の記憶の研究

戦争の時代に子ども時代を送った人びとにとって、自分たちは世代として特別な運命を持つ、という考えがまだ全く想定外だった時代がドイツで終わりを遂げたのは、ほんの数年前のことであった。「私は戦争の子どもです」という言葉が発せられることはきわめて稀で、誰かがこの言葉を何のこだわりもなく口にするのはもっとずっと稀だった。

この本が二〇〇四年に出版されたときには、ドイツの住民における戦争後の結果はまだ究明されていなかった。「トラウマ」という概念は、本質的にナチスの犠牲者との関連において言及されていた。「ドイツの戦争の子どもたち」というテーマへの世間の関心は存在していなかった。それはフランクフルト・アム・マインでの戦争の子どもたちについての最初の大きな会議によって誘発され、二〇〇五年四月にようやく目覚めたのである。公的なメディアがそれまで圧倒的にナチスの再検討に集中していたとすると、今や「ドイツの過去」という複雑なテーマに、子どもの眼から見た爆撃戦争や追放の恐怖が付け加えられた。

時代の証人には不足はなかった。何十年ものあいだ戦争の子どもたちは、自分たちの過去に受けたトラウマを抑圧したり、遠方へ押しやったりしていたが、今やそれまで口に出せなかった体験のために言葉を見いだす時が熟していた。その際はっきりしたことは、戦争の暴力と故郷の喪失という体験は、たとえ自分たちが何によって潜在的に操られているのかを当事者が認識していないとしても、当然その後の人生において後遺症がある、ということである。

老齢になった今ようやく、多くの人がそのことを自覚し、自問し始めている。彼らは自分たちの子ども時代の記憶を書き記すことによって、それと根本的に取り組んでいる。たくさんの中高年の人たちがさしあたってそうしている。彼らの世代の多くが、自分たちはそれをしなければならないという気持ちを持っている。というのも、老齢においては記憶を排除することはますます難しくなるからだ。そこで回想のブームと言っても大げさではない。

『ドイツの忘れられた世代（*Die vergessene Generation*）』が七年前に出たときには、「戦争の子どもたち」というテーマのための一般的な意識も、特記すべき研究も、すでに述べたように、まだなかった。だが今では事情は異なり、次のような研究成果が上がっている。つまり、子どもの頃に戦争や追放を体験した人びとの八%から一〇%が――老齢になって――精神的に病んでいて、彼らは心的外傷後ストレス障害［PTSD］に苦しんでいる、という。一方、スイスでは、年金生活者と退役した人びとの世代では、それに該当するのはたったの〇・七%である。

さて、子ども時代の戦争体験は非常に様々であって、その損失と暴力の体験の結果は、程度も様々である。そこで、なるほどその後の結果はさほど深刻ではないが、相変わらずそれがはっきりと表れているという中年のドイツ人がさらに二五%いる。ミュンヘン大学の医師でトラウマの研究者であるミヒャエル・エルマンが表現したように、彼らは「彼らの精神的社会的な生活の質において制約されている。」これは以下のように別の言い方でも表現できる。つまり、多くの中年の人びとが心底不安になっていて、そこで、彼らは新しい体験によって、また新しい考えによっても苛立たせられたくないのだ。それゆえ、若い人たちの世界への接触は制限されていて、彼らとの関係はほとんど心を動かされるものではない。生活環境の変化は彼らに新たなストレスを与えるのである。さらに目立つのは、物事を白か黒かとしか考えられないことや、物質的な安心への極端に高い欲求である。

調査によって、そのトラウマから回復しなかった人びとの場合、副腎皮質ホルモンの一種の数値レベルがあまりにも低すぎて、そこでストレスへの抵抗力がない、ということが判明した。空襲や低空飛行の飛行機、身内の喪失、追放と飢餓――こうしたすべてが肉体と精神に影響を及ぼしているのである。

そこで、次のように言うことができる。戦争中に子ども時代または少年時代を過ごした人びと――一九三〇年から四五年に生まれた人たち――の三分の一が、今日もなおその後遺症に苦しんでいる、と。そして大惨事が襲いかかったときに、子どもたちは小さければ小さかったほど、その後遺症はそれだけいっそう深刻である。四〇年代に生まれたため戦争の出来事をほとんど、または全く思い出せない年齢のグループにおいて、今日この上なく深い傷が明白になっている。多くの人びとが心身の苦痛を嘆いている、とりわけ、つねにくりかえす抑うつ症、説明できない苦痛またはパニックの発作を。彼らの不安には戦争の恐怖の映像はなく、夢の中でもそれを暗示するものは全くないので、自分たちが戦争体験によって苦しんでいるのかもしれないという考えに、彼らはつい最近まで至らなかった。そこで彼らの兆候は医師たちにとって謎めいたままだった。今日では医学において、中年の患者の少なからぬ部分が戦争のトラウマに苦しんでいる、ということが広く周知されている。こうした病人のための援助の提供はまだ十分ではないが、彼らの苦痛の背景への配慮は大きくなっている、とりわけ老人のケアにおいても。

九〇年代の中頃以降、戦争の子どもたちの様々な問題に私は取り組んでいる。ジャーナリストの私が一つのテーマにこのように長い歳月ずっと心を捉われるとは、いまだかつて経験したことがなかった。後に私の生涯のテーマとなることになったものにとって決定的だったのは、地理的にドイツに非常に近づいたあの戦争であった。最初人びとはまだ戦争については全く語らず、紛争について――ボスニアの紛争について語っていた。テレビで子どもたちの苦しみに多くの放映時間が充てられたので、「いったいドイツの戦争の子どもたちは今日どうしているのだろうか?」という問いが私の中に生じた。彼らは暴力、爆撃、避難、飢餓や家族の死、というかつての体験をどのように処理したのだろうか? 後の人生はどの程度それによって影響され続けたのだろうか?

それに対して私以外には関心を持っている人がほとんどいないようだった、というのは唖然とさせられることだった。戦争の子どもたち自身も、医師も、精神セラピスト〔ドイツでは精神療法医〕も、司祭も、編集者もである。ドイツでは、戦争の子どもたちはうまくそうしたことから逃れたということで、沈黙のうちに意見が一致していた、と私には思われた。

WDR〔西部ドイツ放送〕の資料集に、そのためのいかなる出来事も格別な研究も私は見いだせなかった。そこで私は当事者自身に尋ねた。実際私はそのためにあらゆる機会を利用した、偶然の出会いでも、例えば電車の中であっても。時には「あなたは私にトラウマを付きまとわせようとしているのでしょう!」といったように、激しい反応に出会った。私は相手に自分が時に近づきすぎたことが分かった。

話しかけられたたいていの人びとは、ナチスの過去とホロコーストについてだけ語ろうとした――それが今日もなお、いかに自分たちを苦しめているか、また牧師として、女教師として、親たちとして、その記憶を抱き続け、さらに若い人たちに伝えたかについて。それから彼らに新たに私のテーマに関して話しかけると、怒りだす人もいて、私が「ドイツ人」を犠牲者と表現しようとしている、と主張した。

最初の年の私の会話の結論はこうである。戦争の記憶にはなんとか近づくことができたが、戦争の結果についての問いは全く返答されなかったも同然であった。「他の人びとの方がひどかった」とか、「私たちには害がなかった」とか、「あれは私たちには普通だった」というような言葉をなんども耳にした。これが最後の言葉で会話の終わりだった。この年はあまりうまくいかなかった。そうした出会いに私はしばしば混乱し、内的な矛盾に陥った。一方で、ドイツ人はもしも子どもたちが受けたトラウマのことを知らないとしたら、戦争地域にいる子どもたちのためにこんなにもたくさんの物を恵んで与えることはしないだろう、と私は内心思った。他方で、これらの戦争の子どもたちの意見はきわめて一致していた。そこで私は自分が何か騙されているという気持ちにはならなかった。

ただときおり、比較的長い会話になった。そして振り返ってみて、私は最初の数年の体験を次の言葉でまとめることができる。つまり、多くの人びとに尋ねれば尋ねるほど、イメージが不鮮明になった。インタビューのあとで私はしばしば途方に暮れ、私の認識を疑って、身体的に全く疲れ果てた。友人たちとそれについて話すといつも、「一体どうしてきみはそんな暗いテーマに従事しているのだね?」と言われた。

しかしそれだけが問題というわけではなかった。私にはやっかいな問題設定をした体験がある――ナチスの時代、ホロコースト、精神疾患、子どもの死について。だがこれと比肩できるほどに抑圧的な気持ちと混乱はまだ体験したことがなかった。混乱はそれとともに始まり、かなりのあいだ続き、ついに私は一九三〇年から四五年に生まれた人びとの場合、実際いくつかの世代が問題であることを理解した。というのも、子どもが何歳でこの戦争に晒されたかで大きな違いがあるからである。乳児のときか、幼児のときか、思春期の前かそれともあとか。

もちろん他の歳月の期間も選べたであろう。例えば、一九二八年から五〇年まで。だがこの研究を見通せるものにしておくために、高射砲支援世代から避難中に生まれた子どもたちまでのあの一五年間にしようと決めた。まさにこの二つの極は、一つの世代だけではなくて、いくつかの世代のことが問題になっていることを明らかにする。

だがそれにもかかわらず、戦争時代とその後の困難な歳月についての陳述には多くの類似がある。例えば、「決して退屈ではなかった」という言葉。そして「当時私たちが体験したことは私たちにとって普通のことだった」、すなわち、「私たちは戦争がもたらしたものを普通と感じていた、特に周囲のすべての家族がまさにそうだったのだから。そして私たちは日常においてできるだけ戦争にかきまわされないようにしていた。」

さて、小さな子どもたちが極端な生活状況をもあるがままに受けとる、ということは実際知られている。小説家たちはくりかえしそのような影響が自身の創作力を発展させることによってインスピレーションを受けてきた。売春宿で育つ子どもは、外の世界の規範と接触するまで、それを全く普通のことと感じるだろう。その後、その子どもが分別のある大人になったとき、そのような子ども時代が自分にどのような痕跡を残したかについて意識するようになるだろう。

私の会話の相手の場合、通常事情は違っていた。彼らは自分の子ども時代の思い出についてだけ語ろうとし、「私たちは当時素晴らしいこともたくさん体験した」という言葉で喜んで話し始めた。後になってさえ、該当者の多くは体験した恐怖に対する適切な感情を欠いていた。そういうわけで、ある一人の男性がただ話のついでに、叔母さんの家で素晴らしいことをたくさん体験したのにその家が爆撃で完全に破壊されてしまった、と述べたとき、「そんなことはなんでもない」、というような印象を私は受けた。私のインタビューの相手にそのことを言うと、彼らも本来は適切でない感情に——無感情にまで——固執していることを今でも「全く普通」と思っていることが判明した。

これは尋ねられた人びとにとってだけではない一つの難しいテーマである。私がそれを自身戦争の子どもたちの世代に属している新聞やテレビの編集者たちに提供すると、ほとんど全員一致した拒絶に突き当たった。より厳密に言うと、たいていの場合、全く反応がなかった。私の報告書は明らかに脇に押しやられ、忘れ去られた。そのようなこと、つまり一つのテーマの提案がかくも多くの沈黙を引き起こすことができる、ということを私はまだ知らなかった。

表面的には、まるで、「戦争の子ども時代は後の人生にどのように影響したか？」という問題はただ単に重要ではない、とみなされたかのようにみえた。だが結局私には次のことが明らかになった。つまり、その根底にあるテーマは、我々ドイツ人を私が思っていたよりずっと不安にさせるということである。答えはナチスの犯罪、ホロコーストの結果として罪と恥辱の重荷の下に埋められているのだ。

なぜこのテーマは私から離れなかったのか？　これは翻って私自身の世代、つまり戦後すぐに生まれた人びとと関係しているのだと思う。私は小さな子どもの頃に破壊されたケルンの町を見ている。大人たちがそれに対して反応したように、「戦争」という言葉は何か悪いことを意味していることが明らかだった。そこで、私は人が通常現在にだけ生きていて、過去はまだ全く範疇にない年齢にあって、過去に対するある予感を持ったのだと思う。過去はつねに至る所に存在していたが、それにもかかわらず、秘密に満ちたタブーだった。それから一〇代の頃、私はある具体的な好奇心を膨らませた。学校で私たちはナチスの犯罪について、アウシュヴィッツについて聞き知った。一方、両親は私の問いに対して立腹または沈黙で反応した。

それから三〇年後、戦争の子どもたちのテーマをめぐって私は同様の経験をし、再び厳しくなった顔を見たとき、自分が何かに突き当たったのを知った。再び私の質問は拒絶された。再び自分は何も知らないという合図だった。おそらく私の好奇心にとって集団が持つものほど刺激的なものはないだろう。

私がこの本を書いている間に予期せぬことが生じた。ギュンター・グラスが二〇〇二年に小説『蟹の横歩き——ヴィルヘルム・グストロフ号事件（*Im Krebsgang*）』を出版し、それでもってドイツおよび外国の新聞に「犠牲者としてのドイツ人」という厄介なテーマについての議論を呼び起こしたのである。ドイツ人の罪の相対化が懸念された。ナチスの犯罪の、ホロコーストの犠牲者と爆撃戦争や避難や追放によるドイツ人の犠牲者との相殺のことが警告された。

ギュンター・グラスはその本の中で、あまりにも長いあいだ自分は沈黙していたと認め、戦争と追放によるドイツ人の犠牲に注意を向けている。次に引用する言葉が彼の心の変化の背景を明らかにしている。「自身の罪があまりにも大きくて、告白による改悛がこうした年月ずっと焦眉にあったという理由だけで、かくも大きな苦しみについて沈黙し、避けてきたテーマを国粋主義者たちに委ねることは決して許されないだろう、と彼［グラス］は言っている。この怠慢は言語同断だと……。」

二〇〇二年の初め『シュピーゲル（*Der Spiegel*）』誌は避難と追放というテーマを背景にして、この『蟹の横歩き』にカバー関連記事を献辞した。そこにはすべての大新聞における趣旨と一致していることがあった。ナチスの時代と戦争の結果についてもういちど徹底的に熟考しなければいけない、というのである。『シュピーゲル』誌のタイトルを読んだとき私には分かった、これは転換点だと。今や何かが変化している、今や「ドイツの戦争の子どもたち」というテーマもついに世に問われることになった、彼らは生きている時代の最後の証人であるという理由からだけででも。

グラスの小説、そして同様に二〇〇二年に出版されたイェルク・フリードリヒの『ドイツを焼いた戦略爆撃（*Der Brand*）』の出版で、激しい議論、そしてとりわけ巨大な回想の波が解き放たれたが、それは今日まで続いている。その際タブーを破るというとしたら、それは恐らく言いすぎであろう。しかし全く確かにダムの崩壊が問題になっており、それゆえ、回想の洪水は今や戦争の子どもたちにあっても、もはや押し戻すことはできなくなっている。彼らにとってそれについて語るのは多くの場合初めてのことだ——以前には実際、誰もそれについて尋ねたことがなかったのだから。

私の本では当事者の見方が前面に置かれている。私は非常に多くの声を集めたが、その際、戦争によって強く影響された人（その際小さな星［＊］の付いたすべての名前は変えられている）の経歴に限定して選んだ。そうして、とりわけ自分の子ども時代に何か特別なこと、または何か特別に怖いことが生じたことは知っていたが、つい最近まで全く感じていなかったあれらの女性や男性に私は関心を抱いたのである。

ドイツにおける空襲という大惨事は追放のそれよりもずっと公のテーマではなかったということが、なぜこの本で避難民や追放された人びとの運命よりも空襲の生き残りの人びとのことの方が問題になっているのかを説明するかもしれない。

戦争の子どもたちの世代の公にされた伝記を執筆するに当たって、彼らの記憶と当時の現実はかならずしもぴったり合ってはいない、ということは明らかだった。多くの事柄は他の情報源が欠けていたので再調査することはできなかった。特定の主張を受けとったのではないかという疑いが時に欠けることも避けられなかった。というのも戦後生まれの私は、それが事実と違うということを全く耳にすることがなかったから。不完全さの点については、時代の証人そして歴史家としてもっとよく知っておられる人びとの寛大な措置を請うものである。

かつての苦しみを補償するに当たって大いに役立つのは、教育、職業上の成功、そして強靭な健康であることは明らかだ。それゆえ、私はあまり恵まれていない時代の証人を探すことに取りかかり、医師や健康保険組合に問い合わせた。もしかしたら一九三〇年から四五年生まれの人びとの健康状態についての統計があるかもしれない、と思ったからだ。だが、存在していない、という通知。そこで私はもういちど的を絞って郵便を入れた二つのファイルをじっくり調べた。つまり六〇〇人の聴取者が「戦争の子どもたち」というテーマのための私のそれほど多くない放送されたラジオ番組に対して、書いてよこしたのだった。彼らのたいていが原稿のお願いを放置した。約二〇％が、なぜこの放送番組が個人的にこのように自分の心を打ったのだろうか、と付け加えていた。そのすべてが有益で助けになるものだったが、私がその存在を相変わらず確信している見えない人びとの集団には至らなかった。

そこで、彼らはあまりにも短い形で再びこの本に現れることになる——それはそうと、DDR〔旧東ドイツ〕で生活していた人たちもそうである。その主な理由は、私がケルンっ子で共和国の西の縁に住んでおり、そこで東ドイツとのコンタクトが薄いということだ。戦争の子どもたちについての私の寄稿文は、ほとんど専ら西ドイツで放送された。したがって、聴取者からの郵便には、私の調査に際して私を助けて先へ進ませてくれたであろう、東ドイツからの手紙はほとんどなかった。そのことを私は残念に思っている。というのも、DDRではとりわけ追放された人びとの状態は特にひどかったことを私は知っているからだ。彼らは移住者（Umsiedler）と呼ばれ、自分たちの運命について沈黙しなければならなかった。たいていの追放された家族にあっては相変わらずタブーが働いている――転換期［東西ドイツ統一］の二〇年後でも。

とはいえ、こうしたこともこれから変化することだろう。そのことはとりわけ新しいメディアが配慮してくれる。

私が「戦争の子どもたち」についての寄稿文をインターネット上で公開して以来、絶えずEメールが届いている。戦争の子どもたちが明らかにドイツと同様に大きな沈黙に晒されていたオーストリアからも。だが特に外国のドイツ人たちからの手紙は私を驚かせた。自分はドイツから何千キロも離れて生活しているが、戦争は相変わらず夢の中で自分に追いついてくる、というのだ。

六年前から講演の際に戦争の子どもたちに出会い、定期的に、感情の障壁が突然克服されることの証人に私はなっている。その際に、戦争の子どもたちとその子どもたちとの間の葛藤が突然姿を現すことがしばしばある。それまで戦争の子どもたちの潜在意識の中で騒いでいて、その世代の人びと全体を沈黙させていたものに対する言葉を家族が見いだすのである。そのような出会いはこの『ドイツの忘れられた世代』を一章だけ拡大するのに決定的であった［本書第一五章］。それらの出会いはこのテーマが依然としていかにアクチュアルなものであるかを示している。

メディアもこのテーマを放ってはおかない。大いに尽力して目的を高めながら生き生きとした関心を持たせ続けている。そのことはそう遠くない将来、今日ではまだ闇の中にあるあの地域も徹底的に調査されることだろうと希望を抱かせる。今日ほど追放と空爆がドイツ人の意識の中に生き生きとしていることはいまだ決してなかった。『ドイツの忘れられた世代』が二〇〇四年に出版されたとき、序文の最後の言葉は「私たちはようやく緒に着いた」であった。

それは全く変化した。

私たちが今いるのは、もはや出発点ではない。

謝辞

私に自分たちの経歴を打ち明けてくれた「戦争の子どもたち」と彼らの子どもたちに、全く特別な感謝の気持ちを贈ります。彼らの率直さがなかったなら、彼らのかくも長いこと沈黙されてきた世界がどのような様子なのかを、私は決して聞き知ることはなかったでしょう。さらに、ルイーゼ・レッデマンに、彼女のあとがきに対して感謝するとともに、彼女が私の調査の際に私を支援してくれたことに感謝したいと思います。また、アクセル・ベッカー、ハインツ・バイアー、テオ・ディールケス、ペーター・ハインル、クルト・ホンドリヒ、ベルンヴァルト・カルプヘン、ペーター・リーバーマン、ラルフ・ルートヴィヒ、クリスタ・プファイラー=イーヴォーン、フリッツ・ロート、ディールク・シェーファー、ヨアヒム・シュミット・フォン・シュヴィント、ヘルガ・シュプランガー、イレーネ・ヴィールピュッツ、といった人びとにも感謝しています。彼らはみんな、激励と意見交換によって、色々な提案、または、出版の見通し、そしてしばしば難しいテーマに取り組むことを厭わなかったことによって、私を助けてくれました。

第一章　私たちの中の何百万人もの戦争の子どもたち

冷戦が妨げたもの

ベルリンの壁崩壊が過去のものになればなるほど、ドイツの戦後の時代が一九八九年にようやく終わったことがいっそう明白になる。東西ドイツの再統一によって最後の政治的な戦争の結果が片づけられて——それから数年後に明らかになったように——冷戦の雰囲気によって表面に現れていなかった社会的なテーマのための余地が作られたのである。

西のイデオロギー対東のイデオロギー、またはその逆の、その時々の出現はあまりにも独断的で声高であり、あまりにも威圧的であったので、熟慮や繊細なニュアンスや小さな声は、それによって全く吸い込まれてしまった。ドイツの住民においては、西でも東でも、数年にわたる華々しい軍備が新たな不安を呼び起こした――おそらくそれゆえに、いまだに第二次世界大戦から生じていた集団が持つ脅威の感情が実際に認識されることもなく、また処理されることもなかったのだろう。次のように言うことができる。つまり、五〇年以上ドイツの両国では戦争がもたらす心理上の遺産について、ほとんど熟考されなかった、と。七〇年代と八〇年代にドイツ連邦共和国（西ドイツ）で生活不安に苦しめられた人は、その人の社会的な環境に応じて、ノイローゼとか、両ブロックの軍拡の妄想から全く抜けだすことができない繊細な同時代人、とみなされた。DDR（東ドイツ）では、SED（ドイツ社会主義統一党）が、市民は「完全無欠のソ連」の力を信じるにしくはなし、ときっぱりと方向を定めた。というのも、そうすれば恐れる理由もないからだ、と。

いわゆるNATOの二重決議［ワルシャワ条約機構に軍縮を呼びかける一方、相互の軍縮圧力を高めるため、西ヨーロッパに核兵器を搭載した中距離と半中距離の弾道ミサイルを多数配備する、とした一九七九年一二月一二日の北大西洋条約機構の決定］をめぐるケルンでの議論のクライマックスで、ある一人の主婦がマイクに向かって叫んだ。「でも今日ではもう、コンピューターの綿屑一つで第三次世界大戦が始まるかもしれません！」これは馬鹿げた誇張だろうか？　私たちが今日持っている情報は、後になってその女性の言葉は正しいとする。もしも間違った警報が原爆の使用のための命令を発したとすると、状況を判断してGAU（想定可能な最大規模の事故）を防ぐのに、まだぎりぎり二〇分も時間が残っていただろうか。

私自身は、どの政治的なテーマが今まさに焦点となっているかに応じて、「ノーモア・ウオアー」と「ノーモア・アウシュヴィッツ」の間を動いた戦後のあの世代に属している。私たちが冷戦の子どもたちであったということを、この時代が究極的に過ぎ去ったときになってようやく徐々に私は意識していった。つまり、論証の一面しかみないこと、盲点を持つという点では、他の社会の人びとの場合と同様である。例えば、私はかつてキリスト教系の平和グループに所属していたが、その中でもしかすると「ロシア人への」恐怖もトラウマ的な体験が土台になっていたのでは、といったことがこれまでに考慮された、ということを私は思い出すことができない。

啓発的なセミナー

九〇年代の初めに私の見方は変化した。当時私はあるとても啓発的なセミナーに参加していて、一〇年前にラジオで極度に激した女性の声が次のように言うのを聞いたことを突然、思い出した。「私はロシア人から身を守るためなら何でもやるでしょう。ミサイルを私の前庭に置くことさえするでしょう。」

このセミナーでは再統一を契機に、自身の家族史を、ドイツ史に照らしてより正確に検討することが問題となっていた。自分の両親と祖父母のナチスとの近さが、彼らが絶えず主張していた以上に近かったのではと恐れていたのは、私だけではなかった。それはセミナーが四日間経過するうちに確認されたことだった。

準備のために私たちは家族の調査を行った。すなわち、一九三〇年から五〇年までの比較的狭い親族内で決定的だったあらゆるデータと事実、つまり誕生と病気と死、転居と職業替え、前線投入、訝しいこと云々。すべての参加者が、いかに自分たちが自分たちの家族について知らないでいたか、という事実に驚いていた。それは最初の共通点であった。第二の共通点は、私たちは、なるほどナチスの時代における私たちの両親の立場や働きについては全くよく知っていたが、あの戦争が私たちの家族に何を引き起こしたかは、感情をともなって、また事実として、ほとんど理解することができなかったことを認める、という点にあった。

数人のセミナーの参加者たちは、戦争をまだ子どものときに体験していた。しかし後に生まれた子どもたちにとっても、戦争が彼らの自分史にとって一つの決定的な要素であったことが明らかになった。例えば、両親が避難、飢餓、爆撃または身内の喪失によって大きな衝撃を受けた場合である。参加者一二人すべてが、家族における少なくとも一つの暴力の事例について知っていた。キーワードは、被爆、生き埋め、戦死、失踪、避難、追放、暴行、捕虜、自殺であった。比較的狭い身内における戦争による死者の数は、いずれにせよ参加者の数より多かった。その際、彼らは全く平均的なドイツの家庭を代表していて、極度に苦しめられた集団が問題となっていたわけではない、ということを私はかなり確信している。

ナチスの過去と戦争の過去

三日目にセミナーは悲嘆のセミナーへと展開した。みんな限りなく泣いた。五〇年後に明らかになったことは、あまりにも衝撃的であった。それ以来、ドイツ人はナチスの過去と戦争の過去を持っていることが私には明らかだ。前者については、その間しばしば語られてきたが、もう一方の場合、意見交換がまさにようやく始まったところである。まだ戦争の子どもたちは控えめだ。まだ彼らは自分たちの話が匿名で公表されることを望んでいる。

もちろん、ナチスの過去と戦争の過去の間の分離には、何か自然でないものがある。だが思うに、戦争の子どもたちの運命は、ほぼ六〇年間ナチスの犯罪によって影を投げかけられてきたので、私たちはその分離を断念することはできない。子どもたちの世代は——親たちの世代よりもずっと——ヒトラーに権力を与えたあの国民に属していることを苦しんできた。恥と沈黙が、暴力と喪失による自身の心的障害に立ち入ることを難しくした。たいていのかつての戦争の子どもたちにとって、自分自身を犠牲者とみることは、全くの想定外である。彼らが一～二年間防空壕に蹲っていた場合でも。

六〇年代にアレクサンダーとマルガレーテ・ミチェルリヒ〔ドイツの医師で精神分析医のアレクサンダー・ミチェルリヒ（一九〇八―一九八二）は、同じく医師で精神分析医のマルガレーテ（一九一七―二〇一二）と共同で多くの本を著した〕によって診断された「悲嘆の無能力」が、今日まで影響を残していること、そしてそれが単にナチスの時代だけではなくて、戦争の結果にも関係していることを指摘する、ある社会的なプロセスの、まさに始まりに私たちはいるのである。

私は知人たちの輪の中にいる人びとに久しぶりに再会すると、しばしば「今何の仕事をしているのか」と尋ねられる。誤解を避けるためにこのテーマをいつも意識的に詳しく述べるのだが、たいていうまくいかない。「第二次世界大戦が、当時子どもだったあれらのドイツ人の人生に、どのように影響を及ぼしたか、というまさに難しい問題を問題にしている」と言うのだが。

一人の教師の反応は実に典型的だった。彼はまくしたてた。自分は自分の生徒たちにまさに今一度アンネ・フランクとショル兄妹〔反ナチ学生運動〈白バラ〉の主要メンバーの兄ハンスと妹ゾフィーは一九四三年に逮捕され処刑された〕のことを熟知させたところだ、と。教育者として、ナチスの過去を伝えるために、多くの時間を取らなければならない、と。

最後に、その教師は本来のテーマを理解したとき、攻撃に転じた。戦争の時代とナチスの時代を分けるなんて、どうしたらそうなるんだろう？　そんなことはやはり不可能だ！　例えば立場が変わっていたらどうかだって？　ドイツ人を犠牲者とよぶことが今問題なのか？

私は言った。「あなたはだって一九四〇年にベルリンで生まれたじゃないの。子ども時代にどっちがあなたに決定的な役割を果たしたのかしら、ナチ、それとも爆撃と飢え？」

私の話し相手は激高した。「きみは相変わらず分かっていないのか？　ナチがいなかったら、僕の家族にとって戦争体験全体は存在しなかったんだよ！」

私は再び尋ねた。「あなたは後にナチの恐怖に関心を持った――でも自分自身の戦争の子ども時代については恐怖を持たなかった、と私に思わせたいの？」

「その通り」と彼は認めた。「戦争は僕が八歳［五歳？］のときに終わった。ほんとうにきみは古い話で僕を苛立たせるよ……。」

しかしまさに、一つの世代全体と部分的には恐らくさらにその子どもたちにも強い影響を与えた、この沈黙された出来事を語らなければならないのだ。それらの出来事は、個々人にとって、またヨーロッパ人としてのドイツ人のアイデンティティーと将来にとって重要なのである。

有能な世代

なぜグートルン・バウマン*は、すでに鏡を一つ持っているのにさらにもう一つ持たなくては、という夢をくりかえし見るのだろうか？　なぜ無骨な感じのクルト・シェリング*のその眼に、四五歳になって突然、絶えず涙が浮かぶのだろうか？　どうしてイスラエルでヴォルフガング・カンペン*は暴力が頂点に達したときに、自爆テロへの不安を抱かなかったのだろうか？　第二次世界大戦の間にまだ子どもだった人びとに今日関わり合うと、奇妙な問いが浮かび上がる。そうした人びとは何百万人もいて、彼らは引退している。

　実際、昔の悲劇的な事件が彼らを特別なやり方で苦しめたと認めるものは何もない。明らかに彼らは、死や爆撃や追放や飢餓の思い出を遠ざけておくことに成功した。彼らはかつての自分と同じ年齢層と比べて、病気でもないし、貧しくもない。その逆である。今日の六〇代から七〇代ほど経済的に上手くいっていたシニアは、ドイツにはいまだかつて全く存在しなかった。彼らは破壊されたドイツを再建し、自分の一家を構え、学生運動の学生であった限りでドイツの戦後の文化をラディカルに疑問視した。

　とても多忙な有能な世代。彼らは自分たちの人生の業績に誇りを持つことができる。そして一九三〇年代に生まれた男たちの事情に通じている人は、彼らが自分たちの粘り強さにも誇りを持っていることを知っている。彼らからみると、後に生まれた人びとは、とうてい自分たちほど辛抱強くはない……。

思いやりのある世代。高齢の両親の面倒をみ、孫を甘やかし、子どもたちの負担を減らし、そしてもし家族の誰かが失業したら、お金と優しい言葉で慰める。これでもって、実際この世代の共通点と認められるすべてが、もう言い尽くされている。パンを投げ捨てるのは中高年世代には難しいということ以外は。

目立たない世代。彼らについては何も知られていない。彼らについては何も話さないも同然である。そして一九三〇年と四五年の間に生まれた彼ら自身、自分たちの戦争の子ども時代が後の人生になんらかの影響を与えたかもしれないということについて、まさにようやく熟考し始めたところである。だがまさに次のことを聞き及ぶとしたら、興味深いことだろう。つまり、戦争が恐怖の時代だったことは一般に知られているのだから、戦争そのものが問題だったのではない。そこで根本的に何か新しいことを聞き知るということはないだろう、と。

一方、今や徐々に覚醒しつつある意識、つまり、かつての戦争の子どもたちは、自身の国で、ほとんど六〇年間全く無視されていた、という意識は新しい。彼らの運命は関心を呼ばなかったし、調査もされなかった。今日、三〇年代生まれの人びとに、その後の人生においてあったかもしれない戦争の結果について尋ねたら、もしかすると「私たちには害はなかった」という言葉を聞くかもしれない。

そんなことはありえるだろうか？　健全な人間の理性はそれを信じることに抵抗する。子どもたちは「仕方ない」というモットーの下で、かくも多くの暴力や苦しみを簡単に受け流すことができるのだろうか？　子どもたちの心は、実際は一般に受けとられているよりずっと傷つきやすいのではないだろうか？　かつての世代が確信していたことだが、子どもたちはきわめて逞しいというのは、もしかしたらやはり当たっているのだろうか？　だがそれは想像し難い。それを信じるには、幼い子どもの心の傷つきやすさについての私たちの知識全体を、私たちは捨て去らなければならない。

しかし何が起こったのだろうか？　これらの子どもたちはもしかしたら沈黙するようにさせられたのだろうか？　「まさにその通り」と、ある一人の東プロイセン出身の戦争孤児が認めた。「私たちはほんとうに幼いときに教え込まされました。そんなことは話されていない、そんなことは語られていない。前を見なさい！　まだ生きていることを喜びなさい。すべてを忘れなさい！　そして私たちの大部分がそうしたのです。生き残るために、また一生縁に留まっていないためには、順応しなければなりません。もし「私は悪い子ども時代を過ごし、子ども時代が私に付きまとっている」と言えば——それは烙印を押されるだけです。」

それに対して大人たちはみんな、戦争直後の数年についての小説や記録で再び読むことができるように、嘆いていた。だがその後、驚くほど早くに再び上向きになったとき——少なくとも西ドイツで——家族内ではもうほとんど戦争については語られなかったし、ナチスの犯罪についてはさらに長いあいだ語られることはずっと少なかった。

ときおりまさに部外者にとってみれば不気味な響きを持つ簡潔な言葉が発せられた。「うちのクルトは四三年にデュッセルドルフで生まれた。あれは上手くいった。二度の爆撃の間だ。」ブラックユーモアは、危うく命を助かった人びとのためのはけ口と、かねてからつねにみなされていたのである。

空想的な診断「自律神経失調症」

誤解が生じないために言っておこう。戦争によって心に傷を負った人がいるということは、ドイツで否定されたわけでは決してなかった。だがそれは言いふらされることもなかった。フライブルクの精神分析家で作家のティルマン・モーザー（『悪魔的人物像（*Dämonische Figuren*）』）は、西ドイツでは治療制度が他のいかなる国にもない程に広まっていたという事実の中に、相変わらず戦争による後遺症に苦しんでいた人びとのために苦痛の緩和治療が暗黙裡に提供されてきたと推測している。外国では全く知られていない空想的な診断（自律神経失調症）は、六〇代と七〇代の人びとが健康保険を使った治療を認める根拠として十分であった。

もっとも、この戦争の子どもたちは無事に逃れた――それ以上に、再び沈黙しながら非常に早くに住民の中で折り合いをつけたようだった。終戦直後の、いわゆる「廃墟の子どもたち」についてのある写真帳の口絵写真は、衣服はぼろぼろだが喜々として生活する小さな子どもたちの姿を示している――バルカンやアフガニスタンの戦争地域から私たちに届く写真のしょんぼりした子どもたちの顔とは全く違っている。

ドイツではどんな事態が変則的な形であれ進行したのだろうか? 人はそれを知りたいだろうが、それに対して調査はほとんど何も言うことができない。医者、心理学者、そして歴史家はこれまでこの世代を視野に入れることが問題になるといつでも、全くもって自制が求められた。

しかしながら時代は変わった。今日では戦争の子どもたちは、彼らが何十年間もそうであったほどには、もはや控えめではない。一九四五年以降初めてドイツ兵が再び戦争に参加した一九九八年のコソボの衝撃以来、そしてノーベル賞作家ギュンター・グラスがそのベストセラー『蟹の横歩き』で、自身の戦争の傷を視野に入れるべきだということを支持して以来、一つのタブーが緩んだ。歴史家イェルク・フリードリヒがドイツ上空の爆撃戦争をあからさまに記述した『ドイツを焼いた戦略爆撃』の想定外の成功もそれを擁護している。

老齢になると、幼年時代が再びより近づいてくるものである。そのとき人は、自分の根源と最も古い印象に関わる必要が生まれ、またついには時間も持つようになるが、それはかならずしも自発的に生じるわけではない。ドイツでは、とりわけコソボ紛争の間、また二〇〇一年九月十一日［アメリカの同時多発テロの日〕にも、そしてアフガニスタンとイラクでの爆弾投下の間にも、多くの中高年の人びとが戦争の記憶の洪水に見舞われた。しばしばとても辛いやり方で、それに対して抵抗することもできずに。

かつて以上にメディアはドイツ人の犠牲に、『ヴィルヘルム・グストロフ』号〔ナチ党によって一般勤労者に安価な海外旅行を提供するために建造された客船〕の沈没、ドレスデンの破壊、避難や追放のような大惨事に対して関心を抱いている。その際、おそらくもっと年上の人びとはほとんどもう生きていないので、時代の証人として第二次世界大戦の子どもたちも姿を現す。子どもたちとの関係で、一つの集団について語ることは――またはあまつさえ集団のアイデンティティーについて語ることは――まだ時期尚早である。敢えて前面に出るのは、自らに問いかけ、答を探しているのは、個々の人にすぎない。ハンブルクの年金生活者ルート・ベアーテ・ニルソンは、その内的な世界を公にすることによって、すでにさらに一歩前に踏みだした。彼女は自分自身に近づくために、また、これまで滅多に成功しなかったことだが、自分の世代の人びとと結びつくために詩を書いている。彼女は、自分は戦争の子どもだという意識の下で詩作しているのである。

自由落下（Der freie Fall）〔物理用語でもある〕

私は目立つこと（auffallen）を望まない

落下すること（fallen）を全く望まないのが一番いい。
自由落下ではどこに着陸するか分からない。
私にとってとても多くのものが失われてしまった——
私の手から落ちてしまった（entfallen）
探しても何も戻ってこない
私は確かさを必要とする
やはり確かに

六〇年間沈黙されてきた世界について、そもそも確信のようなものがありうる、というのはありそうもないことだ。しかしそれは、私たちが推測の霧の中でしか動かなくてはいけない、ということを意味しているのではない。私たちは設問し、答えを聞くことができる。しかも戦争の子どもたち自身から。彼らの運命が広く探究されていない限り、——数少ない精神セラピストやジャーナリストを除いて——彼らは私たちが接近できる唯一のエキスパートなのである。

私たちのエキスパートの一人は、グートルン・バウマン*である。彼女は、一九三七年に生まれて退職するまで、バレー教師として働いていた。相変わらず彼女は髪をきつく古典的にうなじで結んでいる。数世代の人びとを彼女は子どもの頃から教え、数人の弟子は、まさしく立派なプロのダンサーになっている。今日でも世界中から、海外公演で最初の教師のことを感謝の念で思い出す、かつての生徒たちから絵葉書が届いている。

グートルン・バウアーは――離婚して子どもが二人いる――もう働かなくなってから二～三キロ体重が増えた、特に腰と臀部に。そしてそれに慣れるのは難しい。顔も変わり、以前より柔和になった。だがこれはむしろ長所のように見える。というのも、周囲の人びとは彼女に対してときおり、あなたは元気で、そもそも人格全体が以前より柔和で生き生きしている、と請け合っているからだ。

きっとそうかもしれない、とグートルン・バウマンは言う。「過去数年の間に私の中で変化が生じました。自分の子ども時代を再構築し始めてから、そうしたことが起こっているのです。奇妙なことに、戦争の思い出は、まるでそれが全く別の人生から生じたかのように、遠ざかっています」と彼女は付け加えた。

思い出はどこにあるのだろうか？

彼女は自分の子ども時代を探し求めて、友人や知人たちと昔から会話をたくさん交わしてきた。その際、氷砂糖付きのお茶を何杯も飲んだ。彼らは一緒にテーブルを囲んで、自分たちの思い出を話したが、そのつどグートルンの話は、際立って乏しいことが明らかになった。

「私はほとんど毎日していた戦争体験の一つ一つを、だいぶ忘れてしまったことに気づきました」と彼女は語った。「その際、他の人たちの話に再三でてくる重大な出来事が問題になっていて、私は、一体なぜ自分はそれについて知らないのだろうか、と自問しました。おまけに、なぜ自分の記憶はこんなにひどいのだろうか、と、もうかれこれ長いこと自問するようになっています。」

このインタビューの箇所で、彼女は私が異議をさしはさむ前に、生き生きとはっきりと断言した。「いいえ、いいえ、年齢とは全然関係ありません。逆に、今ではむしろ前よりもよくなっています。しかし特定のことを記憶から失ってしまいました、視覚的なことや興味を持って熱心に従事した他のことを——そして一週間後には、それらは再びなくなっているかもしれません。素晴らしいことも。それはそれが快適だったか不快だったかどうかによりません……。」

そこで、次のようなことが起こった。彼女が成人した息子に、クリスマスのミサのあとで、「おまえがすべての歌を一緒に歌えるなんて、ほんとうに驚いたわ。歌のすべて、節のすべてをおまえは歌えるのね。そんなことを学校で教え込まされたなんて思わなかったけど」と言うと——「でも母さん！　これらの歌は母さんが自分でいつも僕と歌っていたよ。毎年ずっと」と息子は言った。

いつしかグートルン・バウマンは、子どもの頃母親から忘れるようにくりかえし要求されたことと自分の悪い記憶力は関係しているのだろうか、という考えを持つようになった。今日もなお、それは疑問の余地のある考えであり、確かなものかどうかは問題にならない。時々彼女は真実を知っているが、それからまた疑問が生じる——よりによってかくも惨めな記憶を持つ自分が、なぜこの問題で自分自身を信頼すべきなのだろうか？　グートルン・バウマンは以下のことを知っている。自分が子どもの頃に体験したことは、今からみれば全く恐ろしいことだったが、当時は何十万人もの子どもたちが同じような体験をしたのだ、それでもドイツではたくさんの健忘症の人が目を引くということはないということを。

それから彼女は四歳だったときのある中心的な体験を語った。「そのとき晩にベッドに横になっていました。それは町が炎々と燃えた攻撃のあとでした。そして向かいの家々が燃え、なんども大きな音を立ててメリメリと壊れました。私には燃え上がって炎の姿を変えるあの火がまだ見えます。そしてあの恐ろしい不安と、そして不安の中で母を呼んだのを覚えています。母が入ってきて、私を宥めるために、ちょっとの間ベッドの縁に座って私に言いました。「壁の方へ向きを変えなさい。そうすれば何も見えないわ。そして目をしっかり閉じていなさい！」そして母はそこにいてくれるだろうと思ったけれど、また行ってしまいました。そして行くときに母は言いました、おまえは何も見なかった、と……。」

彼女の故郷の町は軍港だったので、特に激しく、また絶えず爆撃された。彼女の思い出の中には、そうした光景はないも同然だった。彼女の同年齢の他の人たちは、戦争で見たものを非常に詳しく描写できるが、当時の感情については、しばしばほとんど覚えていない、ということを彼女は知っている。彼女自身の場合はその逆である。彼女の場合はむしろ感情が張り付いたままだった。「私は知っています。色々なことがありました。それらは私を硬直させ、私から言葉を奪いました。でも、もうそれが何だったのか分かりません。」

「私たちは何年も地下室に座っていました」

グートルン・バウマンは嘆くことなどしない。彼女は起こったことを冷静に話す。「人は物事をあったように見なければなりません。私たちは何年も地下室にいました。そこでは座っていることしかできませんでした。眠ることなど考えられませんでした。そこで私たちは朝、寝不足でした。」登下校の途中で警報が鳴ると、彼女は何をすべきかはっきりと知っていた。しかし急がなければならなかった。さもなければ防空壕の扉がすでに閉まっていて、もう中へは入れなかった。グートルンにもそうしたことが生じた。「そのときもう飛行機がやってきました。私は通りで一人きりでした。そこで私は体を長々と投げ出しました。まわりじゅうに爆弾が落下しました。そのことはその後、誰にも語りませんでした。そしてそうした歳月においても耳にしたのは――私の母は絶えず私に要求しました。「さあ、ちゃんと陽気にしていなさい……。」」

彼女の両親は率直で、陽気にお喋りする子どもを望んでいた、とりわけお客が来たときには。そうする代わりに彼女はお客が来るとすぐに姿を隠し、そして絶望的な気分になった。というのも、彼女はあとで釈明を求められ、「部屋の隅に」座らされて、そこで「自分を恥じ」て「よく考える」はめになることを知っていたからである。両親は、そのような「木挽台《こびきだい》」の子どもを持っていることを、他の人びとに対して恥ずかしい、と感じていた。

今日グートルン・バウマンは、まぎれもなく空爆のさなかに訓練して身に付けさせられた「見やらない」ということが、その後の生涯にわたって自分がそれと闘うことになる性格となった、ということを知っている。「そのことはもうとても早くから意識していて、なぜ自分はこのように反応するのか、といつも自問してきました――なぜ自分はかくもたやすく物事を見ないふりをするのか……。」

彼女が自分の子ども時代と関わり始めたとき、彼女はある夢をくりかえし見た。夢の中で、おまえはもっといい眼鏡が必要だ、大きな眼鏡が、と言われた。そこからグートルン・バウマンはついに、自分はきちんと物事を見やることを学ぶべきなのだろうと推量した。今日では、彼女はこれもより良い記憶への道だと信じている。

「もし自分の記憶を信用することができたなら、人生においてきっと別のことを色々やっていたことでしょうに」と彼女は言う。彼女の声は物思いに沈んでいるようだ。「若かった頃、もっとたくさん学ばなくてはならない、自分は何も十分には知らない、と思っていました。非常に遅くになってようやく明らかになったことですが、実際私はハンディキャップを持って生きているのです。」

それは、とりわけ彼女の個人的な生活において、持続的に困難をもたらすに至るハンディであった。重要な関係がそれに突き当たって崩れてしまった。自分は実際とても忘れっぽい、という彼女の言葉を信じるのは、他人にはきわめて難しかった。しかし、彼女の周囲の同年齢の仲間の場合、自分の記憶が緩み名前や出来事が消えてしまうことに気づいている今日にあって、グートルン・バウマンの場合はむしろ逆である。彼女が子ども時代を再び取り戻すに応じて、彼女の記憶はよりよくなるようにみえる。ハンディは緩み、小さな慰めと同時に大きな安心感が生まれた。これまで彼女の履歴と振る舞いにおいて、彼女には奇妙なものにみえていた多くのことが、彼女が自分でも悪くとっていた多くのことが、今や意味を持つ。彼女の子ども時代における明確な学習プログラムは、「生きること」ではなくて、「生き残ること」と呼ばれていたことが、彼女にはっきりしたのだ。こうした関連を彼女が意識しなかった限りで、彼女はこのプログラムによって決定づけられていたのである。

戦争が終わったとき、生活の不安が生じた

終戦のときグートルンは八歳で、そのときのことを彼女は再びはっきりと思い出す。ある朝、両親が戦争は終わったと彼女に伝え、それが何を意味するのかを説明した。つまり、ついに寝間着を着て就寝していいし、もう防空壕に入らなくていい、夜ぐっすり眠ることができ、もう家を暗くする必要がない——これらは全く彼女がいつも願っていたことだ。「しかしそれから、おそらく何か恐ろしいことが生じるだろうことがはっきりしました。というのも、私はとりわけいかに生き残るかを学んできたのだったから。私は戦争を上手くあしらうことができました。それは恐ろしいことであったけれど、できました。しかし私が今、無の中に、準備していなかった状況に入った、ということを思い浮かべたとき、私は恐ろしく不安になりました！」

これは八歳の子どもの考えではない。しかしここでも八歳の子どもの人生体験が問題になっているのではなくて、成人した子どものそれなのである。「そして私はすべてがついに好転することになったこの瞬間に、それまでは非常に死への不安を抱いていたように、恐ろしい生への不安に襲われました。」

自分の経歴の中のとても多くのことを新たに熟考している今日、彼女には自分がしばしば事故に巻き込まれたという事実も、別の光の中で見えてくる。奇妙なことに、その後、入院していたときでさえ、彼女は自分が諦めたり、不安を抱えているとは感じなかった。そうではなくて、彼女自身言うように、「精神的に非常に安定していて自信たっぷりだ」、と、そのとき誰もが彼女の表向きの勇敢さに感心した。しかしそれと彼女の状態は全く関係なかった。彼女は決して頑張る必要などなかった。というのも、彼女は困難にもかかわらず、自分がエネルギーに満ちているのを感じていたからだ。そして彼女は病院での見立てよりつねにずっと早く健康になった。

彼女がそれまで知らなかった一人の医師に、ついでに自分の事故の連続について語ったのはそんなに前のことではない。医師は尋ねた。「もしかしたら、あなたの心には大惨事が刻みこまれているのではありませんか？　あなたは元来楽しい生活ではなく、むしろ大惨事を心に描くことを学びませんでしたか？　ひょっとしてあなたは、［緊急時に］あなたのすべての能力を発揮するために、時々大惨事を必要とするのではありませんか？」

グートルンの答えは、「はい、そう思います。」

彼女は多くの規律を要求する仕事を選び、それをうまく処理してきたのだった。とにかく彼女にとって自分だけ勝手な振る舞いをすることは問題外だった。彼女は決して情熱的なダンサーにはならなかった。そうなるには彼女には人を監督しようとする要求があまりにも際立っていた。だがそれによって彼女は良いダンスの教育者になった。

規律は彼女の生き残り戦略の一部であった。はっきりと計画された日常、しっかりとした規則と習慣でもってのみ、彼女は悪い記憶を補うことに成功した。しかし生活において他のこと――遊んで過ごしたり、楽しんだり、信頼したり――が求められる至るところで、彼女は貧乏くじを引かされた。三〇年来一人で暮らし、パートナーもいない。これも嘆く理由ではない、と彼女は言う。二人の息子とはきわめて良好なコンタクトを持っているが、ただし彼らは残念ながら少々「きずなを持つことにしり込みして」いて、それゆえ孫たちのことは問題たりえない、という。

「私の息子たちは私に優しく、親切だし、とても協力的で、最近では、自分は大いに褒められています」と彼女は関係を言い表す。「ただし彼らは私の全く個人的な戦争体験については、何も聞こうとしません、私の現在の生活にまで――そしてそれによって彼らの生活にも――入り込んでいる苦難については。そうすると私の長男は、まるですぐに寝入ろうとするかのように、目を閉じるのです。」だが母親は彼らのそうした態度を悪くとってはいない。「息子たちは私に対して何か別のことを欲しているのです。」彼女は――携帯電話でだが――新しい電子機器を使い始めたときほど、大きな喜びを彼らに与えることはできない。「彼らはとてつもなく喜んで、朝から晩まで私に教えてくれることでしょうよ。」

学ぶこと、新しい知識を自分のものにすることは、彼女に喜びを与える。厳密に言うと、それは彼女のお気に入りの活動の一つに数えられる。人間の脳は高齢になるまで変化可能であり、それによって収容能力を保つことができる、という脳研究の認識を彼女は信用している。

以前には、自分は強制されてしか学ぶことができなかったが、今では全く違っている、と彼女は言う。この点では自分は全く解放されている、と。「私は人生において自分を限りなく苦しめました、でも今、私はかつてない程いい状態です――子ども時代より、また若い人よりずっと、ずっといいです。」

今日では彼女には、自分が最初から抑うつ状態だった、しかも少なくとも三〇代に至るまでそうだった、ということが明らかである。セラピー体験は大いにあるが、戦争のトラウマのことは、治療の際に決して問題にならなかった。自分の今の心身の苦痛は、比較的耐えられるものだ、と彼女は思っている。——すでに子ども時代に彼女に負担をかけ傷つけた箇所に突き当たると、彼女の中に憧憬が溢れ、一週間自分の心に鍵をかけて閉ざし、ただ号泣する、ということも。しかし彼女はそのことに屈しない。それに対して「鉄の規律」で抵抗する。

なぜなのか、私は知りたい、なぜ彼女は適切なトラウマのセラピーを受けないのだろうか？答える前に彼女はゆっくりと首を振る。「それについては、私もかなり長いこと熟考してきました。しかし最近私は自分に言うのです、今ではもうそれは重要ではない、と。ここ数年はまだ何とかやってのけています。そして実際今では、私は比較的平穏な生活を送っています。」

さらに加えて彼女には相変わらず古い考えが突き刺さっている。すなわち、自分をたいしたものだと思うな、それはおまえには相応しくない、親戚や知人たちはどう言うだろうか……。

第二章　子どもたちが必要としたであろうもの……

用心深い老人

子どもたちが重い精神的な傷から回復するには、何が必要だろうか？　その答えを見つけるのは難しい。彼らはとりわけ思いやりのある、忍耐強い大人を必要とする。しかし戦争の時代に、またその後の悲惨な歳月に、どこにそうした大人がいただろうか？　動揺する子どもを撫でて寝入らせるために、まだ思いやりと忍耐と、とりわけ時間を持っていた人がいただろうか？　子どもたちから悪夢への不安を取り除いた人がいただろうか？　自分たちの世界が壊れてしまったがゆえの小さな少年少女の激怒を理解し、殴打ではなくて愛をもって対応した人がいただろうか？　沈黙した子どもとともに沈黙して、その子どものすぐ近くにいてやることができた人がいただろうか？　小さな手が大きな手の中で、自分が守られていると感じることができるように、誰が急くことをすべて断念しただろうか？　誰が静かな声で語ったろうか、また誰が良き聴き手であったろうか……？

ぽつんとした壁の中のガラスのない窓が、黄昏時の夕日をいっぱいに受けて、紫色の大きな口を開けている。濛々とした埃が、切り立って伸びた煙突の瓦礫の残骸の間で煌めいている。瓦礫の荒土はまどろんでいた。彼は目を閉じていた。突然いっそう暗くなった。彼は、誰かがやってきて、今自分の前に立っているのに気がついた、ぼんやり、そっと。彼がそのズボンの脚のあたりでおずおずと小さな瞬きをすると、一人の年とった男が立っていた。

きみはここで寝ているのかい?、とその男は尋ねた。

ヴォルフガング・ボルヒェルトの有名な短編小説『夜には鼠も眠る (*Nachts schlafen die Ratten doch*)』はそう始まっている。それはドイツの戦争文学においては珍しいものに属している。というのも兵士ではなくて、何日も瓦礫の土地で、一人で見張りをしている九歳の少年と、その少年を実に慎重に元の生活に連れ戻す一人の見知らぬ男が、中心に置かれているからである。

するとユルゲンは素早く言った、僕の秘密をもらさなければね、鼠のせいだよ。

曲がった脚は一歩後ずさった。鼠のせいだって？

そうだよ、奴らは死人を食べるんだよ。人間をだよ。それで奴らは生きているんだ。

誰がそんなことを言っているのかね？

僕らの先生さ。

それできみは今、鼠を見張っているのかね?、と男は尋ねた。

鼠をじゃないよ！　それから彼はそーっと言った。僕の弟が、つまり弟がその下にいるんだ。そこだよ。ユルゲンは棒で崩れた壁を指し示した。僕らの家は爆撃を受けたんだ。突然地下室の灯りが消えた。そして弟も。僕らはまだ叫んでいた。弟は僕よりずっと小さかった。四歳になったばかりだ。弟はまだここにいるに違いない。弟は僕よりまだずっと小さいんだ。

男は上からもじゃもじゃの髪を見下ろした。だがそれから男は突然言った。そうか、きみたちの先生は、鼠は夜には眠っている、ときみたちに言わなかったかね？

いや、そうは言わなかった、とユルゲンは囁いて、急にすっかり疲れているように見えた。

おやおや、と男は言った。それが教師だとは、そんなことを全く知らないとしたら。だって夜には鼠は寝ているんだ。夜にはきみは安心して家に帰っていいんだよ。夜には鼠はいつも寝ているんだよ。暗くなるともうね。

ユルゲンは棒で瓦礫の中に小さな穴をいくつか作った。彼は考えた、これらはすごく小さなベッドだ、みんなすごく小さなベッドだ。

不思議な、心を動かす対話である。その中で、精神的外傷《トラウマ》を負った子どもが再び信頼を得るために必要な最初の歩みが、簡潔に、また説得力を持って描かれている。

それからその男は次のように言ったが、その際彼の曲がった両脚は全くそわそわしていた。いいかね？　今わしはすぐわしの兎に餌をやって来るよ。そして暗くなったらきみを迎えに来るよ。もしかしたら一匹連れて来ることができるかもしれない。小さいのを。きみはどう思うかね？

ユルゲンは瓦礫の中にすごく小さな穴を作った。すごく小さな兎。白、灰色、白と灰色の混ざったの。分からない、もしあいつらがほんとうに夜寝ているとしたら、と彼はそっと言って、曲がった脚を見た。

男は壁の残骸を乗り越えて通りへ去った。そこから男は言った、もちろんだよ、きみたちの先生はそんなことも知らないとしたら、消えてしまえだ。

それからユルゲンは立ち上がって尋ねた。もし一匹もらえたら？　もしかして白いのを？

やってみるよ、男はもう去って行きながら叫んだ、でもその間きみはここで待っていなければいけないよ。それからわしはきみと一緒に家に帰る、いいね？　兎小屋はどう作るかをきみの父さんに言わなきゃならないからね。きみたちはそれを知ってなきゃいけないからね。

この年とった男は、少年を誘って生活の中へ連れもどすために、何を少年に提供したのだろうか？　多くのものではない。子どもにとってまさに必要な嘘と小さな一匹の兎と、男と一緒に帰宅する約束だけだ。彼は子どもを叱らず、脅さなかった。それにもまして、その子どもを力ずくで連れだすこともしなかった。

父親のいない子どもたち

今や六〇年近く平和に甘やかされてきた私のような戦後生まれの者たちには、誰にも捜されることなく何日も放任されたままでいる子どもたちがかつていたなんて、ほとんど想像できない。もしかしたらユルゲンの母親は、恐ろしい空爆のあと、壊れた町の区画をパニックになって去り、二、三人の生き残った子どもを急いで引き連れ、何千という家のない他の人びと同様、焼け出された人びとのための緊急宿泊施設に宿泊し、それから朝に駅で疎開のための列車を待って、満員の列車がようやく出発したときになって、はじめてユルゲンのいないことに気がついたのかもしれない。

当然彼女の頭にあったのは、息子が雑踏の中で家族から離れてしまったということであり、彼が小さな亡き弟を鼠から守るためにこっそりと抜けだしたということではない。母親はそのとき、何をなすべきだったろうか？　彼女は貨車の中に閉じ込められて座っていた。いつか晩のうちにでも親類か隣人と電話が繋がることを祈ることしかできなかった。いなくなった息子が自分のところに現れるのを切望して……。

九歳のユルゲンのために兎小屋を建てることができたであろう父親が自分の家にいるなど、恐らくどちらかというとありそうにないことだったろう。たいていの子どもたちは、兵士である父親に帰省休暇の際にしか会っていなかった。ほとんどの家族において、非常に多くの軍事郵便の手紙が何年ものあいだ溜まっていた。それからいつしか、もしかしたらもうただ戦争捕虜の施設から生きているという印がまれに来るだけだったか、あるいはコンタクトがすっかり途絶えてしまったかであった。

戦後の最初の数年間にようやく戦争の子どもたちの世代にとても大きな影響を与えた父親の不在に関する数字が出された。

一九五〇年の統計は以下のように記載している。

――戦死者三〇〇万人――行方不明者二〇〇万人――身体障害者二〇〇万人、そのうち重症の手足切断患者五〇万人以上、そして――戦争捕虜からの帰還兵二〇〇万人。

ロシアの収容所で数年を送った男たちにとって、そこはかつてドイツ人から労働奴隷とみなされていた東ヨーロッパの人と同じ状況にあった。多くの帰還兵が家族の父親だったが、飢えや病気の影がはっきりと現れていた、そしてしばしば明らかに制御できない奇妙な振る舞い方も。

帰還兵たちの困窮と激怒

五〇年代の私の子ども時代には、私と私の友人たちは、周囲の人びとを怒りの爆発によって暴力的に支配する男たちを、その中には教師もいたが、難なく半ダースは思いついただろう。暴れる人たちは大人たちによって保護された。それは、彼らには同情しなければいけない、と絶えず教えられていた子どもの私にとっては、それを理解するまでは奇妙に思われた善意であった。戦争、戦争捕虜、脳障害、それが合言葉だった。彼らの狂乱は夏の嵐のように甘受しなければならなかった——人びとは様子を伺って早めに自分の身の安全を図るようにしなければならなかった。そして「発作」に襲われるといつも、自分の子どもたちを狂人のように怒鳴りつけたり殴り倒しさえする予測のつかない人物が、自分の父親でなかったなら、天に感謝しなければならなかった。

恐怖を引きずって歩きまわっていたのは、若い退役軍人だけではなくて、すでに二つの世界大戦を生き抜いてきた中年の退役軍人もそうであった。後になって私たちは学校でヴォルフガング・ボルヒェルトやハインリヒ・ベルを読んだとき、彼らのことを理解できるようになっていった。

少なからぬ帰還兵たちが精神科のクリニックの記録に痕跡を残していた。もっともこれに関しては次のことを知らなければならない。つまり、六〇年代に入るまでは、医者にとって、精神的な病の発病の引きがねが、重い器質的な――そしてそれによって測定可能な――損傷とは何か別のものでありうるとは、ほとんど考えられなかったのである。はっきり言うと、健康な肉体は精神的な障害を引き起こさないから、この場合、他の要因、例えば遺伝的な欠陥、あるいは根本的に不安定な精神状態が決定的であるに違いない、というのだった。

そこで、重い精神的な変化はあるものの、その肉体は、暴力はおろか、少なくとも長く続く辛労の痕跡も示さなかったある患者は、今日ではとても自明のこととして私たちが口にするように、例えば戦争によってトラウマを負ったとされるのではなくて、「素質に条件づけられた」原因が彼の障害を引き起こしたのだとされた。これは確かな科学的な認識とみなされた。

とりわけホロコーストの生き残りの人びとにとっては、そのような医学的な教義は悪い結果をもたらした。というのも、年金の要求や補償給付を退けることが問題になると、ドイツの鑑定人はそれを使って議論したからである。つまり、一九六三年にドイツ出身のアメリカの精神分析家が、それ以降多く引用されることになる「人は正常であるためには、自分の子どもの幾人の殺害に耐えることができなければならないか?」という問いを発する契機となった、ナチスの犠牲者に対する一般に行われていた情け容赦のない診療である。

さて帰還兵たちの運命は、おそらく、強制収容所の生き残りの人びとのそれよりも、その多くが同様に戦争に参加したドイツの医者たちに近かったであろう。また、戦争と捕虜生活による後遺症に苦しんでいた患者の数はあまりにも多かったので、それは、医師が良心に恥じることなく「素質に条件づけられている」として患者の記録の中に書き留めることのできたものの割合を超えていた。また、医師の場合、あまりにも多くの共に苦しんだかつての仲間を、「情緒不安定な性格」として烙印を押すことへのためらいがあった、という前提から出発することもできる。

診断「ジストロフィー」

問題解決のために、明らかに過大な要求をされたドイツの戦後の精神科医たちは、ある特別な病状を思いついた。ジストロフィーである。その概念は、その原因を先行する重い栄養不足に帰せられる肉体的損傷と精神的外傷《トラウマ》の全分野をとりこんだ。今日では、それが苦し紛れに見いだされた着想だったことは容易に認められる。ジストロフィー患者はとりわけ抑うつ、集中力の弱さ、抑制できない怒りの爆発に苦しんでいた。または絶えず追跡されている、敵に包囲されていると感じていた。次のようにも言えるだろう。すなわち、多くの男性にとって帰郷後も戦争がつねに続いていた……、と。

私の知る限りでは、診断「ジストロフィー」は子どもには下されなかった。しかし根本的に、トラウマを負った人びとのための治療の提供は、あまりにも稀であったので、それがどこかに記録されることはほとんどない。そのことは大人にも子どもにも言えることだった。多くの家族において決して慰めはなかった。だが暴力と破壊の間に、ときたま小さな救命いかだが出された。その一つを作家ペーター・ヴァイスが一九四七年に発見して、スウェーデンの新聞にそれについて書いている。

ベルリンの北部の小児心理学者の場合。彼女はきつい戦いに耐えた数少ない人たちの一人だ。彼女は比類なき人間的な力を持ち、穏やかさと生の喜びを発している。彼女は自分の青白い小さな友人たちの中に人間的な価値を認めている。彼らは孤児院の出で、そこで彼らは精神的な理由による夜尿症や神経質な顔の痙攣のゆえに殴られている。彼らは親がいないか、父親が亡くなったか、捕虜になって不在の家の出である。彼らは全く一人で難民の列とともにやってきて、どこへ行くべきか分からない。

そこに一人の八歳の少女がいる。空爆のあと、妹の粉々になった死体を見た――彼女が忘れられない死の体験である。後に彼女は、小さな妹は今では天使になっている、と言われた。そこで、それから彼女はいつもこの天使を見ているが、天使は妹の、弾けて腐敗していく手を持っていた。このイメージのゆえに彼女は孤児院で罰を受けた。食事を与えないことで治療しようとし、女医がついにすでに半ば死にかけた彼女を見つけるまで、閉じ込められていた。まだその少女は口をきかないが、もうその手で粘土をこねて、小さな人形を、翼のある少女を作り、その両腕のまわりを包帯で包んだ。その後少女は埋葬ごっこをしたが、それが治療の始まりとなった。

かつての案内書「避難民の子どもたち」

私が子どもたちの状況をよりよく捉えるため、古い新聞記事の中に痕跡を探し求めているうちに、ある興味深い指摘に出会った。シュトゥットガルトのエルンスト・クレット出版が一九五二年に教育の案内書のシリーズを出版していた。それは全四巻で一冊一・九〇マルク、タイトルは「新しい故郷の避難民の子どもたち」、「子どもたちを遊ばせよ」、「他人の子どもが自身の子どもになる」といったもの。一人の思いやりのある作家が、新聞『新たな前進（*Der Neue Vorwärts*）』［ナチス政権下で禁止されていたが、戦後新たに発行されるようになったドイツ社会民主主義の中心機関の新聞で、今日のドイツ社会民主党の機関紙］の中でそれについて以下のように書いている。「これらの冊子を読んだ後、避難中にもしかしたら全く一人で、小さな弟や妹のための責任を負わなければならなかった避難民の子どもが新しい環境の中で、また、再び規則のある生活の中で、もはや「人の指図を受け」ようとしないのも自明のことのように思われる。つまり、故郷と親を失い養子になった子どもたちは、かならずしも否定的な遺伝上の欠陥があるわけでは決してない。彼らは偏見のない、心配りのある、愛情に満ちた環境では、まさしく成長する。」

これは今日ではみんなよく知られた考えである。しかし当時は、家庭で無条件の服従を遂行する段になると、闇教育学［子どもたちを精神的・肉体的な罰によっておびえさせてしつける教育学］が大きな役割を演じた。それについては、この新聞の寄稿も暗示していて、そこでは次のように述べられている。「四巻すべての基本的な傾向として、理解しがたい天真らんまんな感情の動き、びくびくした態度、予期せぬ反応を暴力でやめさせて打ち砕くのではなくて、愛情に満ちた理解をもって、根本から取り除こうとしている。」

それゆえ当時にあっても、思いやりのある教育者も、自分の子どもたちのことを気遣う善良な親たちも存在したのである。しかし大人たちは全く別の問題に苦しんでいたので、そうした理解ある人たちはどうやら十分にはいなかったようだ。これらの小冊子の大タイトル『脅かされた青少年――脅かす青少年（*Bedrohte Jugend—Drohende Jugend*）』からは、こうした状況を真剣に受けとるべきであり、親がそれと直面する時が来たことがこの出版物の中に見てとれることは明らかだ。言葉づかいや口調においてもこの新しい案内書は、子どもに敵対する助言に満ちたナチス時代の教育書からはかけ離れている。教育学上の典型的な葛藤状態のリストの作成は放棄されている。その代わり親たちは——彼らに対しては、彼らが過剰に要求されていることへの理解がたくさん向けられている——よく見やり、傾聴する気を起こさせられている。子どもたちにも大人たちに対しても、人差し指を上げるのではなく、善意の静かな調子がある。色々な問題の根にある様々な出来事は、脚色されることもなく、また瑣末視されることもない。

避難民の子どもたちについての薄い冊子は、しばしば全く目立たない暴力の痕跡を物語っている。そしてまず第一に、小さき者たちの観方に応えるように年長者は促されている。

避難の途上では、最初は全く陽気で、とにかくとても興味を抱いている。子どもたちは目をまるくして辺りを見回している。だが黄昏が来ると、彼らは気味悪くなる！「母ちゃん、部屋に入りたいよ。どうして部屋に入らないの？」寒くなり、暗くなる——二歳から六歳の小さな子どもたちは、これが何なのか分からない。彼らは巣から落ちた鳥のように絶望している、未知のことに圧倒されて。

著者エリーザベト・プファイルは、重いトラウマとなった出来事に焦点を当てているのではなく、親たちに、比較的小さな損失の総計、並びに、絶えず断念しなくてはならないことに注意を向けている。避難のあとで、くりかえし子どもたちを不安にさせる何かに。

その子は比較し始める。「子どもたちはみんな、おもちゃを持っている、僕だけがおもちゃがない。」「どうして僕たちにはリンゴがないの？　他の人たちはみんな、リンゴを持っているのに。」復活祭になって「何もない」けれど、家主の子どもたちは美しい色とりどりの卵を持ってきてもらった。フーベルト（四歳半）はよくそれを知っていた。自分にも復活祭の兎は何かを持ってきてくれるだろう、と。だが兎は何も持ってこなかった。その子が泣いていると、ある婦人が大きな厚紙の卵を一つプレゼントしてくれた。その子は期待に胸をふくらませてそれを開けた。だがそれは空っぽだった――一つの世界が崩壊するのをその子は見た。だが復活祭の兎のことは何と言っても信用していたのだった。そして今やそれも無だった。兎にも騙されたのだった。

他方では親たちも宥められ、こう言われる。子どもたちの環境が普通になれば、最大の困窮が片づけば、子どもたちはすぐに回復する、と。まさに避難民の子どもたちの適応力がここにおいて、あらゆる昔の出版物におけるように、なんども賞賛しながら強調されている。

バルバラはそうこうするうちに八歳になった。とっくに彼女は自分の新しい世界の中で、その土地に生まれた人のように安心して動きまわっている。彼女は彼女の第二の故郷の一般的なヴェストファーレンの言語を話している。彼女の背後には、彼女がどんな新しい人びとをも不信感を持って見ていた時代がある。だが次のようなことが生じる。夕食の際に、隣人の一家が家を去っていかなくてはならないことが話題になる。その子は死人のように青白くなり、スプーンを置く。「お母さん、私たちまた出ていかなきゃならないの?」

通常子どもたちは、その親たちよりもずっと早くにうまく新しい環境の勝手が分かってきた。だがそれにもかかわらず、避難のあとに残されていたものは、大人たちには隠されないままだった。たとえそれがませた言い回しで出たとしても、親たちは恐怖を感じる。

「ねえ、お母さん、もし僕たちがこの次に逃げるとしたら、僕の小さなリュックサックを持って行ってもいい?」ヴォルフィは四歳の小さな男の子だったとき、彼の大好きなおもちゃを自分の小さなリュックに入れて持ち運ぶことができた。しかし一家はすべての荷物をあとに残すという条件で、国防軍のトラックに乗せてもらったのだった——実際できるだけ多くの人びとをこの最後のドイツの車に乗せて行こうとしたのだ。そこでこの小さな男の子も、自分の小さなリュックを投げ出さなければならなかった。その子の言葉には二種類のことが特徴的である。一つは、当時の苦しみはまだ克服されていないこと、だがそれから、「もし僕たちがこの次に逃げるとしたら……」という言い回しである。この小さな男の子の世界はまさに、あちらこちらへと避難する途上にあるというように思える。
もう少し年長の子どもたちが劇的な出来事について語るとしたら、彼らの話しぶりはしばしば、まるで大きな冒険に居合わせることが許される幸運を持ったかのように聞こえる。その例として一〇歳の子どもの詩がある。

四五年の二月一〇日に
素晴らしい両親の家から出て行った。
僕らが馬と荷車を持っていた間は
旅はまだ耐えられた。
次の村でぐっすり眠った
釘に杖と帽子が掛かっていた。
そうやって先へ進んでいった
暗いときも明るいときも
果てしなく遠くへどんどんと
と突然、はてまあ
ロシア人と関わり合わなければならなかった。

この詩は、多くの大人が戦争中の自分の子ども時代について語るのを私が聞いた際の様子を思い出させる。声に恐怖はなくて、むしろ「少なくとも決して退屈ではなかった」というモットーになって楽しそうである。エリーザベト・プファイルはこの詩を非常に詳細に読み解いて、その背景に何が隠されているのかを暴露している。

ここにはすべてがある。旅立ち、興味深いこと、旅の冒険的なこと、通常ではないものの観察（帽子を壁の釘に掛けたこと）、続く避難による変化に富んだ色々な体験、無限の広さ、馬と荷車の紛失、そして最後に、敵に追いつかれたこと。彼らが火の中を走ったこと、その際に彼の一番小さな弟が追いつかなかったこと、避難の道を再び帰り道に通ったこと、母親が女中として働いたこと、兵士たちが母親を強姦したこと、そうしたことを体験したこの少年は、すべての恐怖を唯一の小さな叫び声の中に、「はてまあ（Na nun）」という二語の中に纏めている。そうしてこの詩は中断している。

第三章　「沈黙した、気づかれない世界」

ドイツが飢えていたとき

終戦直後、住民の社会的また健康上の状態は、どのように見えたであろうか。ジャーナリストのイーザク・ドイチャーは一九四五年九月二九日に『エコノミスト（*The Economist*）』の中でベルリンの印象について書いている。

衣服から顔まで見ると、半ば飢えやつれているとは、どういうことかはっきりする。目につくのは、痩せこけていることではなく、いわんやみんな疲れているということではなくて、その顔の色である。乳母車の赤ん坊の顔は、死体のように青白い。肉は蝋のように、あるいは石鹸のように見える。小さな子どもたちは黄色い、だが一二歳の子どもたちは大人の青白さを示している、明らかに黄疸《おうだん》によって色づいている場合を除いて。

ドイツは飢えていた。ペーター・ヴァイスは、自分のスウェーデンの新聞に次のように書き留めている。

ドイツ人はうたた寝しているように打ちひしがれ、通りに沿って身を引きずるようにして歩いている。見たところ通りの行き交いのことなど考えずに。だが彼らは、ドイツを支配する外国人たちが煙草の吸殻を投げ捨てると、いつでも飛びつこうと身構えている。彼らは外国からの客人たちの大型のごみバケツの中を漁り、オレンジやグレープフルーツの残り、ジャガ芋の皮、かじりとれる骨や鰯《いわし》の缶詰を漁る。……まるで住民全体の中には愛を交わす者同士など存在しないかのように見える。ただ数人の外国の兵士たちだけが、安上がりのドイツ娘とのかりそめの恋の冒険をやっている。

イーザク・ドイチャーやペーター・ヴァイスが行ったような報告は、外国で、それまでなかった組織化された援助体制、とりわけＵＳＡとスイスからの援助体制の波を呼び起こした。精神セラピストのハルトムート・ラーデボルトは彼の著書『不在の父と戦争の子ども時代（*Abuesende Väter und Kriegskindheit*）』の中で、どちらかというとよく配慮されていたアメリカ占領地区で生活していて、それゆえ「そのつど封筒で五〇ないし一〇〇グラムのオートフレーク」を送ることができた一人の叔母について語っている。

飢えは一九四七年と四八年の年の変わり目まで、まだ西ドイツの諸都市を支配していた。ＤＤＲ〔東ドイツ〕では、五〇年代の初めまで住民が栄養不足だった地域があった。一九五〇年にはまだ西ドイツの九〇〇万人の子どもたちが、しばしばひどい、不十分な生活をしていた。収容所の全住人三〇万人のかっきり半分が、子どもたちと思春期の人たちであった。

よく理解するために昔の新聞記事に目を通していたところ、私には色々な事実よりも多くの疑問が生じた。一九五二年四月三〇日の『新新聞（*Die Neue Zeitung*）』は、「子どもたちの健康状態に関するしっかりした統計」はないが、医師会の報告によると結核感染率が一九三九年よりかなり高い、と嘆いている。その記事は、キールの衛生局が当地の生徒たちの栄養状態と経済状態を調査した結果について報告している。一〇歳から十一歳の子どもたちの半分は規則的にミルクを飲んでおらず、五分の一が変化のない食事をとっている、ということである。

さらに次のような数字が記されている。五五〇万人のドイツの子どもたちが、一九四五年には自分たちの故郷を失ってしまっていた。だが報告書は数字の上でかなりの揺らぎがある。ときおり一四〇万人のことしか問題になっていないこともある。

一九五二年にダルムシュタット［ドイツ西部の工業都市］におけるドイツの戦後の青少年についての社会学的な研究が出版された。この都市の選択は比較を可能にした。ダルムシュタットは五〇％が破壊されていた。そこで、当地の状態は他のドイツの諸都市のそれと非常に似ていたのである。その研究によると、一四歳のすべての子どもの四分の一が自分のベッドを持っていなかった。『フランクフルト一般新聞（*Frankfurter Allgemeine Zeitung*）』において、その調査結果が詳しくコメントされた。「もう一つ別の危険の根源によって、職業上の負担超過や神経過敏やイライラを通して現れる、家庭のリズムの変化が生じている。」とりわけ離婚家庭（「ダルムシュタットでは一九三四年に九二組の夫婦が離婚したのに対して、一九五〇年には二二九組が離婚した」）の子どもたちが危険に晒されていることが指摘された。そして最後に、不安を宥めはするが、ある心配をも含んだ言葉が述べられている。「いかなる場合にも、爆撃の大惨事による持続的な害は証明できなかったが、その一方で、避難民の子どもたち、または疎開した子どもたちの新しい環境への適応は、しばしば様々な困難を生みだしている。」

これに続く新聞記事から分かるように、五〇年代の半ばからは、避難民の子どもたちは概ね問題なしとみられていた。彼らの学校での良い成績と、彼らが周囲の方言をたやすく身につけたことは賞賛された。

成功した新しい始まり、そうみえる。それはほんとうにそうだった、それゆえ、始まりつつある経済の奇跡が傷を癒し、もしかしたら数人の人だけがそううまくは逃れることができなかったのだ、と信じたいのだが。しかし答えよりも疑問の方が多く残る。

調査、測定、測量

どの程度、また、どれだけの期間にわたって、ドイツの子どもたちが戦争と追放を引きずっていたかは、私たちは決して知ることができないだろう。なるほど彼らは、ときおり医学的・心理学的な研究の関心を呼び起こしたが、その成果は、今日からみると、落胆させられるものだ。というのも、測定できないものは存在もしていない、という見解が支配的だったからである——その際、方策は全く具体的なものが意図されていた。

その最も良い例は、一九五四年に三人の教授ケルパー、ハーゲン、トーマエによって出された研究『ドイツの戦後の子どもたち（*Deutsche Nachkriegskinder*）』である。戦後初めて——そもそもドイツで初めて——医師と心理学者のグループが、一九三七年／三八年生まれ子どもたちと、四五年／四六年生まれの子どもたちに対して広範囲にわたる調査を行った。その際、もしかしたらあったかもしれない戦争の後遺症に対して関心が持たれたというようなことは、長々とした序文には、一言も言及されていない。
マーシャルプラン［戦後のヨーロッパ経済を再建するためにアメリカが経済援助を行うという、マーシャル米国務長官が立てた計画］から資金提供されたこの企画において、四四〇〇人の生徒たちのデータが評価された。しかしそれはどのようなデータなのだろうか？ もっとも目につくのは、子どもたちの体の部分の平均値についての情報を記した数字付きの果てしない図表である。今日からみると、それはほとんど何かにとりつかれているかのようにみえる。つまり、子どもの体をこの上なく小さな細部まで測定して、その結果をクレッチマーの類型学と一致させるために、また、そのタイプを再び色々な病気に割りふるために、杓子定規にリスト化しようとしているのである。

当時もすでに秤と巻き尺を使った科学的な方法にあまり納得しない人もいたのかもしれない。そこで、バルバラ・クリーが『キリストと世界（*Christ und Welt*）』の中でそれに対して以下のように述べているのを読むと、小さな嘆きが聞こえてくるのではと思う。「素人や父親や母親は、そう教師でさえ、ドイツの子どもたちの群れの何パーセントが、クレッチマーの類型学に従って、ほっそりとした痩せ型、背の高い筋骨型、または丸い肥満型に含まれるべきかとか、またはそのグループが他のグループよりしばしばおたふく風邪に罹るかなどということは、ほとんど気にかけないだろう。」

そしてここに、今日もなお強く訴えかけるいくつかの結果がある。

——戦後の子どもたちの四分の一が、自分だけのベッドを持っていない。

——三六％が健全な歯列を持つ、すなわち三分の二はそうではない。

——一〇％が猩紅熱《しょうこう》を、六％がジフテリアを克服した。

——圧倒的に避難民出身の子どもたちに当てはまることだが、悲惨な境遇の出の子どもは、明らかにより良い学校の成績を持ち帰る——だがその後、勤勉さだけではもう何も成し遂げられなくなると、成績は悪くなる。


「これは精神的重圧と適応のメカニズムへの深い洞察を我々に与える」とバルバラ・クリーは書き続けている。「一連の数字と数珠つなぎになったパーセントの数字の背後に、幸福から無視された子どもの姿を認めて心を動かされる。つまり、たやすさと空想の中に早くから贅沢を、そう、余計なものをみることを学んだけれど、それにもかかわらず困窮に苦しんでいる子どもたち」、その多くが「非常に幼い年齢で避難、収容所、そして防空壕の時代を耐え抜いてきた」冷遇された戦後の子どもたちに対して、この著者の心が激しく動かされていることが認められる。

「以前よりも今日の方が頭が悪いのだろうか？」

一年後に『世界（*Die Welt*）』［ドイツの日刊新聞］は、「子どもたちは以前よりも今日の方が頭が悪いのだろうか?・」と大見出しで尋ねることによって、もういちど教育のテーマを取り上げた。ミュンヘンの心理学者アルベルト・フートは、テストの中で一三歳から一五歳の一万三〇〇〇人の子どもたちに質問をした。この方法で戦前の時代に比べて、平均知能で五％の低下が判明した。確かに、いくつかの部分に分けた木のサイコロを再び正しく組み合わせる問題では、目立って不正確な認識能力がなんども現れた。結果的に、それに要した時間は、少年では一二％、少女では三三％長くかかった。そこで、空間的表象能力に関しては、男女の生徒たちは戦前の子どもたちに対してかなり劣っていた。フートはそこに部分的に過去の困窮した時代の結果をみているが、また、すでに「ラジオと映画とテレビ」による、増大する過剰な刺激の結果が現れていることをもみている。

その一年前に北西ドイツ放送が、ドイツの若者を理解するための画期的な貢献をした。聴取者へのアンケートの中で、一九二九年から三八年生まれの人びとが、自分たちの考え方や価値や特に好きなことについて尋ねられた。つまり、社会学者たちによる戦争の子どもたちについての調査である。その際、なるほど、ありうる戦争の後遺症についても、今苦しんでいるそれについても知ることはできなかったが、過去の痕跡は彼らの物の見方に完全に認められた。

今日からみると、その結果は特に驚くものとは思われない。当時メディアと社会学者たちは、そもそも初めて次のような確かな認識が生じたことで、まさに熱狂した。つまり、平均的な若者は、無難な仕事を志向し、実験的な試みを避け、新たな戦争への不安を持たず、スポーツと娯楽を好み、大いに働き、政治にはほとんど関わらない、ということであった。

それは大学で若者が「あなた」〔距離感のある二人称〕で話していた時代、男子大学生が背広の上下とネクタイを身に着け、女子大生がワンピースを着て、白い襟かパールのネックレスを身に着けていた時代だった。「あなたには、感激できる理念がありますか？」という問いに対して、北西ドイツ放送の若い聴取者の三分の二が「いいえ」と答えた。大多数（六七％）が「定期的に」、または「しばしば」新聞を手にし、ラジオで軽音楽を聴くのが好きで、人生の諸問題を表現する映画に関心があった――くだらない恋愛映画は彼らの趣味に合わなかったが、戦争の本はもっとずっと合わなかった。すべての若者のほぼ半分が何らかの団体に所属していた。五人に一人が自由時間をたいてい一人で過ごし、自分をアウトサイダーと感じていた。四人に一人が個人的な心配事について話せる人を持っていなかった。一方で八〇％が大人から助言をもらっていた。

シェルスキーがみつけたもの

一九五七年に社会学者ヘルムート・シェルスキーが、今日に至るまで有名な『懐疑的な世代（*Die*

skeptische Generation)』というタイトルで本を出版した。その中心には三〇年代に生まれた人びとがいる。「今日、大人の世界では時々、「我々は若者のために新しい理念を必要とする」という要請を耳にする」とシェルスキーは書いている。「そして現代の若い世代に「理想主義」が欠如していることに対する中高年の落胆の声は、かなり広がっている。だが、この見解は、「理念」は十分に広がっているのに、二〇年代と三〇年代のまさにかの政治的な出来事の危機の中から生じた「理念」を信じようとする気持ちが若者には欠けているので、彼らは全くそれを求めないのだ、ということを見誤っている。」

この社会学者は、戦争とその結果の体験が、「以前の若者の世代像全体を特徴づけていた、政治を信じようとする気持ちや、イデオロギー的な活動を根絶してしまった」と思っている。

シェルスキーはこの世代にとてもきちんと耳を傾けた。彼は、誰もが、とりわけ若者も「政治的また社会的な勢力の状況に対して、人間が何かを企図することのできない無力さをあまりにも深く確信させられたのだ」と言っている。その他に、懐疑的な世代に属する人びとは、彼らの親たちの価値を分かち合った、ということを彼は見いだした。戦後の状況に直面して、若者には大人同様、この前へ進むという唯一の道しか残っていなかった、生き残ること、生活を立て直すことである。

最後にこの社会学者は、ある予言さえも敢えて行っている。「人が非常に喜んで世界史的な出来事と呼ぶすべてのことにおいて、これらの若者はある静かな世代となるだろう。ドイツが大きな政治の舞台から退いたことに満足し、彼らの政治家たちよりもそのことをよく知っている世代。生き残ることを準備した世代である。」

すでに述べたように、シェルスキーは本質において、三〇年代生まれの人びとのことを念頭に置いていた。だが戦中に生まれた彼らの場合、一部では別の展開が現れた。一九五五年に最初のいわゆる「不良少年の騒動」を迎えるに至って、シェルスキーはこの現象をどう評価すべきか、あまり確信が持てなかったかのようにみえる。

まず最初に、労働者階級出身の若者のことが問題になった。だがその後、彼らのグループは市民階級の子どもたちにも魅力的になった。道端や広場で出会い、そこで酔っ払い、通行人の邪魔をし、騒ぎ立てた。しばしば喜んで車が壊され、遠乗りに使われ、道の側溝に乗り捨てられた。それは当時はまだ「ジーパン」と呼ばれていたジーンズをはいた最初のドイツ人だった。彼らのお手本はマーロン・ブラントとジェームス・ディーンだった。彼らの音楽はジャズとロックンロールだった。『ハンブルク夕刊（*Das Hamburger Abendblatt*）』は、一九五六年六月一六日に次のように書いている。「人びとは興奮し熱狂しようとしている。そうであるからには、ルイ・アームストロングのコンサートの場合のように騒音はまず避けようのない帰結である。」一九五九年までに全西ドイツでは、とりわけコンサートに関連して、ときおり何千人もの若者を巻き込む警察との衝突が頻繁に起こった。

この不良たちの出現はドイツ的な現象ではなかったし、他の国々もそうした問題を抱えていたので、特記すべきドイツ特有の原因究明は行われなかった。彼らはぐれた若者とみなされた。だがそれはどうして可能だったのだろうか、そう再三メディアで問われた。というのも、「全く普通の家庭出身の」不良のことが、ますます問題になっていたからである。ただし、非常に思慮深い文芸欄の執筆者たちは、この年齢のグループは、子ども時代に家族全体の生き残りのために共同責任を感じていたし、盗み癖があり、闇取引に参加していて、煙草を吸い、実弾で遊んでいた、つまり彼らは「大人の子どもたち」だった、ということを指摘した。彼らはコントロールされずに、また自立していて、すでに瓦礫の中で、彼ら自身の規則を互いに交渉して決めていたのだ。それから状況が良くなった五〇年代の初めになって、突然多くの親たちが自分たちの教育の課題を思い出し、今や突然、再びかつて一般に行われていた権威主義的な処置をとろうとした。だがそのときには、しばしすでに遅すぎた。自身の子どもたちはもはや何も言わせなかった。彼らは支配的な規範を拒む若者であった。

一方でヘルムート・シェルスキーは、不良たちはなるほどメディアでは多く注目されたが、世代を特徴づける力を持たない少数派だった、ということを正しく認識していた。他方でこの社会学者は、彼らはもしかしたらさらに強力な青春抵抗運動の地盤を準備しようとしていることをおそらく予感していたのだろう。そこで、彼は自分の著書をある一人の無名の若者の詩で終えている。それには『弱者へ（*An die Schwachen*）』というタイトルがついていて、明らかに当時の大人たちに向けられている。

あんたたちは僕らに意味のある道を示さなかった。
というのもあんたたち自身その道を知らず、
また、それを探すことを怠ったからだ。
あんたたちは弱いからだ。

あんたたちのおろおろした「ノー」はひずんでいた
禁じられたものに対して。
そして僕らは何かを叫びさえすればよかった
するとあんたたちは「ノー」を取り去り「イエス」と言った。
あんたたちの弱い神経を労わるために。
そしてあんたたちはそれを「愛」と呼んだ。

あんたたちは弱いので、あんたたちは
僕らから静けさを買収した。
僕らが小さかった限り
映画のお金とアイスクリームで。
それでは僕らには役に立たなかった

そうではなくて、あんたたちとあんたたちの快適さに役立った。
あんたたちは弱いからだ。
愛において弱い、忍耐において弱い、
希望において弱い、信仰において弱い。

僕らは半分強い、そして僕らの心は
僕らの年齢の半分だ。
そして僕らは泣きたくないから大騒ぎする
——あんたたちが僕らに教えてくれなかった
すべてのことに向かって

弱くなった大人たちは自分たちの半分強い子どもたちに対して責任がある——最後に次のような要求を出した無名詩人である息子はそうみている。

騒いでいる僕らの各々のために僕らに示せ、
人知れず善良なあんたたちの一人を。
ゴムの警棒で脅す代わりに、

どこに道があるかを示す男たちを
僕らの方へ向けて放て。
言葉ではなくて、あんたたちの生活で。

だがあんたたちは弱い。
強い者たちは原始林に入って行き
そして抑圧された人々を元気にする。
彼らはあんたたちを軽蔑しているから。
僕らと同様に。

というのもあんたたちは弱いからだ。
そして僕らは半分強い。

母よ、祈ろうとせよ、
というのも弱虫はピストルを持っているから。

思春期における遅れてきた戦争結果

フライブルクの診療所の医師で心理学者のテーオドール・F・ハウは、すでに早くに戦争時代を背景にして、不良たちの騒ぎを見ることのできた、数少ない若者に関する研究者の一人であった。六〇年代に、彼は苦労して一〇〇〇人の病歴を調査したが、その際、一五年経過するうちに（一九五〇年から六四年まで）彼の診療所に受け入れられた一七歳から二五歳までのすべての患者のカルテのことが問題になった。彼は、「統合失調症的ノイローゼ状態の割合が、一九三九年生まれから大いに増えていること」を発見した。この数値は次の八年間に、五％以下からほぼ四〇％に上昇している。

一九六八年に彼の著書『幼児の運命とノイローゼ（*Frühkindliches Schicksal und Neurose*）』が出版され、その中でハウは、副題で告知されているように、「戦時における体験の害（*Erlebnisschäden in der Kriegszeit*）」について論じている。これは専門の世界ではあまり注目されず、また、とりわけ継続的には注目されなかった。

それは学術的な出版物であって、その中で若い患者たちは、とりわけ人づきあいが悪く、自信がなく、閉じこもり、不安で抑うつ的と表現されている。彼らは集中力がなく、不安な印象を与えるか、あるいは、肉体的に硬直したようで、ほとんどみんな落ちこぼれである、という。

「この調査全体が、戦中と戦後の状況において、いかなる心理的また心身的な障害を考慮に入れなければならないか、ということを示している」とハウは書いている。「この調査はさらに以下のことを示している、つまり、この独特の障害と病気は、数年後にようやく「波」の形で発生するのかもしれない。しかも思春期と後期思春期に、統合失調症でうつの個人に対してなされる、成しとげることができない課題と要求との関連において発生するのである。」

ハウはこのこととの関連において、彼の著書の出版時にすでに一〇年が経過していた、不良の時代を思い起こさせていて、戦後の若者の「行き過ぎ」に対して、たいてい感情移入できないでいた当時の大人たちを非難している。

この診療所の医師は、シェルスキーの『懐疑的な世代』出版の十一年後に調査結果を発表した。時代は変わっていた。ハウは本の原稿を書きすすめる間、広がる学生の騒ぎの震動の前兆をもはや看過することができなかった。そこで彼は責任のある人びとに、さあもう理解に満ちたやり方で、これらの若者たちのことを気にかけよう、と強く促したのである。

関心を持たれなかった世代

ドイツ社会において、戦争の子どもたちについての認識は、それからどのようであったろうか？全く認識されてはいない。反乱する学生の若者の中に集団的な大惨事から逃れた子どもたちを見ること、そしてそれから何らかの結論を引き出すことは、すべての紛争の当事者にとって、思いもよらないことだった。何はさておき六八年世代の人びと自身にとっても、そしてまた彼らの政治とメディアにおけるライバルと盟友にとっても。

七〇年代にジャーナリズムが、いわゆる「高射砲支援世代（Flakhelfergeneration）」の体験に関心を持ったとき、戦争の子どもたちの一群が目に見えるものとなった。それからさらに一〇年後、ナチスの子ども時代が――戦争の子ども時代ではない――精神セラピー的な文学において、大いに注目されたテーマとして浮上し、それと並行して、戦争に起因する父の不在というテーマが発見された。少なからぬ作家たちが、子どもの観点から、自叙伝的なもの、とりわけナチの日常生活の理解に役立つシーンを提供した。戦争の恐怖のことは、彼らはその著書の中で、どちらかというとついでに言及していた。幸いにも平和な時代に大きくなった人は、大人になった子どもたちが、その回顧においても自分の運命を嘆く理由を見いだせなかった、ということを読書から知った。

一九九七年、ラジオ放送を契機に、私に戦争の子どもたちの世代の理解への最初の道を拓いてくれた、ジャーナリストで精神分析家のホルスト・エーバーハルト・リヒターは、その世代に関連して、「沈黙した未発見の世界について、あまり調査されず、あまり検討されなかった、我々住民の歴史の一面について」語っている。

彼の指摘によると、七〇年代の終わりにヒトラー時代の検討を始めた学者たちは、罪悪感のゆえに、ナチの犠牲者についてのみ、つまり、ホロコーストの生き残りの人びとと他の迫害された人びとの群れについて――または、その父親たちがナチス時代に危険に晒される役割を演じた人びとについてのみ調査する理由があると思っていた、という。いずれにせよ、トラウマを負ったドイツの子どもたちも、全く同様にナチの犠牲者に属していたということは、フェードアウトされていたのである。

それゆえ、私たちは忘れられた世代と関わりを持つのである。彼らの運命は関心を持たれなかった。それは調査されなかった。

第四章　二人の女性が総決算をする

決して二度と戦争がないようにという切望

二人の女性、二つの運命、そして多くの共通点。彼女たちは互いを知っていたとしたら、もしかしたら友人になっていることだろうに。というのも、彼女たちは考え方、年をとっていくことへの対処の仕方、孫への愛と世話の仕方、教育の背景、相変わらず活発な社会参加、政治への目覚めた関心、そして決して二度と戦争がないようにという切望において、互いに似ているからだ。

二人の女性、二つの異なった種類の戦争の子ども時代、そして二つの非常に違った人生経路。

一九三〇年生まれのマリアンネ・クラフト*と四歳若いルート・ミュンヒョウ*は、私の訪問の前にたっぷり時間をかけて、人生の総決算をしていた。二人とも大都市の出身で、両者とも中産階級の家庭で育った。二人とも多くの幸せな子ども時代と興味深い職業生活を振り返ることができる。私が彼女たちにインタビューをした後、彼女たちの履歴を何らかのやり方で繋ぎ合わせなければならないことが明らかになった。そこで一つの共通の章というアイデアが生まれたのである。

マリアンネ・クラフトは、「全体として良かった」ので嘆くべき理由などない。避難民の子どもであるルート・ミュンヒョウの場合は、評価は違った結果になっている。「人生は私にとって全くいつも骨の折れるものでした」、と。その際彼女の声は、まるで購入リストについて話しているかのように、非常にドライに聞こえた。避難の際の恐怖は言葉の中にあまり示されない。その後の数十年間の体験は全く違っている。なんどでも初めから始めよ。断念するな……。もう一方の女性の場合には、爆撃戦争のことは大いに話題になるが、その結果のことはほとんど問題にならない。というのも、実際すべてがうまくいったからである。

マリアンネ・クラフトは歴史家である。私が一九九七年に初めて彼女にインタビューを頼んだとき、彼女の戦争の子ども時代は過去の引き出しの中にまだしっかりとしまわれたままだった。すでに六〇歳の終わりだけれども、彼女の場合、平穏な年金生活が問題になることはありえなかった。彼女が費用の掛かる教会の名誉職を引き受けることは、彼女にとっては自明のことだった。場合によっては、彼女の仕事は牧師の義務的な仕事の半分に相当した。だが彼女は、そのような賞賛を聞くと、いつも断固として反論した。力の及ぶ限り何かをなすこと、他人のために尽力することは、彼女からみると、何ら特別な注目に値することではなかったのである。

祖母と孫娘

そのうえ彼女はまだ講義を続けていたが、これまでと同様に神の報酬のためだった。彼女と夫は手厚い年金生活者に属していたが、当時自分の知識が求められていることは、彼女にとって確かに得るところがあった。ある日、彼女の当時一七歳の孫娘が、大学の講堂に付いて行きたい、とお願いした。孫娘のレーナは祖母からとても感銘を受けた。とりわけ祖母の研究テーマが大学生たちを夢中にさせた、その講義のやり方に。そこでこの女子学生は後に歴史を学ぼうと決意した。マリアンネ・クラフトが、私たちのインタビューによっていかに再び自身の戦争の子ども時代の思い出が呼び起こされたか、そう、このことがそれ以来たびたび彼女の家庭で、また、友人たちの間でも話題となっていて、その際彼女の一番上の孫娘が特にそれに関心を持っている、と私に語ったとき、私は重ねてインタビューを頼んだ。今回は女子大生になったレーナと一緒にということで。

老いた歴史家と若き歴史家の間には、五〇年の隔たりがある。前者の若い頃の写真では、若いマリアンネと孫娘のレーナが姉妹のように似て見える。幅広の頬骨、ふさふさした黒髪、聡明な目。

レーナが祖母を讃嘆しているのは疑いない。彼女にとてもよく似合うしわがれた声をし、広い心と明敏な悟性を持ったこの女性を。そうやって彼女は日常生活をやりこなし、慢性病の夫の世話をし、三人の子どもたちと五人の孫と多くの友人仲間にとって相変わらず中心点である家のことを気にかけている。

レーナは両親が離婚していたので、祖母のもとで、二人の人間が四〇年後もまだ愛し合う夫婦生活を送ることができることを見るのは、彼女にとっていっそう重要である。マリアンネは自分には感謝するあらゆる理由があることを知っており、またレーナは、いかにも祖母らしいのだが、祖母が生活の中の良きもののすべてを贈り物とみなし、自身の業績をそう重要視しない、ということを知っている。祖母と関係のあるすべての人が、彼女の人柄に感銘を受けている。ただし祖母のマリアンネは、なぜそうなのかは分からない。というのも、彼女のそのキリスト教的な態度が、それに必要な比較を拒んでいるからだ。

飢えに刻印されている

歴史家としてマリアンネは、自分の生まれた年とともに始まったあの時代の子どもとしてのみ自分をみているのではなく、自分をすでにもっと以前の歳月によっても刻印されている、とみている。彼女の人生の大きなテーマは、「飢え」である。というのも、彼女は自分の教育がどの程度第一次世界大戦と二〇年代の悲惨さに影響されたかを認識していたからだ。つまり、森でキノコやイチゴを集めたこと、両親が大都市の只中での食糧要求のデモについて彼女に語ったことを。

「水着を着た人びとが、いかに痩せきっているかを示すために、並んで歩いてきました。それは一九三〇年、私が生まれた年でした」とマリアンネは語っている。しかし彼女の言葉は、まるで自身の思い出を描くかのように聞こえる。「そして二人とも改革教育者だった私の両親のところに、毎日正午になると、いわゆるコミュニストの子どもが一人やって来て、その子どもに日に一度、満腹するまで食べさせなければなりませんでした。私の両親はコミュニストではありませんでした。しかし、これらの子どもたちを餓死から救うため何かをしなければならないのは、全く明らかでした。そこで、飢えが意味するもの、それが私の子ども時代全体を決定づけていたのです。」

そしてさらにもう一つの要素が印象的だった。「すべてが悪魔のところに行くかもしれない、またたくまに、ということ、つまり、数年で花咲く国土が荒れ地になる、それを両親は実際すでに体験したのですが……、そうしたことが私たちの本質と感情の一部になっていました。」

そして彼らはそれを二度体験したのだった。「私は両親の一九四五年の写真を持っています。そこで彼らがいかに飢えていたかが分かります」とマリアンネは言って、次のように語る。「私の母は体が弱すぎて絶えず転倒していました。そして捕虜収容所から帰って来た父は、少なくとも日に一度は気を失って倒れました、教会などで。そしてこのまれにみる大男を再び立たせるのは、私には難しすぎました。」

彼女は一五歳のとき、一人で石炭列車で北に向かい、誰の助けもかりずに引っ越しを準備し、実行した。両親があまりにも衰弱していたので、彼女はイニシアティヴをとらなければならなかったのだ。

しかしマリアンネにも空腹の時代があった。今日それは単に思い出というだけではなく——それを私は彼女がそのことを語る際の話し方から推論したのだが——彼女のアイデンティティーの一部をも成していた。「食べ物のことしか考えませんでした、他のことは何にも。夜になると私たちはパンの夢を見ました。実際狂ったようにパンを思い浮かべました。」

しばらくのあいだマリアンネは母親と一緒に叔母の家に住んでいたが、そこで娘の彼女は丸一日じゅう食器洗い、洗濯、掃除をしなければならなかった。「そしてこの叔母は」、彼女は小さな溜息をついて言う。「とにかく、神よ、彼女の霊を安らかに憩わせたまえ——つまり、彼女は自分のパンをいつも台所にむき出しで置いていたのです。私はそれに何も手をつけたことはないと思うのですが、彼女は決して私の言葉を信用しませんでした。」

孫娘のレーナは、両方の祖母と戦争について大いに談話を交わした。彼女は何に関心を抱いているのか？　全く単純だ——人間である！「ある一人の人物が子ども時代と青春時代に何をしたかを知ると、その人物は私にとってより完全な姿を持ったものになります」と彼女は言う。「もしかしたら、それがどのようであったかは、ほんとうには理解できないかもしれません。でも少しでもよりよく想像することができます。そうするとその人物は、決して単に私の向かいに座っている人に過ぎない、というのではなくなります、それ以上のものなのです……。」

女子大生レーナは、両方の祖母における飢えの痕跡を知っている、と思っている。祖母のマリアンネは決して食べ物を投げ捨てることはしないだろう、彼女は必要以上のものは決して買わないから、と。「しかし、もう一人のおばあちゃんの場合には」とレナーテは言う。「そこでは私はむしろ全く逆のことを体験します。彼女は、色々なものを購入することを、冷蔵庫をいっぱいにしておくことを素晴らしい、とみなしています。そして彼女がもう食べたくないというものは、ごみバケツに入るのです。そう、彼女はこの過剰であることを楽しんでいるのです――彼女自身もそう言っています。」

彼女の祖母たちにとって、消費というテーマは大きな意味を持っている、そうレーナは分析する。「一方は贅沢をし、もう一方はどちらかというと慎ましくして感謝しています。」マリアンネは、自分のことが適切に描写された、と感じてうなずく。「スーパーでのどんな大きな買物に際しても、私は皮肉なしに神に感謝する気持ちを持ちます。実際、全く破壊されていた世界で、それが再び可能になったということ、それが私たちの心の奥底にあるのです。」

マリアンネ・クラフトは、爆撃戦争のあいだルール地帯で生き延びた。空襲、防空壕での不安。

「もちろん人びとはとても頑張りました」と彼女は言う。「人びとは大声では泣かなかったし、叫びもしませんでした。人びとは確かに勇敢でした。さもなければすぐにパニックが勃発し始めるのですから。ある人が平静さを失って叫び始めると、それは他の人びとにとっては耐えがたいものです。」そしてそれからさらに次のことが彼女の念頭に浮かぶ。「出産の際も叫びませんでした。私は後に三人の子どもを授かりましたが、そのときも決して叫びませんでした。」

絶えず援助を差しのべていて、ほとんど睡眠がない

父親からは、ほとんど毎日、軍事郵便の手紙が届いた。そこには時々ちょっとした話が書かれていた。例えば、ペーターについてのニュース。馬のペーターは、最良の友のような存在で、つねに父親を危険な状況から脱出させるのに成功した。困窮に陥っても、救いの手が差しのべられた。慰めになる知らせである。

振り返ってみてマリアンネは、自分が疲れ切って地下室で蹲っている姿を、また、パンにバターをぬって飲み物を分配している自分を思い出す。少女団［ナチスのヒトラー・ユーゲントの一〇歳から一四歳の少女から成る下部組織］として、彼女は絶えず援助を差しのべていた、絶えず立ちづくめでほ

とんど眠らなかった。立ち退きのために最後の持ち物をまとめなければならなくなると、彼女はいつも空襲で焼け出された人びとを助けた。それから再びパンを確保し、ポットを満杯にして、駅で兵士たちのために、負傷者の輸送のために――後には避難民の輸送のために準備していた。

マリアンネ・クラフトは言う。「思うに、私たちはこう考えていたのです、つまり不可能なことは全くない！」、と。戦中そしてその後のひどい数年間、なんら疑うことなく、自分は強いのだと彼女は感じていた。というのも、彼女はすでに精力的に働ける年齢にあったからだ。そしてまさにそれを彼女は望んでいたのである。彼女は何かを行おうとした。こうやって彼女は、他者に委ねられている、という感情を押しのけることに成功した――それゆえ、ある日、薬剤師が良かれと思って彼女の手に押しつけた覚醒剤ペルベチンを彼女は使用しなかった。

一九四三年にルール地帯は、それまでで最もひどい爆撃を体験した。一人の同級生と一人の大好きな女教師が亡くなった。次の攻撃を待ちかまえている間に、母親は彼女にアーダルベルト・シュティフターの『晩夏（*Nachsommer*）』の一節を朗読してくれた。優しい愛の憧れに満ちた非現実的な世界である。後に彼女の最愛の従兄弟の死の知らせが届いたが、悲しむ時間はなかった。

実際彼女は、子どもの生活から急激に成長して遠ざかっていった。だが、相変わらず馬のペーターの話は彼女を慰めることができた。「言うまでもなく奇妙なことがこの戦争にはありました」とマリアンネは言う。「人びとは自ら死の危険の中にあったし、そして父もまたそうでした。そこで、いわば地球の表面全体が揺れていました。いずこにも安全なものは何もありませんでした、そこで人びとは、体験するその瞬間瞬間を大切だとみなすことに、全く頼らざるをえなかったのです。」

彼女は二回焼け出された。一回目は彼女の両親の家を襲い、二回目は祖父母の家が崩壊した。出口が埋まったので、みんな地下室に監禁されてしまった。しかしマリアンネはパニックを感じなかった。というのも、彼女は、父が帰還休暇をとってやってきて、彼女を連れ出してくれると分かっていたからだ。そうしてそうなった。「そんな父は実際とても心を鎮めてくれるものです」と彼女は回想する。

戦争は続いた、だが生活も続いた。いつしか彼女の持ち物はあまりにも小さくなってしまったので、すべてを運ぶのに一台の自転車で十分だった。それからルール地帯を去ることが決まった。避難民の群れの列の中でマリアンネと母親は徒歩でハルツ［ドイツ中央部にあり東西ドイツにまたがる山地］まで行った。交互に自転車を押した。時々彼らは低空飛行の飛行機に兎のように狩り立てられた。

困窮に陥り、そして救われた、そう彼女の戦争体験のパターンはみえた。母親と父親もそうだった。家族全員が生き延びたのである。

孫娘のレーナがはっきりと認めているが、極端な生活状態が祖母の場合、通常の状態の下では考えられない力を発揮させたのである。「私と同じ年齢の話だったので、初めてそれについて聞いたとき、とてもひきつけられました」と女子大生レーナは言う。だが彼女にとって、自分自身の青春と祖母のそれは、二つの全く比較できない世界であることは明らかだ。「当時においては、目的はずっと単純でした。というのも生き残ることが問題だったからです。何と言っても他のことなど全く問題にする余地がなかったのです」と彼女は断言する。そして彼女の祖母に言う。「例えばこうして内面の生活について話すこと——そうしたことがおばあちゃんたちの場合よくなされることであったのか、私には全く分からないわ。」

「いいえ、それはなかったわ」とマリアンネは言う。「あなたたちは今日多くのことを聞いて知っていると思う。親たち大人の世界についても。私たちの世代には思春期など全くなかったのよ。誰もがほんとうに気難しく振る舞っていた、そういうことだった。もちろん誰もが絶えず惚れていたけど、それについて語ることはなかったわ。」

孫娘は祖母の戦争の話から決して精神的な重圧を感じたことがない。祖母たちが子どもの頃に体験したことと比べてみると、「祖母たちの態度には奇妙なものが驚くほどほとんどありません」とレーナは言い、あれからもうずいぶん長い時間が経つが、すべては良い結果となった、という。

彼女はもっと苦しんだ家族を知っているのだろうか？　否という答え。ただし、自分の友人の間でこのテーマについて話すことはない、と女子大生レーナは付け加える。

そしてくりかえし生き残ること

どのインタビューでも私にはまだ長いこと余韻が残った。レーナと彼女の祖母のもとを去ったとき、私は全くうきうきしていたのを思い出す。そう、家族内では、世代間ではそうあるべきだろう。沈黙はなし、秘密はなし。大人になった子どもたちが質問したら、目をそらさないこと。おじいちゃんが「また戦争について始めた」ら白目をむきださないこと。過去を体験の宝として与え続けること、重苦しいことも、表向きは描写できないことも。自分の子どもに嘘をつかない、彼らに対しては何も沈黙しない。時々私は次のような全くすばらしい見通しを思い描いた。もしかしたら私たちは、実際何と言っても今、それを何とかやってのけるかもしれない。我々ドイツ人は、まだ時代の証人たちは生きているのだから……。

ハンブルクでルート・ミュンヒョウと別れた後、帰りの途上で、彼女が自分の友人仲間の中にもっと支えを持つとしたら、彼女が自身のテーマを抱えた自分をこんなにも孤独に感じなくてもいいとしたら、彼女はかなりより良くなるだろう、という考えが浮かんだ。半年後、彼女は私に電話で「何かが動き出しました」と言い、そうこうするうちに色々な状況がより良くなり、新旧の知人たちとの交流が以前より多くある、という。

じきに七〇歳を迎える今、彼女の最大の願いは、どうにかして安定した健康である。私たちのインタビューの際、彼女はしばしば咳こんだ。そうでなければ、彼女がいかに悪い状態か、おそらく全く気づかなかっただろう。ルートのような女性たちにとって、規律は第二の皮膚のように身体全体を覆っている。彼女のような状態にあったら、他の人たちはベッドに横たわっていることだろう。彼女はインタビューを受け、その中で人生全体をもういちど繰り広げる。

またまた病気だわ、と彼女は小さな台所でカップを二個取ってきながら言う、それにちょうど療養から戻ったところだ、と。また去年のようになるのでは、という不安が絶えずとりついている、と言う。彼女はそれを全体的崩壊と呼ぶ。すなわち極度に弱った心臓、同時に腎盂炎《じんうえん》、腸炎、そして肺炎。どう転ぶかは紙一重だった、と彼女は言う。もういちど戦争が彼女に追いついた、と。健康が損なわれたままでずっと続いている状態。すべてが避難の結果である。それにもかかわらず、自身と二人の子どもたちのためにお金を工面したり、一時は両親を、ちなみに二人の夫たちをも経済的に支えたり、このように多くのことをどうして彼女はなすことができたのかは、彼女の秘密のままに留まるかもしれない。その後三回目の結婚にはもう至らなかった。

このように言うと、絶えず他の人びとのために身を捧げた「哀れな小さな女性」のように聞こえるかもしれない、だがルート・ミュンヒョウの態度はそれとは全く一致しない。実際一人暮らしだが、哀れむべきではない、そうではなく、社会的な尺度では成功していないとはいえ、自信のある女性である。それにしても彼女はまわりからのいかなるすぐれているという評判も必要としない。もっとたくさんお金があったら素晴らしいだろう。だがステータスは彼女には実際どうでもいいことだ。彼女は自分がやったことを自分で認めることができるし、それを誇りにしている。結論から言えば、彼女は自分を「やましさのない人間そのもの」だとみている。彼女は老齢で病気で貧しいけれども――たいていの人びとにとっては恐ろしいイメージ――自分の人生を成功した人生だとみなしている。

ルートもまた、私のために写真を用意しておいてくれた。海辺での夏休み、美しい市民の家々のあるダンチヒの並木道。「私は子どもの頃、他の世界を夢見る必要がありませんでした。というのも、私はほんとうに身のまわりの世界だけで幸せだったからです」と彼女は言う。これらの夏の日々！　四カ月のあいだ気温は三〇度まで。それから短い美しい秋、その後、冬はマイナス三〇度まで。家の前の雪の山々。「あの頃はドアからではなくて、窓をよじ登って通らなければなりませんでした。」彼女はそうした美しい思い出に耽っている間は、咳こまなかった。

彼女の父親は努力して出世した実業家の商人で、教養のあるユダヤ人の友人を持っていることを誇りにしていた。もちろんナチは彼らとコンタクトを絶たねばいけない、さもないと……、と彼を脅した。他方父は、きっと自分に何か悪いことが起きるかもしれないと考えていたが、まずさしあたっては脅しに留まっていた。しかしある日、父はダンチヒを去らねばならないと言われた。当時はすでに戦争のさなかだった。ドイツはポーランドを占領したのだった。ルートの父は歩行が困難だったので、なるほど徴兵はされなかったが、娘の言うように、「ポーランドへ左遷させられた。」一家はワルシャワの東の小さな町に引っ越した。

ルートにとって苦しい歳月が始まった。それにもかかわらず、父の抵抗心が彼女にのり移った。彼女が「女子団」に参加することは避けられなかった、ヒトラー・ユーゲントへはなんと言っても誰もが加入しなければならなかったのだから。だが彼女は宣伝ビラを配布しなければならなかったとき、ビラを川に投げ入れた。また彼女はポーランドの女の子たちと遊ぶ方を好んだ。その現場を押さえられてはならなかったが。

それから一九四五年一月に避難。ルート、十一歳、避難民の子。二カ月間、馬車で列をなして。母親と妹と三人だけで。父親はどこかに行き、子守女とも別れた。寒さ、雪、不安、遠方……ダンチヒへはもう戻れなかった。そこで西へさらにずっと。父親が現れた、子守女も。三月には彼らはさしあたり安全だった。

五〇年以上経って、過去の恐怖が再び目に見えるものとなる。ルート・ミュンヒョウは心身症のクリニックで療養することになり、そこで彼女は、個々の患者を苦しめる体験を場面として表現するいわゆるサイコドラマ［精神病治療のための心理劇］のグループに参加する。そこでは、車座になって行う話し合いの場におけるよりも、より激しい感情が解き放たれることは、容易に想像できる。そしてそれは恐らくセラピーとしても望まれていることである。

ルートは思い出す。「私の場合、うちの子守女が発疹チフスに罹ったことが問題でした。他の私たちもみんな発疹チフスに罹りましたが、彼女の場合には、もう生きて夜を越せない、という印象を持ちました。そこで私は、彼女を馬車で隣のもっと大きな町へ運ぶように頼まれました。私は彼女と二人きりでした。彼女は馬車の後部席で叫びつづけながら、教会の鐘が鳴るのを聞いていました。今や葬儀の鐘の音を耳にしていることは明らかでした。……この話をグループ内で語ったとき、終わりまで一緒に聴くことができなかった男たちは、みんな走って出て行きました。それでもそれは、私にとってはまだ比較的害のない話でした。」

蚊に刺されたときのパニック

発疹チフスはシラミによって運ばれる。それを考えただけでルートは震える。「当時は、今刺されやしなかったかどうか、絶えずのぞいてみていました。当時それは死を意味しえたのです。」そのパニックは今日まで彼女から去らなかった。つまり、あらゆる蚊の悩みに際して、再びパニックになり、それから単にそれだけではすまないのである。「それを私は、根本的なトラウマ障害だとみています。こんなにすぐにパニックに襲われるなんて。」

彼女の生活がこのような骨の折れるものであったのには、一つには状況に原因があったが、彼女という人物にもあった。「私は明らかに自分に対して過大な要求をしなければなりませんでした。それは私の中の衝動のようなものでした」と渋々彼女は認める、特に、このことを今、自分の娘にも認めたと思っているので。「ところで私は政治に関与していました。トルコ人の家族の世話をしていたし、ボランティアの社会活動をしていて、女性の家〔男性の暴力から逃れて保護を求める女性たちのための施設〕の女性たちを家に泊めたりしていました……。」そしてさらにその他、申し分のない援助者が行う、そうしたすべてのことを。それは、長期的には、上手くいくことはできなかった。

早い頃から、人びとが自分の中に上辺だけの強さをみるということが始まっていた、と彼女は言う。彼女の最初のボーイフレンドは、兄を対戦車ロケット砲で失い、父親はシベリアへ連行され、そうして母親と姉妹の世話が彼一人にのしかかっていた――ルートが今日では知っているように、休みなく過大な要求が一人の若者の上にのしかかっていたのだ。「そこで彼は、いつも頭を私の膝に乗せて泣いてばかりいました。私たちは二人の見捨てられた子どもたちでした、私たちは互いに助け合うことができませんでした。」

ルートは三〇歳のときに最初のセラピーを受けた。「分析医は戦争については何も聞こうとしませんでした。そこで私もそれ以上気にかけませんでした」と彼女は語る。集団的な大惨事の結果は、精神分析では重要ではなかったのである。その場合、何と言っても小さな全体を見通せる家庭での問題の方が好まれた。そうしてルート・ミュンヒョウの場合にも、父親との緊張関係、母親との間の困難、権威主義的な教育、闇教育学が問題となった。子どもたちを罰と殴打で怯えさせること、とりわけ「子どもたちの意志を砕くこと」が問題であったこと、そしてその際当然ながら自意識を持つ人間を生まなかったことは、ルートの両親の例で示されているように、ナチスのみに帰せられるべきではない。闇教育学はすでにそれ以前からあった。それはその後、第三帝国〔ヒトラー治下のドイツ〕で完成させられて、いわば広域にわたって宣伝されたのである。教育はもはや個人的な事柄ではなくて、歩調を揃えて成し遂げられるべき、国民全体の事柄であった。ナチスによる調教について、ジークリト・チェンバレンは、『アドルフ・ヒトラーと、ドイツの母とその第一子（*Adolf Hitler, die deutsche Mutter und ihr erstes Kind*）』というタイトルの学術論文を著した。私たちの関連において興味深いのは、当時の子どもたちにもたらされた結果についての一節である。「例えば、実際苦痛がなければならないときに、少なからぬ人びとが、自分の体をほとんど感知しない。自分の苦痛には全く気づかないまま病気になり、また重病に陥るということが、彼らに生じているのかもしれない。そして実際には苦痛はあるのだが、彼らはそれをずっと見過ごしてきたのである。」

チェンバレンの見解は、なぜルートが四〇歳でようやく自分の重い健康障害を意識するようになったか、ということへの一つの説明を提供している。最初彼女は、精神的にずっと悪くなっていることだけを認識していた——彼女の生活が実際良い方へ傾いた時点で。それ以前には、彼女はつねに働くだけだった。お金がかすかすだったので、全くあくせく働いた。自己実現など、彼女が最後の大きな行動を起こそうと決心するまで、問題たりえなかった。彼女は教師になろうとした。独り暮らしの母親にとって、仕事、大学での勉学、二人の子どもの子育てと、三重負担の歳月が始まった。彼女は試験に合格し、人生で初めて素晴らしい住まいを持ち、休暇をとることができた。ルート・ミュンヒョウ、四〇歳の初め、離婚、面白い仕事、ついにお金の心配なし。一般職の教師だったが、いつの日か公務員の教師になることを見通すことができた。

だがそれから睡眠障害と悪夢、そして他にも恐ろしく厄介なことが生じた。「その頃私は、数夜にわたって暖炉の前に座りこみ、凍え、そしてラジエーターの中に、どうしようもなく潜り込んでしまいたかったのです」と彼女は語った。「そして私はずっと大声で泣き続け、泣きやもうにも全くできませんでした。」

いいえ、自分がうつ状態だとは感じていなかった……、という。咳の発作で彼女は話を中断し、それから再び話の糸を手繰り寄せる。彼女はただただ滅茶苦茶に悲しかったのだ、という。「そしていずれにしても誰も私を助けることはできない、と考えたので、夢を書き留め始め、また私の悲しみを支えてくれる曲をそれにそえて作ったりしました。そうするとすっかり私の心は軽くなりましたが、生活は難しいままでした」と彼女は話を続けた。

決定的な知らせが、棍棒のように彼女をぶちのめした。彼女が公務員になることが拒否されたのである。国の医療施設に勤務する医師の検査結果は、かなりの心臓衰弱と回復不能の腎臓障害ということだった。そういうわけで国家公務員の職務は彼女に対して閉ざされたままだった。彼女の腎臓の一つは、非常にひどく壊れ、傷跡を残して縮んでいた。そこで原因として、昔から長引いている炎症が問題になった。「その通りです。避難の間、この背中に痛みがあったのです」とルートは語る。「そしてそれからすぐに猩紅熱。どの子もかかったでしょ？　でもそれはとにかく大きなことではありませんでした。完治のための時間？　一体どうして？　そしてなぜまた？　私たちは実際こう教育されていました。革のように硬く、鋼のように堅固であれと――ほんとうに背中が痛むわ。おやおや……？」彼女は再び咳に襲われるが、咳は前よりずっとひどく聞こえる。ルートは水を一杯飲み、それからきっぱりと言う。「もし熱でもあったら、途中で落伍していたことでしょうし、そうしたら、それ以上先へは進めなかったことでしょう。」――その当時以来、避難以来、彼女の体には熱が出ない、という特性が生じた。それは今日までそうだという。「最近また腎盂炎をしましたが、熱は出ませんでした。」

最低の年金

戦争は自分を肉体的また精神的に害し、ドミノ遊びの場合のように、ネガティブな結果の連鎖を引き起こした、と彼女は言う。つまり、色々と有利な公務員生活への道が不当にも阻まれたこと、心がずっと傷つきやすくなっていたこと、学校での騒ぎにもはや耐えられなかったこと、五〇歳で給料の低い市民大学講座に移ったこと、現在最低の年金を受給していること、六年前から休暇をとれないこと。そしてまた彼女の二人の子どもたちとの交際において、本質的な部分が触れられないまま残されていたことである。彼女は敢えて彼らに戦争というテーマで話を向けたことがなく、彼らも自分たちから尋ねたことはなかった、という。

それからルートはさらに欠けているものについて話すことになる。それは、彼女の男性たちとの問題のある交わりである。「男性との屈託のない関わりは、私には今日まで拒まれたままです。そこには、相変わらず、明らかに解決できない、目に見えない障害物があります」と彼女は言う。

この問題は、ルート・ミュンヒョウ一人だけの問題ではない。私が戦争が子ども時代にもたらす影響について一緒に語った、ほとんどすべての女性がシングル生活を送っていた。彼女たちが継続的な良い夫婦関係について語ることは滅多になかった。「その原因は、とりわけ彼女たちがその青春をとび越してしまったことにある」、と、私が二〇〇二年、ＷＤＲ〔西部ドイツ放送〕のためにインタビューした、シュレースヴィヒ・ホルシュタインのシュトランデ出身の精神科医で精神セラピストのヘルガ・シュプランガーは述べている。

ルート・ミュンヒョウとほぼ同年齢のヘルガ・シュプランガーは、自身の体験で彼女の言葉を証明している。「私は全く長い歳月収容所で過ごし、青春を収容所の中で経験しました。自明のことながら、人が本来青春時代に自分に望む、心をひきつけるようなものは、何もありませんでした。つまり、自分を美しくすること、香りで身のまわりを包んだり、または美容院に行くとか、化粧すること――そうしたことは締め出されていました」と彼女は回想する。「農夫のもとで働き、手伝うことが問題でした、母親同様に家族を養うこと、そして同時に、この悲惨さからとにかく早く抜け出るために、学校の専門教育を受けることが。そしてそこではバイオリンの音はすべてやみ、何も生じないのです！　それゆえ、ボーイフレンドとかいったものには全く関心がありませんでした――そこでは私は一人ぼっちであったわけではありません、そこには他の女の子たちもいました――、私たちは全く醜すぎたし、また、あまりにもひどい身なりをしていました、そうして私たちは収容所から出てきたのです。」

これは何を意味しているのだろうか、青春がないとは？　実際何が欠けているのだろうか？　シュプランガーは次のように説明している。「それは、まるで飛ぶことを決して学ぶことがなかった鳥のようなものです。その鳥は空中に舞い上がることができません――ちょうど今私は、信じられない程美しく飛びまわることのできる、タゲリという鳥のことを考えているのですが、その鳥は空中でくるくる飛びまわることができて、再びもとの姿勢に戻るのです。でもそれは私たちにはできませんでした。」それを全体的に補償するのは――そうこの精神セラピストは言う――絶対的な誠実さ、勤勉、名誉心だが、特に誠実さである、と。

これはすべて、共通の共同生活の喜びというより、むしろ義務の遂行のように聞こえる。悲劇的なことは、そのような関係は最後にはやはり断ち切られてしまうかもしれない、ということであるように、私には思われる。そして何が生じるのだろうか？　そのときこれらの女性たちは、ケルンの精神セラピストのイレーネ・ヴィールピュッツが、戦争の子どもたちの世代との関連で、私に以下のように描写した、他の女性たちと同様に、最後にはまさに孤独の中に置かれているのである。「自分の道を比較的長いあいだ他人との関わりなしに歩み、その後、非常に孤独になり、それからもしかしたら老齢になって、なぜこうだったのか、と熟考するかもしれない人もいますが、その際、彼女たちには大きな憧れが生じています——ほとんどまるで王子やメルヘンを信じているかのように、そうして彼女たちは時々人との関係を想像するのです。そしてある人が六〇の半ばから末になってそう想像するとなると、それはすでに現実からかけはなれているのです。」

それゆえ、ここにおいても、とび越えた青春への指摘がある。中年の人びととの精神セラピーから次のことが知られている。「幸せな子ども時代のためには決して遅すぎることはない」というような励ましの言葉の代わりに、逸した人生の局面は現実には取り返せないというのではなくて、例えば、祖父母が孫とようやく遊びを習う場合といった、個々の要素が重要である。そこで、もしも年金生活者たちがそのためにすぐに笑いものになったり、身を危険に晒すことなく、敢えて少々思春期の振る舞いをするとしたら、どのように見えるだろうか?

これは他の多くの事柄と並んで、「戦争の子ども時代」というキーワードに対して語る価値のあるテーマとなることだろう。だがルート・ミュンヒョウは、そのために彼女の同年齢の友人サークルの中で、むしろ自粛に追いやられた。このハンブルクの女性は、苦労して自分の子ども時代を再生するのに成功した経験を持っているだけに、そのことを非常に残念に思っている。「私の突破口は、ある新聞記事の中で、自分は自分の戦争体験によって自分を障害者と感じている、と言うことができたときでした。それはカミングアウトでした！」

彼女の子どもたちがその新聞記事について知っていたら、彼らはそれに対して反応しただろうか？　自分自身が望んだようではなかった、とルートは言って、理解を表す微笑みを浮かべる。彼女の息子はそれに対して一言も言わなかったが、それ以来このテーマに対して心を開いて、そのうえさらにいくつかの新聞記事を彼女に持ってきたという。

ただし子どもたち、つまりルートの孫たちはそうした新聞記事を読むことを許されなかった。祖母はそれを聞き知ったとき、かわいい子どもたち、彼らは今日十一歳と一六歳で、そこで両親は、それを読むのは彼らにあまりにも負担を掛けるだろう、と思っているのだ、と考えた。——「私は当時十一歳でそうしたすべてを体験しなければなりませんでした……。」しかし自分の娘に対してだったら、彼女はそのような考えは口にしないだろう。

癒しの夢

さらに第二の転換点があった——癒しをもたらす夢である。長いこと彼女は両足に耐えがたいちくちくした痛みがあって、それは強くなり、胃にまで上がってきた。彼女は医師の勧めでマグネシウムを服用したが、症状はよくならなかった。だがある日、夢研究家のペーター・レヴィーネの本の中に、自己探究の道を続けるように自分を励ますような指摘をみつけた。レヴィーネは動物たちの身体反応について書いていた。つまり、威嚇に対して硬直した動物たちに何が生じるか、そしてこの硬直が再び解けたときに何が生じるかを。ルートは自分の症状をそれに従ってそう解釈し、その結果、彼女の体の硬直はなくなった。そしてそれだけで、彼女の障害は以前より耐えられるものになったのである。

それから彼女は、あるシンティ［ドイツに定住するジプシーの人たちの自称］の一家が彼女の住まいに侵入して、手に入るすべてのものを奪ってしまう夢を見た。ルートは抵抗するが、シンティの父親は申し開きを行う。「そうだ、あなたは一体ヒトラーが私たちにしたことを知らないのですか？」そのとき、彼女は夢の中でひどく荒れ狂って叫ぶ。「私は一生涯それに対して償ってきました！この私が一体それに対して何ができるでしょうか？　私は何と言ってもまだ子どもだったのですから……。」

それからは、ちくちくする痛みはやんだ。それ以来、彼女は自分をいくらか以前より安定していると感じていて、もうこれ以上の障害はなくなるだろう、と望んでいる。

最後に、私は滅多にしか答えをもらわない問いを彼女にする。「もし戦争がなかったとしたら、あなたは今頃どうしているでしょうか？」

ルートは笑った。「なんという問いなの！　まあいいです——私はきっと馬を持ち、海辺に沿って馬を走らせていることでしょう。」

第五章　陽気な子ども

小さなプロイセンの女の子はすべてに耐える

戦争の子どもたちの世代に属する多くの人たちが、彼らの親たちの「おまえはいつも陽気な子だった！」という言葉を覚えている。これはどう考えるべきだろうか？　そうこうするうちに出版されてかなりの量に達した子ども時代の思い出を読めば、永続的に陽気であるべき理由など、実際なかったことがはっきりとする。

「私は毎日毎日、苦痛に耐える練習をしました」と一九三八年生まれのウルズラ・シュタールは、自分の霜焼けのことを思い出したときに書いている。「ある人が私の両親に灯油を使った治療をするように助言し、そうして母は毎朝、二倍に膨らんだ、むき出しの私の足の指を、灯油をしみこませた布きれで包みました。そしてそれから私の苦痛が始まりました！　少しずつ私は凍えた足の指を、堅いブーツの中に押し込みました。ついにブーツをはき、紐を締め、立ち上がって歩く、それは地獄でした！　歯をかみしめ、涙を浮かべて、私は苦痛に満ちて学校へ出発しました。」

彼女は書き続けている、その際自分は「プロイセンの規律」を習い覚え、それを今日まで捨てていない、と。ウルズラ・シュタールが自身の戦争と戦後の思い出に、よりによって「行け、わが心よ、そして喜びを探し求めよ！」〔パウル・ゲルハルトの讃美歌の一節、一六五三年〕というタイトルを与えたことは、私を奇妙な気持ちにさせた。自然への愛が彼女に生き延びるための力を贈ってくれたのだ、と私は喜んで信じるつもりではある。大いなる慰め手としての自然。そのことを、パウル・ゲルハルト〔福音主義教会の牧師で、最も有名なドイツの讃美歌作者の一人（一六〇七―一六七六）〕ほどに説得力を持って表現することのできた人は、ほとんどいない。彼は三〇年戦争〔新旧両派の対立による宗教戦争（一六一八〜四八年）〕で、五人の子どものうち四人を失い、その後ようやく――神を信頼することのマイスター！――彼の素晴らしい讃美歌を詩作したのだ。しかし彼だったら、よりによって自分の戦争の思い出に、「行け、わが心よ、そして喜びを探し求めよ！」などというタイトルを付けたろうか？

私にとっては、ウルズラ・シュタールが選んだ本のタイトルは、むしろ神への信頼としての頑張りぬくメンタリティーを表している。これは非難しようというのではなくて、なぜ戦争をともに体験しなかった人たちが、しばしば中高年の人の思い出に対してこんなにもイライラした反応をするのかを、説明する手助けをしようとしているのだ。このくりかえし現れる心配などないようにみえる口調こそ問題で、それは、まさにかつての恐怖で描写されたものには絶対に適さない——特に、最悪の体験が奇妙に笑っている顔で示されるとしたら。だが語っている人は、それを全く意識していない。

比較できる体験を持たない部外者には、それは混乱させるシグナルである。そもそもいったい部外者は何を真面目にとるべきなのか？　そこでアイヒェンドルフの『のらくら者（*Taugenichts*）』がふと頭に浮かぶかもしれない、何ものも手出しできない、あのロマン主義の陽気な楽天家が。彼は放浪のあいだ絶えず危険に陥り、大きな不幸が差し迫り、そのうえ強盗たちの手に落ちたりした。……しかしそれからまた突然すべてが好転する。隣の村の泉のほとりの広場でその若い放浪者はバイオリンを取り出し、そしてもう歌い踊る善意の人びとに取り囲まれているのだ。

ロマン主義の詩人たちは、人生の平凡さと厳しさの中に、メルヘン的な要素を織り込むことを好んだ。そしてポエジーと音楽が困難な時代を乗り越えるのを助けることができるというのは、それらの素晴らしい特質の一つである。もちろん防空壕の中でも、また、避難の間にも、クリスマスの歌、故郷の歌、聖歌、「そんなことでは世界は沈まない！」という流行歌が歌われた。そしてまたこの歌もそうである。

ハーヨー、まだ命は泡立っている
高坏の中で若いワインが
野生のブドウの情熱で
それは飲まれなければならない。

まだ我らの星々は煌々と輝いている
空高く壮麗に、
我らは遠くの星々に突進し
そして踊るように強いる。

我らは我らの生を踊り
そして体を揺すって歓呼する、
我らにはそれが課されている
世界は再び若くなる。

ケルンの女性リーゼル・シェーファーは、自身の人生の回想の中でこの歌について書いている。

「ゲオルク・トゥーァマイア［ミュンヘンの詩人で約三〇〇の聖歌の作者。ジャーナリストで記録映画作家でもある（一九〇九―一九八四）］のこの歌詞を、私たちは灯火管制された、爆撃で崩壊しつつあるケルンで歌った。私たちは後にそれを灯火管制されていないケルンでも歌った、大掛かりに進行する破壊と犯罪に直面しながら。私たちは私たちの青春を、私たちの生き延びることを意識して、それを私たちの夢と希望の表現として歌った。」

我らは我らの生を踊り、そして体を揺すって歓呼する……こうした歌は共同体を強めた。そして彼らは世間一般の没落の気分に、全くいつものように泡立つ希望によって打ち克とうとしたのである。戦後生まれの者にとっては、それによって盲目的に耐え抜く力が強められたのか、または、信頼が強められたのかは、ほとんど区別できない。時代の証人たちが当時の自分たちの気持ちを濾過することなく伝え続けるのではなくて、私がこの歌詞を朗読してくれるように頼んだ際のリーゼル・シェーファーのように、省察の上で伝え続けることが、それだけいっそう重要なのである。彼女は朗読の最中に笑わざるをえなかったが、次のように付け加えた。「ゲオルク・トゥーァマイアは当時カトリックの青年団の詩人とみられていました。私は今では彼をもう特に好んではいません、でも彼はもう過去の人です。」

飢えと忘却

多くの子ども時代の回想録から読みとれるように、戦後の最初の数年はなんといっても困窮を意味していたが、同時に冒険、自由、もう大人のコントロール下にない、という素晴らしい感情も意味していた。だがそこには親たちへの思いやりもあった。弱りはて、病気になり、貧しくなった親たちにとって、子どもたちは支えであろうとし、それはとてもうまくいった。親たちの惨めな状況を、子どもたちはより良くしようとしたし、または、何といっても少なくとも彼らの気持ちを明るくしようとしたのだ。

あるいつもくりかえされる夢が、何年もの間、ウルズラ・シュタールに七歳のときの彼女の大きな心痛を思い起こさせた。というのも、彼女は両親を助けることができなかったからだ。「とある古い「死刑執行人の家」の中に、私は年をとって助けを必要とする両親と座っています。それは煙でいっぱいの灰色の部屋で、そこに私たちはとても長いこと住まなければならないのです。机も椅子もなくて、ルージ〔ポーランドの町〕から私たちと一緒にあるのは大きな木の箱だけです。私の両親は飢えて喉が渇いています、でも私は彼らに何も食べ物を与えることができないのです。」

当時、人びとは親たちに少なくとも楽しさを与えようとしていた……。

『黄金虫よ飛んでいけ、おまえの父さん出征中（*Maikäfer flieg, dein Vater ist im Krieg*）』という本の中で、私に「陽気な戦争の子どもたち」という現象に気づかせてくれたのは、精神科医で精神セラピストのペーター・ハインルであった。だがまず最初に、タイトルが私を当惑させた。一体この歌は何に由来するのだろうか？　疑いもなく、それは非常に古いものだった。おそらく、それは三〇年戦争の頃にできたものであろう。ドイツでは『黄金虫よ飛んでいけ』は、もうほとんどどこでも歌われてはいないけれども、他のどの子どもの歌よりも有名で、戦争の不安と孤独の気持ちを表す子守唄である。

ペーター・ハインルは八〇年代以降、医療的かつ学問的にホロコーストの犠牲者たちのトラウマに取り組み――そしてその際、特に子どもたちの苦悩に向き合ってきた。そして彼は一九九四年に出版された著書『黄金虫よ飛んでいけ』の中で、子ども時代の戦争による心の傷の後遺症に何十年経ってもなお苦しんでいる、あれらの患者たちの苦悩に気づかせてくれたのである。小さな子ども時代の写真が、他の陳述を疑う余地のないものにしている場合でさえ、多くの親たちが後になって、悪い時代であったにもかかわらず彼らの子どもたちには「欠けているものなど何もなかった」という確信に固執した、ということが彼の注意を引いたのだった。こうして彼らの子どもたちの場合にも、彼らのアイデンティティーのはっきりしない像が固まったのである。彼らは精神的な問題を抱えたときいつでも、ありとあらゆる原因を思いついた――しかし彼らの戦争の子ども時代についてでは思い及ばなかったのである。

「部分的にであれ荒廃した状況に囚われていた親たちを非難することが、私の意図ではない」とハインルは前置きして次のように述べている。「しかしそのような場合には、これらの子どもたちはそれから大人になったとき、子ども時代の現実に対して近づき難い異質な評価を持ったまま、人生を歩んでいくことになる。というのも、とにかくすでに何十年も経った後に、当時の子ども時代は、国土が瓦礫と灰の中にあったときでさえ朗らかさに恵まれていた、と言われたとしたら、当時の子ども時代を意識することに何の利益があるだろうか？」

かつての戦争の子どもたちのためのハインルのワークショップは、内密の情報のようなものであるが、彼は不安、破壊そして悲惨さの痕跡を全く直観的に捉えている。彼の心を動かしたケースの話の一つで、彼は謎めいた眩暈《めまい》の発作に苦しむ一九四五年生まれのある患者の治療を描写している。それは背の高い男性で、彼の顔は優しさに輝いているが、一方その目には、ハインルが表現しているところでは、微かな悲しみがあった。「さらに目についたことは、彼の頭が体と比べてほんの少し大きすぎるように見えたことだけだった。」ハインルはいかに既往性のデータを収集することに精神を集中したかを語り続け、そしてついに彼の中に、「この患者のデータを——引用符で——フィードしなくてはならない、という気持ちがますます強く起こった。」

このセラピストは怖気ることなく、このことをこの男性に伝え、彼の少しばかり大きすぎる頭蓋骨が子ども時代の栄養不足と関係していないだろうか、と尋ねた。

ハインルは彼の仕事のこの時点で、自分の考えの中ですでに状況証拠の鎖が一列に並んだことに気づいた、しかも、誕生の日付や、食物と頭蓋骨の大きさについての自分の認識といった様々な要素を通じて並んだということに。すべてのことが一つにつなぎ合わさって、飢えによる幼児期の精神的外傷《トラウマ》を示していたのである。

患者からは同意を得たが、明白な否定も得た。彼は言った、自分が人生において決してほんとうには満ち足りていないかのような、ある空虚さをしばしば感じている、というのはその通りだ、と。しかし子ども時代に飢えたことは確かになかった、その逆でチョコレートさえもらった、というのだ。精神科医はそれでもやはりこのことを追求し続けるように、また、母親に問い合わせるように提案した。

その結果は衝撃的であった。「私がその患者に再会したとき、彼は私に自分の調査について報告するのをほとんど待ちきれなかった」とハインルは書いている。というのも、彼の母親は彼に栄養が不足していたことを認めたからである。小学校に入るまで、彼は栄養を主に流動食で取っていたのであって、チョコレートのかけらは例外で、しばしば彼は小さなおまるに座りながら気を失ってしまった、という。

さらに、患者は調査の際に、地下室で長いこと行方知れずになっていたアルバムを見つけたのだった。写真には、痩せた体で、大きな頭と悲しそうな落ち窪んだ目をした、痩せこけた小さな少年が映っていた、とハインルは言っている。

「実際言うべきことはさほど多くなかった」とセラピストはこのケースに関する記述の最後に断言している。「全くいつも通りの朝、〈飢え〉という言葉がもう情報を通してしか届かない、この地球の最も豊かな国の一つで、人生で初めて、昔の飢えが自分の人生全体にもたらした帰結を意識した一人の男が座っていた。次の治療ではもう現れることがなかったが、結局はどうということのない眩暈の徴候が、何十年も続いていたトラウマについての真実を明らかにしたのであった。」

精神分析の役割

ハインルのセラピーの論文から確信を得たティルマン・モーザーは、『悪魔のような姿——精神セラピーにおける第三帝国の再来（*Dämonische Figuren —Die Wiederkehr des Dritten Reiches in der Psychotherapie*）』という著書の中で、ほぼ丸々一章をハインルに捧げている。ただし、モーザーは、ハインルがその著書『黄金虫よ飛んでいけ』の中で——全く一言も理由を説明することなく——純粋に戦争という出来事に限定していること、加えてナチスの時代と、それゆえ、ホロコーストとその犠牲者への結果を全く除外していることに対して、苛立ちを隠さない。

モーザー自身にとっては、それは考えられないことなのだろう。彼は、ナチスの過去と戦争の過去を分ける、という考えに理論上絶対に組みしないのだろう。彼は精神セラピーの診察において、両者は結びついている、とみており、互いに増幅し合う苦悩や不安や孤独感や、巻き添えになることや罪の意識といった、様々な要素の影響をみている――例えば、飢え、そして戦後隠れていて、決して不実な言葉で正体を暴露されることが許されなかったSS［ナチス親衛隊］の父……。

モーザーの場合は主として、漠然としたやり方で、ナチスの時代の家族の秘密に必死に取り組んでいて、しばしば親たちから拒まれた罪を引き受けた患者たちに関わっている。この精神分析医は次のように断言している。「個人的で精神的な処理活動は、分業的に機能する。つまり、多くの巻き込まれた家族においては、苦しみ、脱線し、問い合わせたり、あるいは奇妙な言い伝えによって口に出して言えないことを、まず無意識にテーマ化するのは、たいてい家族のある一員である。」七〇年代以降の非常に多くの精神セラピーにおいては、精神的苦悩の原因として、政治的な歴史が隠然とした形で示された、という。しかし精神セラピーや司牧が、治療のあり方、そう、これらの関係のための真相を暴くやり方だけでも提供するのは、さしあたってそう先のことではなかった、という。

ところでモーザーは、勝者の場合も敗者の場合も、犠牲者も、行為者も、消極的同調者も、アウトサイダーの傍観者も、ナチの恐怖に直面することで、ひょっとしたら冷静な調査は可能ではなかったかもしれない、と指摘している。「それにもかかわらず、失われた規範を再びつなぎ合わせることを助けるために西ドイツを訪れた国際精神分析連盟の教師や宣教師たちが、七〇年代と八〇年代の初めに国際ホロコースト犠牲者調査が始まるまで、ナチスと戦争のテーマを同様にフェードアウトした、というのは驚くべきことである。」

ドイツのフロイト派の人びとは、それゆえ、彼らの知識をアメリカから得て、ティルマン・モーザーが言うには、「古典的な思考と、かのオイディプスを中心テーマにしていた」理論の立場を無批判に引き受けたのである。アメリカはナチスの時代も、百万倍もの殺人も、戦争も知らなかった。それゆえ、精神的に処理すべき罪や集団的な大惨事もなかった。合衆国では、ジークフリート・フロイトが家族関係についての理論を打ち立てたときの、ウィーンと同様の市民的平和的な状況が支配していた。つまり、第三帝国の地獄の後、ドイツの精神分析では、かなり無傷の世界から生じた手工具を使って仕事がなされていたのである。

国際ホロコースト犠牲者調査に続いて、その後ドイツ人も、生き延びた人びとや迫害された人びと、そして彼らの子どもたちに関する調査を始めた、とモーザーは書き続けている。「そのとき明らかになったことはあまりにも衝撃的だったので、強いて迫害された人びとと同一視することによって、行為者やアウトサイダーとして見物していた人びとや、彼らの子孫における精神的な結果に対しても目を向けるようには、あまり奨励されなかった」、という。

行為者や野次馬の人びとの子どもたちから戦争の子どもたちまでの間には、さらに大きな一歩があったようにみえた。セラピストたちはそのために自身の障害物を克服しさえすればいいわけではなかった。彼らは明らかに自分の同業者集団からの逆風をも恐れていた。九〇年代に私はたまたまティルマン・モーザーの教育ビデオを見たのだが、その中で、彼は戦争の後遺症に苦しむ一人の女性患者を治療していた。私が驚いたことには、実際すでに当時名声の高かったこのセラピストは、彼の実演を長い弁明でもって始めた。それは次のような意味であった。もしも自分がドイツ人の犠牲者たちを治療し、彼らの精神における戦争の傷を認めるとしたら、自分はもしかするとドイツ人の苦悩をホロコーストの犠牲者や他のナチスの犠牲者のそれと相殺しようとしているのではという疑いに晒されるかもしれない、というのである。次に詳細な説明が続いているが、その中でモーザーは、自分は父親たちの世代の罪をきっぱりと認めていて、それゆえ、ホロコーストの生き残りの人びとの苦悩を何らかの比較によって相対化しようなどとは夢にも思わない、という責任を強く自覚したドイツ人だ、と証し立てている。

私にとってこの前置きがおかしいと思われるのは、モーザーが自分の職業の土台の一つである倫理的な態度、つまり、困っている人びとを助ける、ということへの理解を同業者に求めていることにあった。

しかし、明らかに不幸なドイツの歴史を背景にして、多くのかつて自明であったことが失われてしまっていた。ホルストー エーベルハルト・リヒターが私のWDR－ラジオフィーチャー『防空壕の子どもたち（*Luftschutzkinder*）』の中で次のように述べたとき、まさにそのことを表現したのである。「犠牲者の子どもたちを調査するときはいつも、自分は正しいと感じることができるが、空襲で焼け出されたり、避難したり、一九四五年に戦勝国の侵攻の際に暴力を体験したりという悲惨さを味わった、普通のドイツ人の子どもたちに対しては感じられない、という恥ずべきことが、学問の中にまで入り込んでいた。」

明らかにティルマン・モーザーのような人びとの場合、戦争の子どもたちの世代の良心に取り組むには――それには疑いと慎重な熟慮の長いプロセスが先行したが――とほうもなく感情を消耗せざるをえなかった。それゆえ、医師と心理学者の大部分は、まさに社会全体と一体になって行動していた、と言える。彼らは敢えて暴力の痕跡を調査するよう要求することは全くなかった。自分自身の戦争の子ども時代と徹底的に取り組まなかった者は、自分の患者たちの戦争体験を無視したのである。ことは全く単純なことであった。

心臓が変調を来すとき

一九四三年生まれの織物商人クルト・シェリング*は、今日では、なぜ自分の症状が何十年にもわたって真面目に受けとられなかったのかを知っている。「私にはもういつも心臓障害がありました、これまでいつも」とこの髪を短く刈り込んだ背の高い男性は語る。「そしてそのとき医師のもとへ駆け込んで言いました。心筋梗塞寸前です。すると彼らは、全く何でもないと言って、それから私に自律神経失調症という素晴らしい診断を下しました。」

医師たちは当時、彼は自分とうまく折り合わなければいけない、と考えていた。神経質な心臓、それは多くの人が持っていた。だがその原因は?というと、彼らは肩をすくめた。そんなことがまさに生じたのである。器質性の検査結果は出ていない、それゆえ気をもむ理由もないから無視した方がいい、と断言された。

シェリングは忠告に従った。そして実際、時々変調を来す心臓にたいして注意を払わなかったときにはいつも、彼はこの上なく上手く自分の生活と折り合ってきた。基本的に彼は、自分を健康で楽観的と感じていて、自分のテンポを抑える理由などなかった。というのも奇妙なことに、その障害にもかかわらず、彼はものすごく仕事ができたからだ。彼は素早くテキパキしていて、他の人が二日かかることを一日で片づける人だった。彼の世代では、不屈の仕事ぶりがまだ報いられていたのである。もしかしたらあるかもしれない健康上の問題など、考えもしなかったのだ。クルトは仕事で成功していて熱心に打ち込む、ほがらかで家庭的な父親であり、いつでもエンジン全開だった。早くに結婚し、三人の子どもと、緑の多い郊外の小さな家を手に入れた。それゆえ、すべてが普通で、経済的にしっかりしていて、年金に至るまで、すべてを見通すことができた。

ただし私たちの会話は、デザイナーが手を入れたような部屋ではなくて、ちっぽけな、質素な家具がついているだけの台所で行われた。彼の住居に足を踏み入れたとき、ここには大学生が住んでいる、と私は思った。

クルト・シェリングは私の評価が間違っても悪くはとらない。彼は、自分がこの年齢で、まだ気ままな行い、つまり、予期せぬことや冒険を好む、ということを儲けものとみている。最後の休暇の間に、彼は自転車での長いイタリア旅行を企てた。スポーツマンで活発な男性――そして祖父として孫たちの良き仲間であり――自分の感情をもう他の人びとの前で隠さず、並々ならぬ率直さで表現している。彼は規則的にある男性だけの集まりを訪れている――そのことは気づかれている。一〇年前に、彼は生活をすっかり全く変えてしまったが、それは彼の住まいが最も良く表しているように、終わりなき人生の一面なのである。

それが数年前、四〇歳半ばで、それまでほどよく調えられていた彼の充実した生命感が、急激に変化したのだった。なぜ自分の楽観主義とユーモアが消えてしまったのか、彼は自分でも説明できなかった。十分な助言があったけれども、彼は途方に暮れた。「私は、空が暗くて飛行機しか見えない、という変な夢を見ました」とクルトは報告している。「自分がかつてそんなものをとにかく見たことがあるかどうかは分かりません。でもいいんです、こうした夢に私はしがみついていました。それほどおかしくなっていたのです……。」

彼の認識も、すべてがずれ始めた。クルトはもう自分自身のことが分からなかった。決して泣くことのなかった彼が、今や、絶えず涙と闘わなければならなかった。特に両親を訪問したあとの別れはひどかった。その後再び車に座ると、彼は毎回小さな子どものようにむせび泣いた。ところで笑うことは、彼にとっていわば生まれついたものだった。彼は幸運にも陽気で愛情に満ちた両親の下に育まれたのであり、彼らからくりかえし「ああ、クルトちゃん、おまえは私たちの輝く太陽だった！」と聞かされていた。両親の言うには、家族が戦後十分に食べ物をもらえたのは、全く自分らの素晴らしい小さな息子のおかげだった、という。明らかにクルトちゃんの輝く笑顔が、見知らぬ人びとの心を動かして、彼にたびたび何かをこっそり手渡したのだった。

太陽の輝きと剽軽者

大人になると、小さな太陽の輝きは剽軽者《ひょうきん》になった。「私はいつも冗談を言い、それがいつもうまくいったので——至るところで好かれる人間でした」とクルト・シェリングは回想する。ほんとうにいつも？　かならずしも、とクルトは認める。そこには疑問符もあった、そこには時々、次のような予感があった。おまえはそんな人間じゃない、とにかく必ずしもそうではない、という予感が。つまり、みんなのために上手くやっているこの普通の男、他の人びとがうまくいくようにというだけで、この世にいるように見えるこの男、そこにはいつも、おまえの傍らを行くある者がいるが、おまえはその男をまだ全く知らない、という予感である。

奇妙な考えが積み重なった。「いつしか自分にも明らかになりました、私は永遠の剽軽者の背後にいる、このもう一人の別のクルトを発見しなくてはいけないことが」と彼は語り、「時々自分自身の滑稽な点に私はうんざりしていました。私は自分自身にもう耐えられませんでした」、という。

最初は涙を流したが、それからパニックになった。それは激しい、油断ならない不安の襲撃であって、彼の心臓障害を耐えられないものへと強めた。ある一人の知人が最後に決定的な指摘を彼に与え、それが彼を戦争の子ども時代に導いた。知人はきみの誕生のデータをちょっと覗いてみてごらん、と言ったのだった。

一九四三年デュッセルドルフに生まれた。戦争中に生まれ、それから防空壕に入った……。もちろんクルトにはその記憶はなかった。彼の医師たちの間にも、彼の人生のデータを直視して二と二を合算する、という考えに至った人は誰もいなかった。

どれほど発達心理学の、疑う余地なく保証されている知識が無視されていたか、そして相変わらず無視されているかは、確かに唖然とさせられる。幼児期の障害の結果について精通している幼稚園の先生や教師でさえ、「戦争の子どもたち」というテーマに際しては、すぐさま自分たちの専門知識をすすんで全く忘れてしまう、ということを私は確認した。その代わり、ある人が恐ろしいことを記憶するには幼なすぎた場合、それが持続的にその人に害を及ぼすなどということはありえない、という古い考えが引っ張り出された。さらに印象的だったのは、以前にはまだ決して関わったことのなかったテーマに、私によってまさに初めて注目させられた人びとが、ひるがえって、「今やすべての責任を戦争になすりつけている」という危険に対して警告したことであった。

それだけに、ある一人の小児科の女性看護師が私に送ってくれた一篇の詩を読んで、私はいっそう驚かされた。バルバラ・ブラディークはこの詩について、もう何年も前に書かれたものだ、と書いている。

砲火に晒されて

死に決して抵抗はせず
逸れて生に入る
生まれたての神経の束が
過酷にも戦争の騒ぎの中へ入り込み
経験もなしに前線を交換する
子宮の中から防空壕へと。

彼女がこの詩を、当時、数人の同世代の人たちに読むようにと渡したとき、彼らは肩をすくめただけだった。彼女が生まれた一九四四年には、子どもの誕生は、少なくとも大都市においては喜びというより、むしろ絶望を引き起こしたに違いなかった、という考えに関心を持つ人は誰もいなかった。私もインタビューでしばしばそれについて語った。もっともどちらかというとついでにではあるが。「当時、爆弾を積んだ飛行機が一機、敷地に墜落しました」と七〇代半ばの女性が語った。「そして婦人科病院では、もう窓ガラスで完全なものは一枚もありませんでした。その他にはたいしたことは起こらなかったけれど、ただ母親たちはもうお乳が出なくなりました。」なんとか手掛かりをつかんで、クルト・シェリングは自身の調査を始めた。振り返って彼は、そもそも他に選択は全くなかった、と思っている。「私は文字通りばらばらになってしまいました。いつしか体がもうそのことに耐えられなくなっていました。口に出して言いたかったけれど、泣き叫んで訴えるだけの私の中の苦悩、私の中にあったこうしたすべての不安、それはいずれ外に吐きだされなければならなかったのです！」

クルトが大いに驚いたことには、つねにかつての彼の生活の朗らかさを尊重していた今や年老いた母親から、彼はあからさまに確認を得たのだ。彼女は拒まなかった。記憶の苦痛を恐れなかった。つまり彼女は次のように言ったのである。「そうよ、私たちは戦争中ずっとデュッセルドルフにいたのよ。そう、私は地下室の中でつねに死への不安を抱いていたわ。そう、おまえは爆撃をすべて一緒に体験したのよ――そして私は絶えまない不安のせいで、おまえに乳を与えることができなかったの。」

彼女は、私のクルトは太陽の輝きだった、と言った。というのも、まわりは闇だらけだったから……。

「そしてそのとき、私には明らかになったのです」とクルトは語る。「私の心が安らぎを与えようとしなかったのも、なんら不思議なことではない、私も心にショックを与えられたのだ、そういうことです。私はすでになんども自分は死んだものと思っています。そしてそれは、人の傍らを、跡を残さずに通り過ぎていくこと、そして心に痕跡を残さないでいることなど全くないに違いないのです。」

この時点から、彼はすべてのことを知ろうとした。どんな些細なことでも、突然彼には重要になった。どんな文学の指摘をも彼は研究し、ついにはディーター・フォルテの長編小説『血まみれの靴を履いた少年（*Der Junge mit den blutigen Schuhen*）』において、一人の子どもの観点からみた爆撃戦争の恐怖を読んで調べることができた。彼は昔の子ども時代の毒に、もう一度身を晒さなければならなかった、そうせざるをえなかった。クルトは同年齢の友人たちからは、きみはもうおかしなまねはやめるべきだ、と言われた。一体そんなことをしてどうなるのか？　過ぎ去ったことは過ぎ去ったことだ……。おそらく彼らは、時々彼が正気なのかとほんとうに心配していたのだろう。

爆撃の気分！

「この段階で、私はしばしば両親のことを、忌々しく思いました」と彼は回想する。「なぜ両親はこの狂気の時代に子どもを持たなければならなかったのだ！」、と。それにもかかわらず、彼の母親は理解のある反応を示した。そしてそれに対して、息子は母親にいつも感謝することだろう。というのも、他の年老いた親たちは、そのような問いかけに沈黙で答えていたことを、彼は知っているからだ。彼の五〇歳の誕生日のために、母親は彼に、一九四三年から四五年まで、彼の生まれた都市に落とされたすべての爆撃について詳細に記載した公的リストのコピーを贈ってくれた。シェリングは恐怖のリストを人目につくコラージュに加工し、それ以来、彼の玄関の間に掛けてあるその絵に、「爆撃の気分」というタイトルを付けた。そう、彼の場合には、戦争というテーマはもはやタブーではない。それについて語ることは彼の役に立ち、彼の気持ちを楽にする。というのも、「世界が沈没する、というこの感覚、それが私の中の奥深く埋められているのだから……。」

彼は精神セラピーを受けた。彼の心臓障害と不安はもう時々しか生じなかったし、その後ははっきりと軽くなっていった。彼は大体において自分を健康だと感じている、笑うことも、泣くことも、楽しむこともできる。そして彼は、以前とは違って、ずっと自覚した生活を送っている。私が初めて彼に出会ったとき、私は全く病気のことなど考えなかった、それどころか、このような人は八〇歳でもサイクリングをし、野球帽を被って走りまわっている、と思ったものだ。

一〇年前のこと、彼は激しい恋愛をしたが、結局別れることになった。それはとうに過ぎ去ったことだが、それ以前には、現実の共通点がなく、深みのない、打算的な結婚生活の場合でも、相手を見捨てないということができなかった、とクルトは言う。「私はいつも――そう、しばしば言っていることですが――分別を持ち合わせていないみたいでした」とクルトはあとから断言する。「私は分別もなしに結婚し、子どもをもうけました。だが結局私は全くそうではなかったのです。」

そして子どもたちはどんなふうだろうか？　彼は子どもたちの態度に、彼自身の重い過去の痕跡を発見したのだろうか？「もちろん」と彼は認める。「衝突を避けるのが、子どもたちのやり方です――順応し、親切で行儀よく、きちんとしていることが。まさに私が育てられたように、行儀のいい少年たれ、そう、そのことを、私は子どもたちに生き方の範として示したのです。」

例えば、彼は子どもたちがもう大人になったときに、初めて妻と対決した。「しかし幸いにして、子どもたちは今では切り抜けました。」

そうこうするうちに、彼の子ども時代のトラウマは新たな地点に達していた。「それについて絶えず語ってばかりでは何の役にも立ちません」と彼は断言する。「人は自分の気持ちに敢然と立ち向かわなければなりません。というのも、人はこの十分に処理されていない事柄に対して、ある一定の年齢になれば体をはって闘って決着をつけなければならない、と思うからです。」彼はこうしたことを、その多くが人生にもう喜びを持たない彼の同世代にはっきりと観察することができる、という。

最近クルトの胃に問題が生じた。医師はそれに胃酸を抑える薬を処方した。しかしクルトの体が彼のために、ここにはまだ未消化のものがある、それをおまえはじっくり観察しなければならない、と知らせていたのだ。

それから彼は三回続けて同じ夢を見た。「手投げ弾を投げて、その場から走り去るのです。そして走り去るあいだ自分が子ども時代の住まいにいることに気づき、手投げ弾が大きな音を立てて、頭の高さで背後からこちらに飛んでくるのだが、自分に追いつけない。そして私は家じゅうを走って、両親の衣装ダンスの背後に隠れ、そして爆発を待っていると、それは私の胃の中で爆発する——その瞬間、私はいつも目が覚めるのです。私は胃の中の血がざわめいているのに気づき、そして両足は萎えたようになっています。そしてこの、立ち去ろうとしてそれができないというのは、私の中の全く古くからの感覚なのです。」

彼にとってこの夢は、ストレスを減らせという、ある明白な警告と要求を含んでいる。クルト・シェリングは結論を導き出して、定年前退職の契約に署名した。

第六章　すべての国民が移動する

拠り所としての故郷の喪失

避難と追放に関しては、無数の長編小説や関連書が書かれた。また追放された人びとの集団は――爆撃の犠牲者とは違って――七〇年代の初めまで、きわめて徹底的に調査された。たいていの生き延びた人びとの場合、失われた故郷は彼らが生きる上での拠り所であり続けた。東方でのヒトラーの絶滅戦争の結果として、約一四〇〇万人が故郷を失い、その中もしかすると二〇〇万人が命を失った――他の査定は二〇万人から始まっている――、こうしたすべては、それゆえ決して沈黙にふされることはなかった。

それに比べて、もしもドイツ人が同じドイツ人の手によって折よく逃げることを妨げられなかったとしたら、この上なく大きな苦しみは避けられただろうという事実については、あまり語られなかった。――そしてさらにもう一つの理由からもそういえる。啓蒙的な著書『スターリングラード（*Stalingrad*）』と『ベルリン　一九四五年――終焉（*Berlin 1945.Das Ende*）』を著し、絶賛された英国の作家アントニー・ビーヴァー［英国の歴史作家。特に第二次世界大戦の著作で有名（一九四六年生まれ）］が、『世界』への寄稿で以下のように書いたとき、彼はその理由を思い起こさせている。「ベルリンへの赤軍の恐ろしい攻撃で頂点に達した、第二次世界大戦の最後の六カ月の歴史は、同時に、ナチスによって作られた八方塞がりの悪夢における、次第に数を増していく兵士と市民の歴史である。ヒトラーが撤退を拒んだことは、ドイツの女性と子どもたちがロシアの進撃に全く委ねられることをも、まさに意味したのである。」

追放というテーマは、ドイツでは、なるほどすべてではないが、いずれにせよ追放された人びとの団体のこの上なく声高の役員たちが、ドイツの東部地域の返還を断固として要求したので、利害の駆け引きという特徴を帯た。追放という大惨事は、喪失と悲嘆、だがまた共感というすべての集団的感情をのみこむようにみえる、一つの政治上の重要な出来事となった。避難民たちとの真の連帯というものはなかった。負担金の補償はなるほど全住民によって資金調達されたが、それはむしろ西ドイツの人たちに妬みを生じさせた。つまり、通例、難民が被った損害に対してある範囲であれ補償することに、彼らは喜んで同意はしなかったのである。

興味深いことに、該当する家族でさえ、親たちや祖父母の身に降りかかったことについての詳しい知識は非常に留保されていた。つまり、若いドイツ人の場合、何万もの追放された人びとの運命についてほとんど知られていない、と言える。かつての避難民の子どもたち、つまり今日四〇歳代の子どもたちは、故郷を去ったときからザクセンやバイエルンや北ドイツのどこかに到着するまでの間に、当時どのくらいの時が経過したのだろうか、ということについて正確なイメージをたいていの場合持っていない。数週間？　数カ月？　場合によってはもっと長い？

避難そのものと、多くの回り道や後方へ引き戻されたり止められたりして妨げられた避難の道は、家族の記憶の中の大いなる盲点となっている。第二、第三世代がしばしばそのことに特に関心を示さなかったからだろうか？　あるいは老人たちが若者たちを自分たちの重い記憶で精神的に苦しめようとはしなかったからだろうか？　あるいは特定のトラウマ的な体験については語ることができなかったからだろうか？　それはとりわけ何十万もの暴力を受けた女性たちに言えることであるが、彼女たちについては、ほんのわずかな人びとだけがとにかく老齢になって沈黙を破ったことが知られている。

避難の途上で生まれて

避難の途上の子どもたちの運命については、ほとんど知られていない。八〇年代に歴史家ベルベル・ボイトナーは、『避難の途上で生まれて（*Auf der Flucht geboren*）』というタイトルで小冊子を出版した。ここに集められている体験報告は、集光レンズにおけるように、女性や子どもたちのきわめて危機的な状況を伝えている。「当時は哺乳瓶を忘れたことで惨事を迎えた」とボイトナーは序文で書いている。

そこには、出産してもすぐに先へ移動しなければならなかったので、子どもの体を洗う時間が全くなかった、ある一人の女性のことが書かれている。子どもの沐浴《もくよく》はそれからようやく七日後のことだった、という。貨物船上で二人の獣医の助けで女児が生まれ、爆撃で窓とドアが新生児と一緒にいた産婦のベッドの上に飛んできた。そして子どもの命をイラクサの汁液で守ろうとしたが、無駄だった母親の話があり、また、別の母親は、凍死した乳飲み子を何日ものあいだ抱きかかえて歩きまわっていた、という。

この本が注目に値するのは、出版者が様々な結果についても考察しているからでもある。生き延びた「避難民の子」は、どの子も奇跡のようなものだったので、その子は後の生活において、家族の中で特別な場を受け取った——しかし他の理由からも。「私は「避難民の子（*Fluchtkind*）」として成長したが、自分で逃げなければならなかったわけでは決してない」とボイトナーは自分の出生について言っている。「私の誕生日に毎年避難の道がくりかえされた。「これこれの数年前の今日、私たちは出発した……それから私たちはあちこちに到着した。……もうあれから長いことになる！……私たちの避難民の子によって、私たちがもういかに長いこと自宅から去っているかが分かる……。」」

まさに避難家庭では、子どもたちがまわりに適応し、また、良い成績を取るように強いられたことが知られている。「失敗を避け、妨害を避け、期待を成就するよう絶えず努力することに当然のように気を配らなければならなかった」とボイトナーは書いている。「起こりうる最悪のことは、落胆を引き起こすことだ。そしてそれ以上にもっとずっと悪いことがあった。悪い振る舞いによってであれ、悪い成績によってであれ、恥を引き起こすこと、不名誉なことを引き起こすことである。というのも、私たちにはなんと言ってももうよい評判しかなかったから、他のすべては何であれ失ってしまっていたからである。」

母親にはいつも感謝している……

親たちの損失に直面して、思春期の子どもたちにとって生の喜びはかならずしも自明のことではなかった。そのことが契機となって、ボイトナーは「これらの子どもたちはなんと言っても戦争を体験したというのに、どうやって屈託なく楽しむことができただろうか?」と修辞的な疑問を投げかけている。「避難民の子」に課せられた役割は、もしかしたら年上の兄や姉たちのそれよりもずっと限られていたかもしれない。その子どもは自分のために超人的なことをやった母親にずっと感謝しなければならなかった――たとえそれを直接口に出して言うことは決してなかったとしても。

ボイトナーは以下のように詳しく説明している。「避難民の子がこうしたすべてを察知するといつも、本来は子どもの通常の発達にともなって母親に対してなされることがなされないこともあった。もちろん、去って行くことも、出て行くことも、自身の生活をすることも、確かに全く不可能だった。その後の人生におけるどの段階もみんな、母親がないがしろにされないように、または、全く見捨てられないように、律されなければならなかった。」

ベルベル・ボイトナーは年長の世代を非難しているわけではなく、責任について語っているわけでもない。だが彼女も自己非難を免れている。というのも、彼女の人生も紛れもなく追放に刻印されていたことを、彼女は認識していたから。

親たちへの忠誠は原則的には良いことである。ただし、避難民家庭の出の多くの子どもたちにとって、いつ母親の愛に満ちた支援が無条件に必要とされたのかということと、いつ母親のかくも多くの配慮が自身の生活を妨げたのかということを区別するのは、明らかに難しいことだった。成人した娘のベルベルは、これは「ほんとうの故郷」ではありえない、という気持ちがずっとあったけれども、母親のために数十年間ヴェストファーレンの小都市で過ごした。かつての故郷、両親の故郷は彼女にとって最も影響力を持つものだった、と彼女は言っている。西ドイツでの生活は当座の、たまたまのものという性格を持ち続けた、と。「ここでの生活の現実は、たとえ完全に慣れ親しんでいたとしても、疑わしいままだった。意識は奇妙に分裂したままだった。」

ドイツの半分が移動中

追放された避難民の人びとは、ナチスの時代とその後の戦争の影響の激動によって、国じゅうを駆り立てられた、何百万のドイツ人に属している。一九四五年の初夏、彼らの状態はどのようにみえたであろうか？　かならずしもすべてのシュレージエン〔ポーランド南部〕やポンメルン〔バルト海に面した地方〕や東プロイセンやズデーテン〔チェコとポーランドの国境に東西に連なる山地〕のドイツ人が、このときまでに一時的な住まいといえるものをみつけたわけではとうていなかった。数は分からないが、いずれにせよ多くの人びとが、まだ親戚か知人のもとに避難しようとしていた。他の人びとは落ちぶれ、ボロボロになって、何らかの偶然の出来事によってあちらこちらへと流されて、さすらいさまよっていたか、または、占領地区間の占領軍兵士によって四方に追いやられていた。この最後の長い放浪の旅は、多くの避難民を絶望の淵に追いやったに違いない。というのも、彼らの背後に横たわっていた恐怖は、まだ新しかったから。

「ドイツ――蟻塚（*Deutschland—ein Ameisenhaufen*）」、そう歴史家マルガレーテ・デルは終戦直後の時代の状況を描写している。その時代は、当時二人に一人のドイツ人が移動中だったことから出発している。そして男性よりも女性の方が多くあちらこちらへと移動していた。デルの三巻からなる出版物には『この時代を共に体験しなかった人は……（*Wer die Zeit nicht miterlebt hat…*）』というタイトルが付いていて、その中で彼女は、「第二次世界大戦とその後の数年における女性の体験」をジクソーパズルのやり方で繋ぎ合わせている。女性たちがどのような様子だったのか、また、彼女たちの運命がいかに色々だったかを知りたいと思う人は誰でも、デルの著書を素通りしはしない。彼女からは英雄化する言葉は一言も聞けないだろう。例えば、いわゆる瓦礫の取り片づけを手伝う女性に関して。だが嘆きの声も聞こえないだろう。

彼女は以下のように書いている。「最後まで、女性の労働者や職員は、口に出して言えないような肉体的辛労の中で、自分たちの勤務地にたどり着き、疑うことも嘆くこともせずに残業をこなした。低空飛行機が来る前の夜明けに、農婦たちは馬鈴薯を植え、女教師たちは授業をきちんと行おうとした。彼女たちはそれをただ強制されてしたのではなく、今日ではもうほとんど理解できない義務の意識から、また、純粋な、生き延びようとする意志からやったのである。」この歴史家は途方もないその仕事を賛美もしている。「女性たちや母親たちは実際決して熟睡しなかった。戦争が長引けば長引くほど、それだけいっそう熟睡することは少なくなった。多くの人が力を失い、消耗したが、それにもかかわらず、彼女たちはなんども新たにやっとのことで立ち上がったのだ。」

敗戦時には、故郷を失った人びとと並んで、田舎や東部地域に爆撃からの避難所を捜し求めていた非常に多くの疎開中の女性と子どもたちもドイツ国内を移動していた。今や彼らは自分たちの故郷に戻ろうとしていた。五〇〇万から一〇〇〇万もの人びとが、もっとも、数週間から二年とその期間は様々だったが、戦争の間に疎開に加わった、と見積もられている。

何も知らない村の住民

『私の肩の上の家（*Das Haus auf meinen Schultern*）』という三部作の長編小説の中で、ディーター・フォルテはそのことについて詳しく書いている。子どもの頃、彼はなんどかデュッセルドルフから疎開させられ、異郷の地で母親が「爆撃の女（Bombenweib）」と挨拶されるのを体験していた。そのつど母と息子はもうすぐにでも故郷の町に戻ろうと決心し、戦争のない牧歌的な生活から逃れた。

何も知らない村の雰囲気に全く耐えられなかったからだった。

もちろん、ここでも時々サイレンが音を立てて鳴った。それは演習と呼ばれていて、人びとはまるで何も起こらなかったかのように歩き続けた。彼らはサイレンに驚かなかったことを証明しようと、たいていは実にゆっくりと歩を進めた。すぐさま近くの地下室に駆けこんだ少年は笑いものにされ、そして小さな食料品店では、都会人は全く忍耐力がない、と女たちに言われた。彼らは幅広のナイフでバターロールを切り、そして自分たちは何も恐れていない、自分たちを怖がらせることはできない、人は自分の安らぎを奪い取られてはならない、と言った。

ここでは一〇〇年も前から何も起こらなかった。あるとき牝牛一頭が屠殺場から逃げ出した。日刊紙が毎年そのことを思い起こさせた。そして午前中いつも日刊紙の格子でかこわれた掲示の前で記事を読むために立っていた少年は、ドイツ領土における爆撃についての情報を見ることは決してなかった。

終戦の際に、ドイツの路上やレールの上に投げだされていた疎開した人や避難した人たちの中に、学童疎開によって遠方のどこか、中にはドイツの周辺に送られていた生徒たちが加わった。約二〇〇万の、たいていがもう青少年となっていた人たちが、この措置に加わったのだった。今や彼らはなかば教師から――「ロシア人が来た!」と言って――見捨てられて、単独で切り抜けなければならなかった。いずれにせよ、困難な状況下での群集輸送という体験がかなりあったと推測できる。撤退の際の体験を、ディーター・フォルテは次のように描写している。

汽車はドイツ中を走り、何昼夜も走り、暗くなった都市をゆっくりと這うようにして走り、燃えている工場の前で待機して止まっていた。捕虜たちが兵士に見張られて働いている畑を通り過ぎ、その隣に高射砲台がある仮橋の上を通って、歩く速度で川を渡り、暗い湿った森の中に潜り、見知らぬ地方の広々とした区間に何時間も立ち止まっていた。そのときしばしば、彼らは汽車から飛び出て、鉄道の築堤に横たわらなければならなかった。飛行機が彼らの上空をブーンと飛び去ると、彼らは再び四つん這いで汽車の中に入り、先へと汽車で進んだ、どこへかは知らずに果てしなく先へと向かった。

汽車の中で女たちは互いに自分たちの出来事を語り合っていた、戦死した息子、行方不明の夫、いなくなった親たちの話、あらゆる州での死の話、陸と空と海の話、燃え尽きた戦車の話、撃ち落とされた飛行機や、行方の知れないUボートの話、破壊された家々や住まいや、かつては愛着のあった永遠に失われた物の話、そうしたものについての回覧される写真は、もはや思い出の色褪せたコピーに過ぎなかった。

終戦後には「旅行」は、実際もはや人びとが広い区間を征服するというやり方にかなうまっとうな概念ではなかった。時には数キロメートルを乗り物で行くことができるが、それからは再び徒歩で行くのだった。時にはトラクターか連合軍の乗り物、または牛車が数キロ先へと彼らを運んでくれた。あるいは、彼らはすし詰めの家畜運搬車両での輸送を求めて、何日も駅のまわりに群がっていた。子どもの頃に、果てしない汽車の旅の間、ひょっとするとその体の半分までしかない大人の間に挟まれて立っていなければならなかった多くの人たちは、今日でもまだ、その悪臭を思い出しただけで、激しい吐き気に襲われる。

しばしば女性と子どもと老人は、さすらいの大きな集団となってともに行動し、交互に背後の干草車の上の持ち物を引き寄せながら、何百キロも移動した。壊れた靴の中の傷ついた足について、また、靴を修理できるおじいさんが一緒に移動していたことで、それが意味する幸運について語る人は、今日ではもうほとんどいない。

マルガレーテ・デルはさらに、終戦の際に故郷から遠く離れて、東部出動や国防軍で勤労奉仕をしていたり、または他の戦時の救助活動をしていた多くの女性や少女たちのことを想起させている。彼女たちも家に向かおうとしたのである。そのうえ女性たちは、しばしば自分たちの傷ついた夫や息子たちを野戦病院や収容所に訪ねようとした、というのである。

デルによると、最大の願いは、戦争時の混乱後に家族の中に再び自分を見いだし、新しい生活をともに始めるために再び家族が集まることだった、という。しかし彼らのたどる道のりには、耐乏生活、飢え、極度の非衛生的な生活環境、またそれとともに伝染病の危険があった。

割り当てをめぐる厳しい闘い

群集の避難所では衛生上の設備といえば、多くの場合ただ一つ洗面台があるだけだった。無力という点では全く同様の人びとが、「さらに先へ、急いで先へ!」という考えしか持っていなかったのも不思議ではない。輸送の可能性は宝くじに当たるのと同じとみなされていた。そこで割り当てをめぐる争いが生じ、それには終戦直後に解放された非常に多くの戦争捕虜も加わった。

しかし一刻も早く帰郷しようとしたのはドイツ人だけではなかった。そのため、国土は蟻塚と化したのだった。デルは、「本国へ送還されることになった約一〇〇〇万人の強制移住外国人や、外国の強制労働者、そして戦争捕虜」についても書いている。

長い旅の人もいれば短い旅の人もいた。しかし後者も冒険的な旅を覚悟しなければならなかった。例えば、ケルンの人が買い出しのために、そこにはバターがあったので、ギーセン［ヘッセン州の工業都市］かオルデンブルク地方［ニーダーザクセン州の北海に面した地方］へ出かけるといつも、場合によっては三日経ってようやく戻ってくるのだった。「買い出し」、混沌と辛苦のためのなんと優しい言葉か……そして買い出しはさらに長いこと続いた。一九四七年五月、このテーマは相変わらず現実的なものであり、そのために、ミュンヘンの『新新聞（*Die Neue Zeitung*）』が、作家エーリヒ・ケストナーの寄稿を印刷することとなった。

ハーフェル河畔のブランデンブルクに、ブリューゲルにしか描けなかったであろうような客車が一台止まっていた。だが彼の時代には、すし詰めの列車はなかった、そして今日ブリューゲルはいない。かならずしもすべてがちゃんとしているわけではない。……タラップ、緩衝装置、そして車両に沿ってつくられた渡り板は、悲しげな姿で一面覆われている。そして車両の屋根の上には、下のコンパートメントの中と劣らぬ数の乗客がぎゅっと肩を寄せ合って蹲っていた。我々が見ている汽車はというと、何も見えなかった――それは人びとをまとっていた！

彼らは座っていたり、ぶら下がっていたり、立っていたり、互いにしがみついたりしていた。瞬きをしながら無関心に午後の日光を眺め、カーブやトンネルのことなど考えず、数ポンドの買い出しのジャガイモの入った自分のリュックサックと、家にいる人びとの顔のことしか考えていなかった。かつては、乗車しているあいだ窓から身を屈めて乗りだすことは禁止されていなかっただろうか？　そして今では、年老いた女や痩せた子どもたちが何百人ともなく、支えも背もたれもなしに、煤で汚れた屋根の上に、二階建ての手摺のないバスの上のように蹲っていた。今ではもはや首を折ることは誰にも禁じられていなかった。

勇敢な一二歳の少女

だがそれにもかかわらず、当時若々しい力と進取の気持ちを与えられていた人にとっては、買い出しの旅にも素晴らしい面があったのかもしれない。エッセン出身のウルズラ・ヘンケ*は、母親と小さい弟と自身のために食料品や交換の品を手に入れるために、定期的に一人でザウァラント〔ドイツ中西部ノルトライン・ヴェストファーレン州の丘陵地〕へ行っていたとき、一二歳だった。ウルズラには今日なお失っていない商才がすでに早くも現れていた。

彼女の家族は三回も焼け出され、農家で交換できるような物は何もなかったので、彼女は借金して馬鈴薯用のナイフをたくさん買い、それでもってザウァラントでよい商売をした。彼女が農家から農家へと移動して行くうちに、彼女の巨大な買い物袋は馬鈴薯と卵、そして時にはベーコンでいっぱいになった。重い荷物を背負って彼女は鉄道へと戻っていった。そして、このブロンドの勇敢な少女に親切だった機関車の運転手と親しくなっていたので、彼女のいっぱいに詰まった袋は、汽車が走っているあいだ彼女の貴重な買い出し品が途中で盗まれないように、機関車の前の方にきちんと積まれていた。彼女はその商売のアイデア、つまり馬鈴薯用のナイフで十分に稼いだのである。

一九三三年生まれの彼女に、あの生き延びる力を私は再び発見した。それは困難な時代にあって次の三つの前提が当てはまる場合に、明らかに多くの子どもたちに対して与えられるものだ。第一に、彼らは肉体的に健康だった、第二に、大惨事が襲いかかる前に、彼らはまだ数年間心配のない子ども時代を積み重ねることができた、そして第三に、彼らには愛情に満ちた親がいた。

「恐ろしいもの――だが素晴らしいものもたくさん」

ウルズラの四歳年下の弟クラウスは、今では心身症のクリニックでの治療の際に明らかになったように、子ども時代の状況はそれまで彼を決して煩わすことはなかったけれども、またはそうであるがゆえに、戦争の状況下でずっともっと苦しんだようにみえる。それとは違って彼の姉の場合には、生涯にわたってくりかえし戦争の記憶がよみがえった。「恐ろしいもの――だが素晴らしいものもたくさん。」

インタビューのために私はウルズラ・ヘンケに、賑やかな広場を眺められる彼女の三階の住まいで会う。彼女は自分の故郷の町を、そのうえ自分の地区をさえ見捨てないでいた。村のような地区の彼女の居間の窓の下には、ちょうど市場がある。そこにもう子ども時代から知っている顔が、そうこうするうちにとても年老いた顔が現れると、彼女は、ああそうだ、と思い出す。彼らは時にウルズラに戦後の最初の数年の出来事を思い出させる。母親の友人のアンネグレートが、三人のうろたえた子どもたちが毎晩、パパが戦争から帰宅してくるようにと祈っている間に、イギリス人兵士と一人ならず浮気をしたこととか、隣の家のハインツとヴィリの兄弟のところでは、社交パーティーが狂宴に脱線するのに黒くこがした火酒が貢献したこととか。

ウルズラの母親は全く違った態度をとった。母親は大混乱には全く関わろうとはしなかった。それゆえ今日でも私は母親に感謝している、とウルズラは言う。母親にとっては、子どもたちの傍らにいて、毎日毎日夫が帰ってくるという希望を新たにすることだけが重要だった、という。

ウルズラによれば、五〇年代になって社会的にいくらか脇に追いやられていた人たちが突然再びモラルを思い起こした、という。それからはみんなが「まるでこれ以外の生活など決してなかったかのように」突然品行方正で上品になった、という。そしてまず彼らの子どもたちはどんなに行儀よくしなければならなかったことか！　悲しいかな、当時五〇年代の終わりに、一人の娘が未婚の子どもを妊娠した、という。なんと恥ずべきことだろうか！

部屋がとても冷たかったのでベッドの中へ

戦争の間、ウルズラの家族は、そのつど別の場所へとなんども避難した。テューリンゲン〔ドイツ中部の州〕は素晴らしかった、そこでは彼らは避難民ではなく、むしろ訪問客のように扱われた、と彼女は語る。当時彼らは市長の家に住んでいたのだが、それは金持ちの人びとで、日曜日には二頭立ての馬車で教会へ行っていた、という。この時代のことは、次のような素晴らしい思い出しか自分にはない、という。特別にお菓子のプレッツヒェンが焼かれ、犬が一匹いた。そして――戦時には珍しいことに――家には男性たちさえいた。そして冬には、他のすべての村の子どもたち同様、スキーで学校へ行った、というのだ。

二度目の避難の際には、ウルズラはとても慎ましやかな状況に陥った。共同生活の狭さと環境はひどいものだった。「しかしああした家族のことも理解しなくてはいけません」とルール地帯の方言が認められる七〇歳の女性は言って、下の市場の広場を指差す。「想像してみてごらんなさい、そこに突然五〇人が乗ったバスが止まって、あなたの住まいのベルが鳴り、戸口の前に二人の子連れの母親が立っていて、あなたは今この人たちを受け入れなくてはいけない、ということだとしたら。」

彼女は続ける、当時家主一家は自分たちの小さな住まいの一部屋を彼女たちに用立てる以外、なんと言っても他に全く選択はなかった、と。そしてそれからは、彼らは一定の時間、台所と居間から退かなければならなかった、という。「上階の私たちの寝室が氷のように冷たかったときいつも、私たちは昼間ずっと居間に座っていました。七時ちょうどに私たちはその部屋を片づけなければなりませんでした。そしてそれからもうただ――彼女は思い出しながら体を揺する――私たち三人には上でベッドに横たわることしか残っていませんでした。というのも、そうでもしないと凍えきってしまったでしょうから。」

クラウスは就学したが、勉強は最初から彼には問題だった。「母は彼を助けるのにあまりにも神経質すぎました」とウルズラは語る。「私たちには、そこにいてほしくないと、とても思われていたこのよその家の居間にギリギリまで三人でいて、母とクラウスは宿題に骨折っていました。そのとき私は、パパがいたらなあ、パパだったらきっともっと寛大だっただろうにと、たびたび思いました。」

この時期ウルズラの母親はしばしば憂うつになっていた。彼女が父からの軍事郵便の手紙を読むと、その中で父は母に、子どもたちとともに耐え抜くように、と切願していた。そちらは安全だが、他はどこも非常に危険だ、と。そして夫がいないのがとても寂しく、また、ホームシック、すなわち、エッセン［ルール地帯の中心的工業都市］の彼女の親戚への憧憬が日に日につのっていったので、母は手紙を読みながら泣いた。そしてついにある日のこと、クリスマスの直前に再び故郷の町に戻った。空襲の際に彼女は流産をして、もはや回復しなかった。「母はそれから三カ月入院しなければなりませんでした」と彼女の娘は言う。「そうです、うちの母は戦争中とてもひどい状態でした。母は父から離れていることに全く耐えられなかったのです。」

父親からはほとんど毎日手紙が来て、時には食料品の入った小包も届いたが、父親は他の人にはその中の物を何も渡してはいけない、と書き付けていた。ウルズラは思い出す。「鰯のオイル漬けが時々届きました、父が自分の配給から切り詰めて貯めた何らかの物が。そしてそのとき私はいつも、父はお腹を満たさなかった分、私たちにそれを贈っているのだ、と想像しました。それが私の子ども時代に考えたことでした。」故郷への休暇の間、父は祖父を訪問しに彼女を一緒に連れて行った。そこで起きたことを彼女はもう一生涯忘れなかった。「パパは祖父にロシアで兵士として体験した何かを、何か悪いことを語りました。すると二人の男がともに泣いたのです。」

徒歩でテューリンゲンからルール地帯へ

我々のインタビューのためにウルズラ・ヘンケはコーヒーを入れ、「父からの郵便」というラベルの貼られた大きな封筒を置いた。「これは私たちがまだ所有している数少ない郵便です」と彼女は言う。終戦の際には、父親からはもう郵便は来なかった。ウルズラが父に書いた一通の手紙が宛先不明で戻ってきた。

一九四五年五月に一家は二度目に避難したテューリンゲンにいた。「私たちはそれから徒歩でエッセンへ行きました」とウルズラは感きわまった声で語った。「そこには素敵な思い出があります、私たちは一三人の集団でした、祖父も一緒に歩きました。」彼らは三週間歩き続けた。晩には大きな火で料理をし、納屋に泊まった。「私たち子どもにとってそれは素敵でした」とウルズラは言う。「しかしママは晩に泣いていました。母を助けることができなかったのは心残りでした……。」

戦後彼らはひどく貧乏だった。三回も空襲で焼け出され、持ち物はあまり残っていなかった。ウルズラはかつては毛布だったマントをもらい、「毛織の砂糖袋」でできたズボン下をはいていた。彼女の聖餐式のワンピースは、その前にすでに三人の従姉が着ていた。たった一粒の新鮮なもぎたてのイチゴをパンの上で切る――なんという美味しさか！　母親はヘアカーラーを馬鈴薯と交換し、髪の毛の房を新聞紙に包んだ。

一二歳でウルズラの子ども時代は終わった。午前中は彼女は短期ギムナジウムの授業に参加した。その日の残りのために、彼女は大人のように考えて行動した。それからチフスに罹って、九カ月入院しなければならなかった。病室はバラックで、窓の前には塹壕があった。母親が彼女を訪問するといつも、母親はその塹壕の後ろに立っていなければならなかった。「それは死者の出るほんとうにひどい伝染病でした。晩に私たちは十一人が入る部屋にいましたが、翌日にはもう九人しかいませんでした。」しかしウルズラを最も苦しめたのは、自分が母を助けることができなかったことだった。

少女は完治した後、短期ギムナジウムにはもうついていけない、ということが判明した。彼女は小学校へ戻らなければならなかった。彼女が六年間しか学校へ行かなかったことも、彼女のその後の人生を決定した深刻な戦争の結果の一つである。最初に彼女はお手伝いさんとして働き、それから、彼女の学校の書類がそれほど厳密にはみられなかったので、アパレル店で見習い修業をすることに成功した。そこでは伝統的な家族経営と――そしてウルズラに惚れた息子が問題だった。彼らは若くして結婚し、二人の子どもをもうけた。

父親からは、もう生きているという印は来なかった。「私たちは、父は再び帰って来る!、と固く信じていました。毎朝気持ちを改めて私たちはそれを信じました。夜になるたびに私たちは落胆しました。それから私たちはお祈りをして、再び希望しました。」そして待った。二年、五年。母親にとって待つことが一生涯続いた。母親は父が死んだと説明されるのを拒み、遺族年金をむしろ放棄した。消えた父親は家族における大きな苦痛のままだった。ウルズラは思い出す。「ときおり私たちは本気で考えを巡らせて、もしかしたら父はロシアで新しい妻をめとり、子どももいるのかも……、と考えました。」

ウルズラ・ヘンケとその夫は幸せな結婚生活を送ったが、そこでは私的なことと仕事が結びついていた。貧しかった修業の歳月は報われた。たくさん働いたが、稼ぎも良かった。六〇歳でウルズラは寡婦になった。彼女は夫の死を長いこと悲しんでいたが、それは、父親の喪失をめぐる大きな苦悩をもういちど彼女は取り戻す、という結果をもたらした。

一九九五年に――母親はもう亡くなっていた――ウルズラと弟のクラウスは戦没者埋葬地管理援護事業から一通の手紙を受け取った。そこには、ウルリヒ・ヘンケは五〇年代の初めにロシアの収容所で亡くなった、と書かれていた。

それにもかかわらず、ウルズラは感謝している。色々な困難にもかかわらず、彼女はとても運が良かった。彼女は自分の世代を見まわすと、このような人生はなんとたやすく失敗しえたかを知るのだ。つまり、学歴の低さゆえに、彼女は貧しいままであったかもしれない。自分の妻を、「自分がいたからこそひとかどの者になった」と言って卑しめるような、不実な夫と結婚したかもしれない。ひょっとしたら、二人の子連れのシングルマザーとして切り抜けなければならなかったかもしれない。あるいは、母親への誤った配慮から、自身の家庭を持つことを全く断念したかもしれない。

むしろウルズラの母親にとって、娘が自身の生活を打ち立て、それだけでなく、満足がおざなりにならない、ということがつねに重要だった。彼女は、「ママは私の夫と私がダンスに行けるようにと、どれだけ子どもたちの番をしてくれたことか」と回想する。今日では子どもたち自身にも子どもができ、この実業家の女性は感激に満ちた祖母になったのである。

最後の手紙

我々のインタビューの最後に、ウルズラ・ヘンケはもういちど戦場からの郵便にざっと目を通す。「父からの郵便」というラベルのついた封筒を母親の遺品の中にみつけた、と彼女は言う。「今でも覚えています――私は老いた女性です！――番号一七五八一、これは軍事郵便の番号です！」それから彼女は父親宛ての彼女の最後の手紙、あの宛先不明として戻って来た手紙を私に見せる。それを彼女は長いこと手に持っていて、それからそれについて彼女が熟考していることを口にする。「どうして私の小さな子どもの手紙がこのように手垢にまみれ、いたんでいるのか、何としても知りたいのです。母親の郵便は全くちゃんとしているのに。しかしお分かりでしょう？　私の手紙はすっかりいたんでいます。」それには一つの説明しかない。ウルズラの母親はこの子どもの手紙をなんども読んだに違いないのだ。

第七章　戦争孤児——思い出を求めて

行方不明になった子どもたち

子どもたちが全くの行方不明になったことは、終戦の際の最も痛ましい体験の一つである。それらは後に滅多に語られることはなかったか、または、——ハンス-ウルリヒ・トライヒェルの物語『行方知れずの坊や（*Der Verlorene*）』におけるように——絶えず語られることになる深い心の傷を引き起こした。この作家は、戦争の傷跡を後に生まれた人びとにおいても掘り出すことに関心を抱いている、比較的若い作家たちの、あの小さなグループに属している。

一九九九年に出版された物語『行方知れずの坊や』においては、戦後の家族における硬直した関係が問題になっている。その両親にとっては、一九四五年一月に避難の際に行方不明になった長男のアルノルトを探すことという中心テーマだけがある。物語は、長男のアルノルトはまだみつかっていないので、戦後に生まれて家族の中に現実の存在の権利を持たない彼の弟の視点から推論されている。

表面的には、奇跡的な経済復興を象徴するあらゆるものが手もとにあるが、母親と父親は自分たちの運命を受け入れる状態にはない。彼らはたとえそれが間違っているとしても、何十年もの間あらゆる痕跡を追跡している。くりかえし希望は消え、くりかえし新しい希望が生まれる。特に語り手の母親は決してやむことなく、自分が現実と定める何らかの幻想にしがみついている。この混乱に満ちた捜索は、最後に一人の若い捨て子に至るのだが、その子どもの身元は途方もない出費でもって明かされることになる。両親は探偵事務所と契約し、高額の医学鑑定を依頼する。彼らの最も下の息子の陰の存在は、彼らの目には入らず、また、彼らは親戚や友人からもそのことに注意を向けさせられることもない。トライヒェルはこの家族を例にとって、五〇年代から六〇年代に遍く広がっていた生活感情である、日常生活の息苦しい空虚さを描いている。

戦後、統計によると、四人に一人のドイツ人が家族の一員を探していたか、または、自身が探されていた。ドイツの赤十字の行方不明者捜索機関には、一四〇〇万の情報が登録されていた。子どもたちの捜索機関の仕事は、ボンの「ドイツ連邦共和国歴史博物館」に感動的なやり方で記録されている。訪問者たちはとりわけ古い録画フィルムを記憶に留める。自分たちの親たちを探している子どもたち、彼らはおずおずとカメラを見つめ、自分の名前と出自の場所を名乗る。

数年前から私は、ボンの歴史博物館から出版された捜索カードファイルの仮綴冊子を持っている。それを手に取るたびに、少なくともこの一つの記憶の場が、それがなければ誰からも語られることのない子どもたちのための「歴史博物館」にあるというのはいいことだ、と私は考えたのだった。私は二〇人の子どもたちの写真や短い記述のある二七ページ目をなんども凝視した。すると私の中に、少なくとも写真に撮られた子どもたちの一人について、その後のことを知りたい、という願望が大きくなっていった。ついに私は変わった苗字を持つ若者たちを選び出し、電話案内－CD－ROMの助けで、七つの住所を突き止めることに成功した。この六〇年余りあとへの道が成功するかもしれないという大きな期待なしに、私は七通の手紙を書いた。……ところが、一通の手紙が大当たりと判明した。ハノーファー出身のホルスト・オムラントが、自分はほんとうに尋ね人かどうか不確かだが、自分の誕生日の日付と出生地ダンチヒはあっている、と電話をよこした。しかし自分は私の手紙の中で言及されている捜索情報については何も知らないので、それをファックスで送ってくれないか、と私に頼んだ。

それからすぐに二度目の電話が来た。彼の目はあまりにも悪くてはっきりとは何も認められない、というので、私は拡大コピーを送ることを約束した。すると彼は「ええ、ええ、でも急がなくてもいいです」と言った。

私が彼に捜索情報を郵便で送った後、私は彼から一九五八年の兵役手帳のコピーをもらったが、そこには彼の若い頃の旅券の写真が載っていた。彼はそれについて、「耳が尋ね人の耳に似ていますか?」と書いていた。

行方不明者に関する情報の文面は以下の通り。

「オムラント? ホルスト? 連隊番号 G〇三二六五三〇七、三七年四月四日ダンチヒ生まれ。ダンチヒ近郊ティーゲンホーフ出身。金髪がかった柔らかな髪、濃い灰色の目、少し脇へ突き出した耳、鼻の両脇にいくつかのそばかす、腹(胃のあたり)の上に並んだ二つの小さな褐色斑。母親の名前は不明、ダンチヒの空爆で死亡、ホルストは負傷。——父親は工員で、最後は兵士だった。兄ヴィルヘルム一六歳とヘルベルト一五歳はホルストと一緒に船にいたが、その後荷物を持って去って行き、その後ホルストは彼らにもう会うことはなかった。ホルストはそれからある見知らぬ女性によってコペンハーゲンに連れて行かれた。」

もちろんそうだった。次の電話の際に、私は彼の家族にも類似点が確認されたことを聞き知った。彼の二人の子どもの一人が、かつての捜索情報の小さなホルストにそっくりだった、という。だが告示の内容では、オムラントはいささかなりとも行動に着手することができなかった。つまり、彼は母親についても兄についても、空襲についても何も知らない、というのである。その他の点では、彼は、自分たち二人はきょうだいで乳飲み子のときに母親から施設に預けられた、と主張しているヴァイマル出身の女性とコンタクトがある、という。

詳しい電話は彼とは不可能だった。というのも、彼は子どもの頃から重い聴覚障害を患っていて、それが大音響を立てる連邦国防軍の演習の間にずっと悪化した、と彼は思っているからだ。

手紙と電話でのコンタクトの後、私たちはハノーファーとヴァイマルで二回出会った。オムラントを個人的に知ると、「強靭な人」と彼を呼ぶのも納得がいく。彼は自分の慢性病を秘密にしない。彼の証明書には一〇〇パーセント障害と書かれている。それにもかかわらず、彼が自分の生活を独力でやりこなしていることを優れた成果と感じているのも、もっともなことである。彼は二つの補聴器を必要とし、視覚障害のゆえに車では短い距離しか走行せず、糖尿病に高血圧もある。

一九八六年に彼は卒中の発作に見舞われ、その後聾唖《ろうあ》になった。しかし彼はあきらめることなく次々と医師と相談し、ついにその発作が脳下垂体の腫瘍によって引き起こされたことが判明した。脳の手術の後、彼は失っていた言語と聴覚の能力を再び取り戻した——もっとも弱視は残っていたが。誰しも可能とは思わなかったことだが、彼は職場に復帰し、そのうえ昇格さえし、一九九一年に上級裁判所の執行官として早期退職した。今日、彼は六〇歳の末の、内服薬で肥えた大男である。彼の言うには、卒中の発作の後、結婚生活が破綻したが、夫婦生活の冷却はもうその前から現れていた、という。しかし彼は、二人の子どもと四人の孫が近くに住んでいるので、孤独は感じていない。「その限りですべてがきちんとしている」と言う。

デンマークの収容所

彼の最初の子ども時代の思い出は、一九四五年に始まる。つまり、彼をデンマークに運んだ船「ラップラント」とコペンハーゲンの子ども収容所である。到着したとき、彼はもう八歳だった。それ以前には何が起こったのだろうか？　彼が記憶に留めず、それに先立つすべての印象を消し去るほどに耐え難かったとは、いかなる出来事だったのだろうか？　ホルスト・オムラントはその答えを知らない。一九四七年に彼は、子どもの施設の協力者の一人の女性によって、デンマークからドイツへ運ばれた。「ユッタおばさんは、自分は戻るけどあんたも一緒に来る?と言い、私はそれに同意しました」とホルストは回想する。ユッタおばさんはヴォルムスのモンスハイム出身の再洗礼派の牧師の娘で、適切な里親探しを手伝っていた、という。

戦争孤児の状況を難しくしたことは、エルンスト・クレット出版の、前に言及した古い教育案内書の一つに叙述されている。ある一人の女性ケースワーカーが、この小冊子にとって有益な資料として役立つ次のような報告を行っている。「ある養母は、三人の里子のための養育費から台所設備、ソファーベッド、マイホームの建築のための補助金を調達した、と自慢している。他のケースでは、里子たちは安価な働き手として役立った。とりわけ目立ったこととして強調されているのは、里子を引き取ることのかつての困難さとは反対に、今やまさにこれらの子どもたちに「需要がある」ということである。このように里子を求める人びとが殺到する理由として、まず第一に、今日では特に乏しい現金への渇望が考えられる。これに関連して、シュヴァルツヴァルト〔西ドイツ南西部に南北に連なる山地〕の農家に受け入れられた「羊飼いの子どもたち」にも言及されている、という。援助したいという思いが、里子の受け入れの第一の動機であるべきであった一方で、「働き手を持ちたいという願望」、里子を金のなる木、または労働力として利用し尽くすことが、あまりにもしばしば動機の前面に出ている。」

小さなホルストの場合には、三つの家庭が不適切と判明した後、信頼に値する子どものいない夫婦が見つかるまで、「ユッタおばさん」は明らかにとても長いこと彼を保護してくれた。その家はプファルツのワイン農家で、村で最大の農園を持っていた。ホルストはそこに入ったときに一〇歳だったが、まだ学校へ行ったことがなかった。

「第四学年が私の最初の学年でした」とオムラントは語る。「養父母は毎晩私が疲労のあまり机で寝入ってしまうまで、私と一緒に計算と読み書きを練習してくれました。しかし私は二回読んだらそれをそらんじることができました！」しばらくして教師が彼の完全な発音のゆえに彼を誉めたのだが、このことが村の子どもたちを妬ませた、という。彼の養父が大きなワイン農園を持っていた、ということも。そして少年たちは放課後、彼を取り囲んでぶん殴った、という。

「私はいい養父母を持ちましたが、彼らは非常に厳しくもありました」とオムラントは少年時代の自分の状況を描写している。「外出は決して許されませんでした。しかし少なくとも蹄鉄工が私を男声合唱団に一緒に連れて行ってくれました。そうして週に一度外出しました。」

農園では彼は大人のように働き、もう早くにも彼に農園での責任ある仕事が委ねられた。彼は後々いつか経営を引き受けることになっていたので、ブドウの栽培も学んだ。しかし事態は違ったふうになった。一九五三年突然養母が亡くなって、その後一家の主は自分の姉を農園に連れて来た。「そのときからもう教会の歌しか歌えませんでした。そしてその婦人は私を無視しました」とオムラントは回想する。養父の側からは、ホルストを養子にするということは、今やもう語られることはなかった。甥がこの農園を引き受けることになる、と彼は伝えられた。この親類の男はワイン栽培と農業に関心を示さなかったので、ホルストは養父から、「おまえはここで管理人として働いていい」という申し出を受けたが、青年は拒んだ。

連邦国防軍での新しいスタート

その代わり、彼は連邦国防軍に入って、一五年間の短期志願兵として契約を結んだ。その後、彼は公務員として裁判所の執行官となった。もともと彼は職業軍人としてキャリアを積もうと思っていたのだが、それは聴覚障害ゆえに不可能だった。「これは第二の落胆でした」と彼は今日それについて言っている。

彼の兵役手帳が特異なのは、彼が一九五八年にそれに「ホルスト・ウムラント」と署名していたことである。手書きで記入された苗字にあとで修正が施されたことが、はっきりと見てとれる。つまりツェレ市の国防軍の補充部隊の上官が、「U」を「O」にあっさりと変更したのだ。五〇年代には、公の身分証明書の扱いでも、その程度にすぎなかった。まさにまだきちんとした時代ではなかったのである。それゆえ、いくつかの問題を解決するには時間がかかるようにみえた。

しかし、そもそもどうやって名前の変更に至ったのだろうか？　もはや正確にたどることはできない。出生問題における辻褄の合わない言動は、戦争孤児では珍しいことではない。ホルスト・オムラントにとっては、「私は結婚するつもりだったが、私の書類はきちんとしていなかった」ということだけが確かである。それは明らかに、ドイツ赤十字の行方不明者捜索機関の再尋問を必要とした。その結果、そこで新しい住所が告知され、それによって、ケルン出身のコルネリウスという一人の女性が名乗りでた。彼女は亡くなった母親の妹だという。「私が覚えている限りでは、彼女は、私がウムラントではなく、オムラントという名前だった、ということを証明することができました」と彼は語った。この女性との、それ以上のコンタクトはその後もうなくなった、という。

あるとき、この連邦国防軍の兵士はヴァイマルから郵便を受け取って驚いた。それには軍事防諜機関（MAD）も関心を寄せた。ホルストは次のように回想する。「そこで私は上官のもとへ行かなければなりませんでした。すると上官は手に一通の手紙を持っていて、同時にそこにはMADと素性を明らかにした文官がいて、ヴァイマル〔当時は東ドイツ〕に何があるのか、と尋ねました。そこで私は、残念ですが、全く分かりません、と言いました。すると上官が手紙を私に朗読しました。ルートが私を探していて、私は彼女の弟である、と。そこで私は、自分は何も知らない、私はきょうだいを知らない、私は一人で大きくなった、私はとにかくそれに対応するつもりは全くない、と言いました。そしてMADはそれを承諾しました。」

その手紙はルート旧姓オムラントという女性からのものだった。彼女の側からも手紙のコンタクトはその後やんだ――ところでそれは似た理由からだった。彼女の夫は当時警察で働いていた、そこで妻の「西とのコンタクト」ゆえに彼は旧東ドイツの秘密警察との間で厄介なことになっていたのである。「接見禁止！」という指示が書かれていた。

二〇〇三年五月、私はヴァイマルでルートに出会う機会を得た。ホルスト・オムラントはハノーファーからわざわざ来ていた。

あるドイツの－ドイツ人の歴史

私たちはカフェに座って、冷戦のみが作り出すことのできた、あるドイツの－ドイツ人の家族の歴史について語っていた。ルートはこうコメントする。「私たちは実際西ドイツとのコンタクトを持つことは許されていませんでした。とにかくそうだとして、それから私たちはそれを断念しましたが、その後ついにあの大転換［東西ドイツ統一］が起こったのです。」

さっそく言わせてもらえれば、ルートとホルストは互いにとてもよく似ているように見える。DNA検査を彼らは拒んでいるが、私たちの出会いのために母親に付き添ってきたルートの息子が、それを次のような言葉で認めた。「二人とも互いにとてもよく理解し合っています。そこで私はいつも、二人が一〇〇パーセント・オムラントのテーブルの向かいに座っているが、二人とも同じ重量級で、姉弟かどうかなんて全くどうでもいいことだ、と言っているのです。」息子はホルスト・オムラントの甥と叔父であり、他の誰だというのか？と私は思う。

華奢な女性のルートは、私たちの会話にとても心をかき乱されているけれども、決然としていて次のように言う。「ママは五歳で私を引き取ったのですが、それは一九三八年か三九年のことだったに違いありません。そのときホルストはまだ全く小さかったので、ダンチヒの施設に残ったのです。」

彼女の養母は、公然となんども娘に会おうとする実母と彼女が接触することを望まなかった、という。「一度だけ実母と私はコーヒーを飲みに行きましたが、しかし母自身のことではなく、その出来事しか思い出せません」とルートは語る。後に彼女は、母親がハンブルクで亡くなったと聞いた、という。ホルストについての行方不明の子どもの情報にあるものと、それは全く合っていないかもしれないけれど……、と。

彼女が自分の養母について語るのを聞くと、その関係がいかに愛情に満ちていたかがはっきりと分かる。「赤軍が入って来たとき、私たちは一部屋に二人で住まなければなりませんでした。そこで母はもう生きることを望もうとはしませんでした。私たちはダンチヒの象徴だったクラーン門に登りました。すると母は、「おいで、おまえ、飛び降りるのよ、そうすれば人生は終わるわ」と言いました。しかしそのとき私は言いました。「ああ、ママ！ ダメ、続けましょう、もう一度やってみましょう……」、と。」

一九四五年、彼女たちはダンチヒを去らなければならなかった。まず彼女たちは北ドイツにたまたま行くことになった。一九四八年に彼女たちはヴァイマルにやって来て、ここで彼女は警官の夫と知り合った。

それから大転換の後、ルートとホルストの間に二度目のコンタクトが生じ、二人とももういちど行方不明者捜索機関に問い合わせた。「九二年一二月ホルストと奥さんがここへやって来ました。二人はヴァイマルにいる私たちの前に立っていました……」とルートは回想する。「そして私は自分の娘に、実際まるで私たちはもう何年ものあいだ知り合っているかのようだわ、と言いました。まさにそのような抱擁でした！　私たちは他人ではないように感じました。そうして実際この私たちの繋がりは残ったのです。」

ホルスト・オムラントはこの関係に対してやや冷静である。「今日では、私たちは姉弟であること、そして私たちには同じ母親がいた、ということは了解しています」と彼は言う。しかし彼はルートが抱いている確信を自分では感じることができない。「私は施設の子どもとして大きくなりました。私はママもパパもお母ちゃんもお父ちゃんも、そうしたすべてを知りませんでした。それは後にテレビや映画で知ったにすぎません。それゆえに、私は養父母のもとでも愛し合う子どものようにではなく、大人のように振る舞ったのです。」彼の告白を聞くと、とても感情豊かな彼の姉ルートの目に涙が浮かぶ。彼女は自分には「お母ちゃんとお父ちゃん」がいて、どんなにかずっと境遇が良かったかを感謝しながら回想する。ホルストは咳払いして語り続ける。「養父母は、私を引き受けるか否かについて決めた、三つめか四つ目の家族だったかもしれません。そしてそのために当然人は少々心が摩滅させられます。そこで、ちゃんとした家庭生活というものを私は決して知ることはありませんでした。そんなわけで、私にとって私の姉への感情は打ち解けたものではありませんが、でも私たちが弟と姉であるということは、私にとっては所与の事実です。」

私たちの出会いに引き続いて、彼はルートを一週間ハノーファーへ一緒に連れて行き、その後、途中一人にならなくてすむように、彼女のお供をして再びヴァイマルに戻るつもりである、と打ち明ける。

母親と祖母は餓死した

ハンブルクで私はもう一人の戦争孤児に出会った。クリスタ・プファイラー=イーヴォーンは東プロイセンのケーニヒスベルクで生まれた。追放者同盟〔同郷会の組合連合で、この組織の幹部メンバーの半数以上がかつてナチ党に所属しており、第二次大戦後のポーランドからのドイツ人の追放を「犯罪」また「重大な誤り」とみなした〕が私に彼女の名前を教えてくれたのだった。以前、彼女は上司の信頼のおける、慎重でとりわけ自立した秘書として働いていた。彼女はずっとあることに従事し続けていて、その結果、快適な年金生活など問題たりえない。彼女は、東プロイセン出身の戦争孤児たちが集う、ある種の自助グループの推進力である。このブロンドの女性は一見して、学識経験があり、物事をやり抜く能力がある、という印象を与える。彼女の話に長くつき合った人は誰でも、彼女が無分別な言葉に傷つきやすいことを認める。

私たちはもう数年来の知り合いである。一九九九年にコソボからの追放が生じたとき、彼女は私に電話して、映像があまりにも心に重くのしかかったのでテレビを消した、と言ってから次のように述べた。「あの人たちはほんとうに気の毒です。それに、彼らが援助を必要としているのは全く自明のことです。しかしながら、彼らが、とりわけ子どもたちが今日いかに多くの思いやりと援助と同情を得たかをみて、私の心は引き裂かれました。私たち自身は当時全く認められていなかったのですから。私たちには誰も決して問い合わせしてくれませんでした。」

クリスタ・プファイラー－イーヴォーンはそのことを少しも非難していない。彼女は判断力と歴史的な出来事についての多くの知識を持っている。戦争は初めから戦争なのではない、ということ、そしてどの時代もそれ自身の条件を持っている、ということを彼女は知っている。「私たちには全く何もありませんでした」と彼女は言った。一九四五年に全ヨーロッパで極度の困窮が支配していた一方で、今日の危機に晒された地域の人びとは、援助を受ける限りにおいて、何十年来、平和と豊かさの中で生活している国々から支えられているのである。

ロシア人がケーニヒスベルク——今日のカリーニングラードを征服したとき、小さなクリスタは大虐殺の目撃者になった。家の住人の一団が壁に立たされて銃殺された。その後、彼らはクリスタの母親に、今晩はおまえたちの番だ!、と言ったのだが、折よく一人の将校が通りかかって、射殺命令よりむごいことを命じたことによって、まさに家族は生き延びたのである。

数週間後、クリスタの母親は亡くなった。「二人の男が穴を掘り、そこに私たちは母を横たえました」と彼女は抑えた声で言った。「私の祖母は三日後に亡くなりました。私はちょうど十一歳になったばかりで、養女の妹は八歳半でした。その後、私たちは二人きりであとに残されました。——私の母は餓死しました、祖母もそうです。」そこで彼女は孤児になった。彼女は父親を知らなかった。父親は彼女が生まれるすぐ前に事故で亡くなっていたのだ。十一歳の彼女と小さな妹は物乞いをし、あくせく働き、盗みをして生き延びた。「時々ライ麦を見つけて、それを挽いてオートミールのスープを作ったり、ロシア人の台所で物乞いをしました。時々何かがあり、時々何もありませんでした。私はそれからロシア人の制服を洗いました。そうやって私は冬をなんとか切り抜けました。」

終戦後、ケーニヒスベルクとその周辺には、取り残された孤児が五〇〇〇人いたということから様々な評価が生じている。彼らの中で最も元気な子どもたちは、リトアニアにたどり着いた。そこでは彼らは住民から「狼の子ども」と呼ばれていた。比較的幼い子どもたちは後にロシア人によって東プロイセンに建てられたいわゆる「孤児院」に連れてこられた。クリスタとその妹もそこに収容され、二年後に、二人は子ども輸送によって、ソビエト占領地区に運ばれた。彼女たちの新しい故郷には、それからすぐに新しい名前ＤＤＲ〔東ドイツ〕が与えられた。

ここで、クリスタ・プファイラー-イーヴォーンが今日「浄化された伝記」と呼ぶものが生じた。「そこに赤十字が進駐した際、私たちが体験したことについて二度と決して話さないように、と私たちは急いで促されました。」教師たちは子どもたちを傍らにやって、それについては金輪際沈黙することがおまえたちにとってベストだ、ということを子どもたちに分からせたのである。

その後青年期になって、クリスタは西側［西ドイツ］に逃げた。彼女の妹も国外への旅行が許されるまで、もう二年かかった。

四〇年後、クリスタ・プファイラー＝イーヴォーンは古い一枚の写真を送ってもらった。そこには三〇人の子どもたちの一団が写っている。その多くが、大きすぎる頭蓋骨、短く刈った髪、膨らんだお腹、棒のように細い小さな脚といった飢餓の痕跡の特徴があった。クリスタもそのような子どもであった。

このハンブルクの女性は、ケーニヒスベルク出身の他の孤児の子どもたちとの良好なコンタクトを作り上げた。そのほとんど全員が、かつてのDDRで圧倒的に慎ましい状況で生活している。カリーニングラードは九〇年代の初め以降、ようやくドイツ人の訪問者に入国を許可し、それ以来クリスタ・プファイラー＝イーヴォーンは、彼女自身以上にずっと自分の生い立ちについて知らない人びとのために、バス旅行を組織している。その多くは、終戦の際に、誰が自分の親だったのかを記憶に留めるにはまだあまりにも小さかった。行方不明者捜索カードファイルには、漠然とした届け出しかなく、中には全く間違っていると判明したものもある。残念ながら、それが誰に由来するのかは、あとからでは確認できない。きわめて短時間に、何百万人もの行方不明の届け出が作成された、終戦後の混沌とした状況に直面して、行方不明者捜索機関は情報提供者について示すものまでも記録しておく状況にはなかったのである。

東プロイセンへのクリスタ・プファイラー＝イーヴォーンとの旅では、つねにかつての孤児院が捜され、記憶がモザイクの石のように集められるが、それはかつての生活史についての骨の折れる痕跡探しと、途方もない精神的疲労をともなう再構築である。六〇年後ではチャンスはゼロに近いけれども、ドイツ赤十字の行方不明者捜索機関にもういちど問い合わせる。数人の人びとがクリスタ・プファイラー＝イーヴォーンを通じて自分の兄弟姉妹を再発見するか、自分たちの親の名前を聞き知った。他の人びとは、こうしたことができるだけ早く起きることを希望している。

多くの子どもたちがロシア人に養子にされたことが知られている。クリスタ・プファイラー＝イーヴォーンは、まだそれが存在していると全く確信している資料館の資料、つまり、ロシアの孤児院での活動についての書類を手に入れるために闘っている。それは不屈の大胆な企てである。それに対してモスクワでもベルリン同様に頑として譲らない。狼狽した人びとにとってはその理由は明らかである。女性だけでなく子どもたちも暴行され、性病をうつされたのだ。ロシア人の医師たちは孤児院の少女たちを調査して治療した。「兵士たちが私たちに何かをしたか、と尋ねられたら、いつも私たちは当然ノーと言いました。私たちは医学的な調査によって真実がつきとめられるなんて実際知らなかったのです」とクリスタ・プファイラー＝イーヴォーンは報告している。所見は記録の中にある。場合によっては、児童虐待が政治的な爆薬に格付けされるかもしれない。そうこうするうちに関係がとても友好的になっている今日、ロシア側もドイツ側も、そうしたことに直面することを嫌う。

しかしクリストファー・プファイラー＝イーヴォーンはそれに反対の態度をとっている。つまり、安らかに年をとることができるためには、人は空白のない、陰のない完全な伝記を必要とするのであり、それは人権の一つなのである。

思いやりのある娘

フランクフルト出身のマルゴ・バウアーは行方不明だった子どもの一人である。彼女の顔の表情は、私たちの会話のあいだ好意的だが、おずおずしている。聞かれもしないうちに認めているように、彼女はきちんとした学校教育を受けていない六〇歳ぐらいの女性で、楽な生活をしてきたようには見えない。彼女はしばしば病気になった――そして今日も全く健康とは言えない。しかし彼女は自分の苦痛にはもう関わり合わない。それにもかかわらず、人生は自分に対して好意的だった、と彼女は言い、娘を感謝の眼差しでしげしげと見る。素晴らしい、思いやりのある一人の女性が、彼女の傍らに立っている。

少しより複雑なテーマの際には、娘のミリアムが助け船を出し続けている。「母と私にはまだチャンスがたった一つだけあります。そのチャンスは誰かが母を探してくれて、本人と一致することです」と彼女は言う。

ミリアムは、役所の広報室で働く有能で機敏な三〇歳半ばの既婚女性で、絶えず喉をゴロゴロ鳴らす一匹の痩せた猫を飼っている。インタビューは彼女の住まいで行われ、午後が経過していく中で、その猫はまるで自分がこの出来事を監督でもするかのように、しばしばミリアムの膝の上に座る。

娘は母親の関心ごとをわがことにした。というのも、娘も自分の出自が不明なことに苦しんでいるからだ。そして彼女は次のように語る。「時々私は、母方の祖父母から何をもらったのだろうか、と自問します。今では、自分は母と父の間の完全な中間の存在だ、と言うでしょう。しかしそれでも、人は未知のものに大いに関心を抱くものです。自分の祖父母はどのような姿をしていたのだろうか?とか、彼らはどこで、またどのようにして生活していたのだろうか?と。」

マルゴ・バウアーは、自分の出生について、これっぽっちも知らない。正確な年齢を知らないし、実際自分の正しい名前も全く知らない。自分の存在はどこかで無の中から生じた、と彼女には思われているに違いない。書類上では一九四五年に彼女はおよそ三歳の少女で、名前がない、となっている。少女は東プロイセンのゲッツェンドルフの孤児院に引き渡されたのだが、誰によってかは知られていない。

マルゴ・バウアーは、自分の履歴と一緒に、一八歳くらいの自分を示す一枚の写真を公開することに同意した。もしかしたら誰かが、自分の家族、または親戚の中に類似点を発見するかもしれないし、そうしたら、再び小さな痕跡が見つかるだろう……、と母と娘は希望している。

一九九七年と九八年と二回、マルゴ・バウアーはクリスタ・プファイラー＝イーヴォーンと一緒に東プロイセンに、また、ゲッツェンドルフに旅をした。「孤児院はもはや立っておらず、破壊されていました。でもすぐ近くに私はあるものを認めました。この農場、それはまだ立ってました」と彼女は報告している。

彼女のいた施設の最も早期の思い出によれば、あるとき、彼女の下でベッドが大きな音を立てて崩れたことがあった。そして彼女のすぐ隣の一人の子が藁袋の上で吐血する、ということが起こった。「それからその子も死んだに違いありません。それは残酷でした。今日まだ生き続けられたのは、まさに大きな幸運です。」

彼女の記憶の映像はいかなる関係も結ばない。それは助けとなって先に進ませるというより、もつれた儚い瞬間的映像である。しかしマルゴは、少なくともこれらの映像を手にしていることを喜んでいるように見える。というのも、「そこにはかつて何かがあった」ということをそれらは証明しているからだ。無以上のものがそこにはあった、ということである。マルゴと娘は、それについてすでにとてもたびたび意見を交換していて、その結果、母親が記憶しているわずかなものも、娘は共有している。ミリアムは語る。「母は一軒の大きな家について話しましたが、その家の前で母はブランコに座っていた、と言います。そこで、私は自問します、もしかしたら農場を持っていたのだろうか?と。」

マルゴにとって映像は不鮮明で、夢の中でのように、とても掴みどころがない。「父親の姿が遠方にあるように見えます。父は帽子をかぶっています。」それから諦めて肩をすくめる。「今では父について何ら描写できません。」しかしそれに対して、つねにくりかえされるある感情が生じ、その感情は彼女に、自分は父に似ていると言うのである。

「母はその姿を頭の中に持っています!」とミリアムが補う。「悲しいのは、その姿を、この記憶のメモリーの中からダウンロードすることができない、ということだけです。ちょっと想像してみましょう。もしも今その姿をプリントアウトすることができるとしたら、そうしたら、探している誰かについに出会うことになるのです。」

もう一つ別の疑問符に母と娘は関わっている。マルゴ・バウアーは、その名前が孤児院で初めて彼女に与えられたとは、あまり信じていないのかもしれない。「何と言っても小さな子どもたちの場合でさえそうですよ、彼らは少なくとも自分の名前は覚えていますよ」と母親は言う。「そして〈マルゴ〉という名前は、私には何か異質なものとは全く思われません。実際私はいつも懸命に頭をめぐらせていますが、別の名前には行きつきません、何にも。」

彼女の娘の次のようなコメントから、すでに二人がこの問題をめぐっていかにしばしば色々と検討してきたかが明らかになる。「まあ言ってみれば、完全に未解決のままです。実際出生証明書がなく、母がそこで何らかの書類を交付された、という情報提供用の記録も、全くありません。とにかく、いつしか母はそう呼ばれるようになったのです。しかし尋ねられたときに、母が自分で、自分はマルゴという名前だ、と言ったのか、または、誰かが母にこの名前を付けたのかは、全くはっきりしません。」

四〇年代の末、マルゴはザクセンの施設に入所し、そこで入学の時期が問題になった。というのも、校医が、彼女はどんな種類の授業にもついていけないだろう、と言ったからだ。ミリアムが行った調査で、その校医はマルゴを小さな悪魔とみなしていた、ということが明らかになった。「まあそう思わざるをえません」と娘は今日でもなお憤慨している。

こうした状況下で、少なくとも特殊学校に行くことが許されたことは、マルゴにとって大きなチャンスを意味していた。彼女は次のように回想する。「そこで私は三、四年少しだけ授業を受けました。そしてそれから私は養樹園を持つ一家のところに就職しました。私はちょうど大文字のAと小文字のaを学んだところでしたが、それからもう職業学校へ行かなければなりませんでした……。」それゆえ、後々自分の出生については語ろうとはしなかった、と彼女は言う——というのも、まさに彼女にとってあまりにも短すぎる就学がそれと関係していたからである。

小さな荷物を持って一人で西側へ

マルゴは一八歳のときに一人で西側へ行こうと決心した。彼女は小さなトランク一つとリュックサック一つ携帯しただけだった。この母親の行動をミリアムは讃嘆している。「要するに、仕事の見込みもなしに異郷へ行くなんて、ハンディキャップのことを考えたら、そんなことはものすごく勇敢なことだと思います。」

連邦共和国〔西ドイツ〕では、まず最初に若者から孤児年金への要求が抹消された。というのも、DDRで有効な法律によると、彼らは一八歳でもう成人だったからである。まず彼女は、ある北海の島の孤児院で台所の助手として働いたが、半年後に退職を申し出た。というのも、フランクフルトの地域にある女子寮付きの工場、つまり、ある紡績工場が女工を求めていることを耳にしたからである。「そこで私は、八年間学校へ通って卒業した、と言い張りました。誰にもDDRの証明書を確かめることなどできません。そしてそのとき私は考えました。どうして私は彼らに真実を言うべきだろうか……。」マルゴ・バウアーは悪戯っぽい顔を見せる。「さもなければ、私は最終的にもっとずっと傷ついていたことでしょう。そうでなかったら勤め口を全く得られなかったことでしょう、何にも。」

マルゴの様子から、彼女が自分に対してほんとうに誇りを持っていることが見てとれる。「私は苦難を乗り越えてきました、何としても。」六〇年代の半ばに、彼女は結婚相手を求める広告に名前をのせて、この方法で後の夫になる男、すなわちミリアムの父親と知り合いになった。「しかし残念ながら」と彼女の娘が補足する。「母は私の父方の祖母に、まあ、良き友であり母親である存在を見いだしたというふうではありませんでした。はっきりしない出生がどちらかというと汚点と受けとられたのです。」

そしてさらに別のあることを、ミリアムは深く残念がっている。「残念ながら、私の祖母と母は祖母が死ぬまで実際決して分かり合えなかった、と言わざるを得ません。祖母自身きっと同様に戦争によって悲劇的な経歴を持っていたに違いなく、そしてそれが晩年になって近寄るのが非常に難しいというほどに、祖母をひねくれさせたのでしょう。実際とても多くの問題が未解決で、それに対して、私はどちらの側からも十中八九決して答えを得ることはないでしょう。」

学生だった頃にミリアムは、そうこうするうちにこれからもっとヒントが浮上するだろうと希望して、母親に行方不明者捜索機関に手紙を書くようにと勧めた。だが情報は漠然として役に立たないままだった。マルゴ・バウアーは金輪際自分の状況を閉ざしてしまおうと決心したが、うまくいかなかった。「年をとっていくと、いつしかそうしたことが蘇って来るものです」と彼女は溜息をついて言う。「そうしたら、やはり何かを明らかにしてもらいたいと思うのです。……するとそのとき、ある人が私の兄であるかもしれない、という全く淡い希望が生じました。」

当事者のどちらも一五〇〇マルクかけて、遺伝子検査がなされた。しかしその後、ミリアムによると、蓋然性はゼロに近いということが判明した。それは希望の瞬間だったが、それから再びがっくりとさせられた、という。

ミリアムは言う。「自分は誰なのかを知らないということは、思うに、最もひどいことです。それは恐ろしいことです。ほんとうに慰めがありません。」

マルゴ・バウアーは、自分の出生を知らないことに、決して耐えることができなかった。彼女は言う。「そのうえ年とともにこの問題はいっそうひどくなりました。つねにこうした考えにとらわれているのです。それを追い払いたいです。実際そんなことをしても何にもならないことは分かっているのです。しかしそうはなりません。そしてそれが人を時には病気にもするのです。」

それゆえ、今日まで戦争孤児たちは、自分たちのアイデンティティーの痕跡を探し求めている。私の両親は誰だったのか？　さらに、兄弟姉妹はいるのか？　自身の出生について思い悩むことは、老齢になって止むことはない、その逆である。もしも自分が誰だか分からないとしたら――そうだとしたら、人はどのようにして人生を良い終末へと持って行くことになるのだろうか？

インターネットで、私はアウグスト・カチェフスキが『東プロイセン紙（*Ostpreußenblatt*）』〔現在の週刊新聞『プロイセン一般新聞』は一九五〇年から二〇〇三年まで『東プロイセン紙』というタイトルであって、避難民とその家族の情報紙であった〕に送った一通の手紙をみつけた。それを読んでいる間、一人の中年男性の東部のアクセント、不完全なドイツ語、そして絶望した声が私には聞こえた。別の人の兄弟であるかもしれない誰かに助けを求める叫びを。

絶えず私は東プロイセン紙を読んでいて、ついにある結論に至りました。あなた方は私のことで私を助けてくれるかもしれない、という結論に。確認が問題なのです——私の両親は誰なのか——彼らは何という名前なのか（彼らの洗礼名は？）……私は六六歳、病気もちの年金生活者で胃癌の手術をしたばかりです。私は生きているうちに知りたいのです。私の両親——彼らは何という名前だったのか、彼らは誰なのか。なぜ父は私を孤児院に引き渡したのか？　お願いします。私の問題に対する助けをあなた方に懇願します。私の希望はあなた方のところにあるのです。敬具。

カチェフスキ・アウグスト

第八章　ナチスの教育――ヒトラーにすすんで従う母親たち

ヨハンナ・ハーラーの教え

目下、我ら国民の間に、世界観の非常に大きな変化が起きている。新たな義務、新たな責任を果たすようにと、あらゆる人びとが期待されている。女性を待ちうけているのは、先延ばしできない緊急事として、はるか昔から存在しかつ永遠に新しい義務、すなわち、家庭のため、国民のため、この人種のために子どもを産むという義務である。

これを書いたのはアドルフ・ヒトラーではない。女性医師ヨハンナ・ハーラーであり、彼女が著した指導書『ドイツの母とその第一子（*Die deutsche Mutter und ihr erstes Kind*）』——この本は第三帝国において最も大きな影響を与えた出版物の一つであろう——のまえがきに記されている。今頃になって、乳児保育および就学前の幼児のしつけに関するハーラーの指導書に取り組むのは、戦争の子ども世代の人びとが多くの場合、奇妙なほど控えめだったのはなぜか、自己評価が低いのはなぜか、あれから何十年たっても今だに、自分の子ども時代が「ごく普通の子ども時代」だったと感じることができるのはなぜか、それらをもっとよく理解するということである。

子どもに関するヨハンナ・ハーラーの知識の拠り所は、自分が母親であるということのみであった。彼女は肺疾患専門医になる教育を受けた。ハーラーがその著書の中で最もこだわったのは清潔というテーマである。清潔について彼女は二五ページを費やした。心や体の成長についての考察は、半ページで足りた。ハーラーが同時代人の中で敵とみなしたのは、心理学や心理分析の初期の知識や改革教育学へと方向を定めた者たちである。一九二〇年代には、すでにルーミングーイン〔産後の母子同室育児〕を実施している産婦人科医院があったし、出産直後の授乳が必要であるとの学術論文が存在した。それは——今日では反論の余地はないが——母親と子どもの絆を強め、授乳困難を軽くする。つまり、ナチスが権力の座に就くずっと以前に、母と子の結びつきを生じさせる、あるいは妨げることについて、多くのことがすでに熟考されていたのだ。

しかしこの問題について議論するだけでも、国民を教育することこそ自分の天職だと思うヨハンナ・ハーラーのような者にとっては、眼の上のこぶであった。彼女は、授乳は生後二四時間経って初めて行うべきであると説いてまわり、出産後ただちに母親と子どもを別々の部屋に入れることがいかに重要か、倦むことなく力説した。母子別室は、ドイツでは七〇年代に至るまで守られていた。その後ようやく、母親と新生児の間を近づける必要があるという主張の根底には、自然で有益なものが存在するのではないかという論述が出てきた。

ハーラーはその指導書の中で「静かさ」をつねに主張したが、これは、基本的に赤ん坊は放置しておくべきだ、という意味だ。同時に彼女は過剰な愛撫をしないように警告している。「なによりも家庭全体の基本方針として、理由もなく子どもと関わることはやめなさい。毎日の沐浴、規則的なおむつ交換、授乳、これだけでもう十分に子どもと関わり、抱擁や愛情を示し、子どもと話す機会を与えられているのです。年若い母親はもちろんそのための何の指導も必要としませんが、母親らしい感情をあまりにもあからさまに強く表現するのは避けなさい。」

さらに二四八ページには、こう書かれている。「このような溺愛は、その子をわがままに育てるだけで、教育することはありません。その逆です。すでに指摘したことですが、初めのうちはなんども、文字通り母と子の力くらべになります。たとえ子どもが母親の処置に強情なわめき声で答えても、そう、まさにそういうときこそ、母親は惑わされてはなりません。」

ブラボー。ドイツの母親は予定通りその計画を実行している。ハーラーによれば、赤ん坊の抵抗に理由がある、などということはありえないのだ。それは彼女にとって想定外だ。ドイツの母親は間違いをしない、ただ一つ、自分の子どもを甘やかして育てるということ以外は。

「早めに手を打て！」

ハーラーやミュンヘンの出版者ユリウス・F・レーマンのような国家社会主義者［ナチ］たちは、若い母親と乳児の間にある愛情に満ちた関係を認めなかった。彼らはそこに、ひ弱な青少年が育つ危険の萌芽を察知したからだ。後続の世代は鍛えられて実社会に出ていくべきだ、ナチスのプロパガンダに言われているように「鋼鉄のように堅く」というわけである。そこでハーラーは「早めに手を打て！」と警告をくりかえした。

ところでドイツ人が特に学ぶべきは、自分たちの種族を純粋に保つように顧慮することであった——ここで「布教活動」に熱意を持つ出版者、レーマンが登場する。レーマンはドイツの最大手医学書出版社の一つのオーナーで、さらになによりも、売り上げ部数の多寡ではなく、内容に興味を持つ人物だった。彼は、すでに第一次世界大戦以前に出したいくつもの出版物によって、それまで大学や医師にはほとんど注目されていなかった優生学が、論議する価値のあるものとなるように計らった。また大学での人種学講座開設を強く働きかけ、一九三〇年にイェーナ大学で最初の講座が開かれた。レーマンは優生学という思想をすべてのドイツ女性にできる限り身近にする時が来たとみてとり、そのためにはハーラーこそがふさわしい書き手だと気づいた。彼女のまえがきもそのことを証明している。

我々は今、政府が行っている大規模な啓蒙活動、誤って理解されている自由の概念の支配下ではびこっていきそうな、あらゆる病的なもの、没落していくものに対抗して、健康な遺伝素質と人種上の価値の高さを粘り強く守るのだ、というキャンペーンを、身をもって体験している。健康の観点からも、種族的な観点からも、正しい配偶者選びがいかに重要か、すべての国民同胞［Volksgenosse ナチ政権下の用語］の目が開かれねばならない。三点の画期的な重大事がここで方向を指し示してくれる。つまり、後続の世代が遺伝的疾患を持つのを予防する法律、ドイツの血とドイツの名誉を守るための法律、そして婚姻優生法である。

指導書『ドイツの母とその第一子』の初版は一九三四年、扉には著者として「フラウ・ドクター・ヨハンナ・ハーラー」と記され、幾週も経たないうちに売り切れた。一九三七年に発行部数は一〇万部にのぼり、続編『われらの幼子たち（*Unsere kleinen Kinder*）』が出版される。終戦時までに『ドイツの母とその第一子』は七〇万部を売り上げた。まぎれもなく成功をおさめた女性作家であり、熱狂的な総統信奉者ハーラーは、一九三九年には乳児保育と幼児教育の指針を定めた読本『お母さん、アドルフ・ヒトラーのお話をして（*Mutter, erzähl von Adolf Hitler*）』で、それ以上のベストセラーをものにした。ところで成功物語は戦後も続く。一九四九年にこの本は再び市場に出たのだ。『ドイツの母とその第一子』に代わって、ただ『母とその第一子（*Die Mutter und ihr erstes Kind*）』というタイトルにされ、国家社会主義的な思想の所産から浄化され、教育学的な発言も大幅に控えて、一九八七年の最終版まで、規範となる著作とみなされていた。その一年後、ヨハンナ・ハーラーは死亡した。

新刊が、ほとんど変わりないタイトルで出されたため、元本であるテキストも同時に公認された。教育必需品として新たな災いを引き起こそうという意欲満々のこの本は、いまだに家庭の本棚に置かれている。乳児保育や幼児教育の分野で、これほど定評のある権威者から離れる理由が、両親には全くなかったからである。

ハーラーの指導書がナチスの時代に成功をおさめたのは、それが制度上要求されていたという事実のおかげである。特にナチス婦人会が創設した「帝国母親講習会」の中で求められていた。数年経つうちに、講習会に参加した若い女性は、一〇〇万人にもなった。ドイツ女子青年同盟［BDM ヒトラーユーゲントの下部機構］でも、ドクター・ハーラーは乳児保育の分野で規範を与えてくれる権威とみなされ、その権威は新生ドイツ連邦共和国にも及んだ。

この関連で興味深いのは、すでに言及した調査『戦後ドイツの子どもたち』の中の一部分である。五〇年代の初めに、ドイツの母親たちは、いつ子どものおむつがとれたかを質問された。結果は、二四%が一年で、二六%が一年半で、二二%が二年であった。おむつがとれるのが成熟の一過程であり、子どもたちは早くても二歳から膀胱がいっぱいになったと感じるまでに成長する。とすると、今日の視点に立てば、前述の数値は驚くべきものだ。フィラデルフィア郊外の学校の中級クラスの子ども四〇〇人を対象としたアメリカのある調査では、おむつがとれることについては、三歳以降初めて話題とすればよいという結果になった。ヨハンナ・ハーラーによる早期のトイレトレーニングプログラムはこんなふうに書かれている。

子どもがお座りできるようになる前に、おしっこをさせるために体を支えることを始めるときは、後ろから子どもの両方の太ももの下に手を入れて、便器の上方で子どもを支えてやります。小さな体は母親の前腕で支えられているのを感じます。最初は全くの偶然で便器におしっこができます。子どもがいきむ様子を始めたらすぐに、いつも同じ声を出してみせます。この声かけは家庭でのしつけでは、なすべき仕事としてあたりまえのものです——例えば排便を促す「んーーうーん」とか排尿には「しぃーしぃ」など。

「子どもは、においがしてはいけない」

大切なのは、「おしっこは規則的に果たすべき義務である、と子どもに理解させることだ」とハーラーは述べる。しかしそれではまだ十分ではない。赤ん坊には、早いうちから、自分の排泄物を嫌悪することを学ばせよ、というのである。しかしどうやって！　もう一度ハーラーを引用しよう。

子どもに対して、尿でぐっしょり濡れたものや大便の汚れや悪臭を、嫌悪すべきものだと思わせましょう。このようなものはつねに直ちに取り除き、汚れた衣服はとりかえなければならないことを教えましょう。くりかえし根気強く行えば、じきに私たちの考え方の方へと、子どもを改めていけます。ぬれたり汚れたりすれば、その子は、ますます悲しくなり、不快になり、清潔を求めるようになります。そこまでくれば、私たちは戦いにすでに半ば勝利したのです。

どのように教えれば、子どもが自分は低く評価され否定されていると感じることなしに、狙い通りの効果を上げられるのか、著者は示していない。おそらく著者にも分からなかったのだろう。その代わり著者は「悪名高い小児のにおい」についてくりかえし語り、このことがジークリト・チェンバレンを促し、次のように断言させたのである。「ハーラーは特定の子どもや、子どもたちのにおいを嗅ぐことができず、そのことを、多くの個所ではっきり示している。」

女性社会学者チェンバレンは、一九七七年に出した著書『アドルフ・ヒトラーと、ドイツの母とその第一子』の中で、この指導書の正体がナチスの教育プログラムの一部であることを暴露した。ハーラーによる行動指示の中に、なによりも母親の「愛する力を阻止し」、新生児には自分の「顔を見せない」ようにと母親に強く勧めているのをみてとったのである。実際にハーラーの指導書の多くの写真では、赤ん坊は奇妙にぎごちない様子で抱かれているが、それはアイコンタクトが少なく、体の接触がほとんど許されていないためだ。チェンバレンによると、ここでは、「人間の生の始めに、結びつく力、関係を築く力、愛する力が意図的に破壊されている。」

ハーラーは指導書の中で、ナチスの教育目標と同盟を結び、それによって、ドイツ男子は自分自身に対しても他者に対しても厳しく、また同時に献身的であることを要求されることになった。乳児保育のためのハーラーのマニュアルは、関係性を築く能力がほとんど形成されていないようなタイプの人間を奨励している。あらかじめそのための路線が早い時期に定められていたわけだが、とりわけ、乳児のにおいに徹底して悪の烙印を押すことに成功した場合が、そうである。ハーラーは「正しく養育された子どもはにおわない！」と心得ており、チェンバレンは再びこれに反論して、母子が互いに結びつくプロセスで嗅覚は重要な役割を果たす、と述べた。「遅くとも五日目以降には、乳児は自分の母親のにおいが分かり、自分からこのにおいのもとの方を向く。赤ん坊はまた、他の女性のにおいより自分の母親のにおいを好む。母親の側からは、同じ自分の子どもであっても、体臭はそれぞれ違う、となんどもくりかえし報告されている。」

私はチェンバレンの本を読んだとき、なぜ六八年の学生運動で、ハーラーの指導書は蒸し返されもせず、糾弾されることもなかったのかと自問した。運動のリーダーたちは少人数家族――つまり自分たち自身が育った生活環境――の中に諸悪の根源をみた。新しい教育学的諸実験、七〇年代にいわゆるキンダーラーデン〔一九六八年に始まった、自由で反権威主義的な教育方針の私設幼稚園。空き店舗を借りて始めたところからKinderladenと呼ばれた〕ができたこと――これらすべては、自分の親が行っていた権威主義的な教育スタイルを大きく制限する中で発展した。家庭は「抑圧的な構造」から解放されようとしていた。決して逃れられない子どもたちの親への依存関係は、将来的にはもう存在してはならないとみんな思っていた。

この時点では、子ども時代の初期にどのように結びつきが生じるか、あるいは壊されるかについての研究は、まだたいして進んではいなかった。ナチスの教育学の結果により、彼ら自身の結びつく力もまた損害を被ったかもしれないとは、六八年に学生運動をした人びとにはさしあたり意識されていなかった。ナチスの時代について親と語り合えないということは、反乱を起こした学生たちの家庭に、いわば基本的に備わっていたものであった。しかしチェンバレンが喚起しているように、そもそも最初からコミュニケーションは存在しなかったのかもしれない。親たちの沈黙は、子どもたちの非難する態度や、恥や罪の意識によって引き起こされたのではなく、すでにずっと以前から、家庭の中で対話が行われることは決してなかったのだ。

七〇年代の終わりになって——セラピー流行の波の始まりは偶然ではない——六八年の反乱者たちは、自分自身に関係障害があると思い当たった。彼らのことをペーター・シュナイダーは小説『ペアリング（*Paarungen*）』の中で過去を振り返りつつこう記述している。

誰もが自分を孤立させていき、信用できない小さな恋人と、試しに別居し、こっそりと自分の部屋に入り、下ろしっぱなしのブラインドの傍らで子どもを作った。そしてひそかに戸籍課で出会い、口の堅い信頼できる二人か三人の友人に囲まれて、戸籍係のデスクの前で結婚式を挙げ、それから環境を汚染しない紙を使ったカードで、この楽しくないニュースを通知した。儀式もなく、情熱もない結婚とはなんだったのだろう。聞かれれば、税金の上で有利だとか、生まれてくる子に対する必要な配慮だとか、結婚の代わりとなる生活様式〔同棲〕が失敗することが立証されたなどと語るのだった。一組のペアが結婚への決意を、結婚理由に値するようなただ一つの言葉、「私たちは互いに愛し合っている、そして一緒にいたい、厳密に言えば、永遠に一緒にいたい」と述べることは稀である。

ナチの母親との確執

行政法学者レナーテ・ブランク*は、一九四〇年に生まれ、二人の子どもの母親で、二度目の結婚をし、ベルリンで反乱を起こした若者の一人である。一九六八年にはもう大学生ではなく、仕事と家庭とのバランスを模索していた。彼女は思い出を語っている。「息子が生まれたあとで、母がナチス時代のハーラーの指導書を携えて私のうちに来ました。私は表紙の写真を見ただけで、もううんざり！でした。」それは、見るからにドイツ人らしい若い母親が小さい我が子を腕に抱いている写真で、子どもは母親を見る代わりに、勝ち誇ったようにカメラをじっと見すえていた。当時レナーテはこの指導書を一度も開かず、ただ母親に向かって、「このガラクタを持って帰って！」と言った。三〇年後に彼女はまさにこの「ガラクタ」を取り扱ったジークリト・チェンバレンの本を読んで、次のように述べている。「そしてハーラーの本から引用された写真の数々を見たとき、目からうろこが落ちる思いがしました。糊のきいた白いエプロンをつけたよそよそしい若い母親たち。私はそれまでずっと、あれは私の母だけの変な考えだと思っていたのです。」

レナーテと母親の関係はつねに緊張状態にあった。成人してもまだ、娘は両親の家で受けた屈辱的な教育方法の後遺症に苦しんでいた。レナーテはゲルダ・ブランク*［実母］が家に来て、祖母として孫たちに対して、子どもたちにしたのと同じことをしようとするのを見たとき、また孫たちが成長し祖母の手に負えなくなって、そのやり方をやめねばならなかったとき、初めて遠慮のない大きな口論が起き、最終的に二人は決裂した。——何年も後になって、レナーテはジークリト・チェンバレンの著書の、ハーラー本に関する批判的分析に気がついた。特に「子どもはにおいがしてはならない」の章を読んで、自分が母親との争いの頂点で書いたこと——一通の手紙でそれに対する返事は来なかった——が証明されたと思った。

そのあとの二〇年間、私は女友だちと一緒にいても幸福をほとんど感じませんでした、もちろん男性と一緒でも同じです。私は疑い深く、内心を打ち明けないようにとても気をつけていました。私を繋ぎとめているものは、ほほ笑みと活発さからくる外見がすべて。初めて実際に私に近づいて来たら、私を愛せる人は誰もいないだろう、と私は思っていました。お母さん、これもまた直接にあなたの教育行動の結果です。おまえは臭いと私にはっきり言いましたね。おまえは臭い、という言葉をあなたはわたしに基本的にはときたま話しただけですが、それでもう、自分にはいやなにおいがこびりついて離れないのだと信じるのに十分でした。あなたが私に、ただの一度もその逆を言わなかったから、熱心に体を洗っても、歯を磨いても、この状態はいつも私についてまわり、私は臭いというところから出発しなければならなかったのです。

清潔闘争と並んで、ナチ教育者ヨハンナ・ハーラーは、子どもに食べ物を与えることも、勝利すべき一つの攻防戦とみなしていた。乳児は一定の成長段階に達すると、受け身でいるだけではなくなり、色々なものを自分の手でつかもうとするから、時にはほうれん草がママの顔につくこともある、ということをハーラーは決して理解しなかった。チェンバレンは聞き逃すことのできない憤怒をこめて、ハーラーの助言に反応した。「赤ん坊は身動きできないようにぎゅっと捕まえられた状態にさせられ、ただ口を開けたり閉じたりできるだけで、大人がその子に分け与えるものを、大人が決めた時間に飲みこまねばならないのだ。」彼女はそこに、屈服と破壊の恐るべき行為をみている。

初めて食事を楽しめる状態になったとき、私はもう二〇代の初めになっていました。まだはっきりと覚えています。大学でみんなが尋ねました。「レナーテ、一緒にピザを食べに行かない?」私は我が家でそろってとる食事のことを考えて、気分が悪くなりました。お母さん、あなたはほんとうに忘れてしまったのですか、我が家の食卓の雰囲気がどうだったかを。あなたの三人の子どもに対してどのように裁判が行われたか、つまり、子どもが悪い点を取るとどれほどひどく叱責されたか、間違った態度に対してどんな禁令やその他の罰が定められていたか——あなたが頭の中に溜めてきた違反行為の長いリスト、これがお父さんにも提示されましたね、お父さんもこの教育プログラムに参加するためです。同時にあなたは食事が食べ残されると、気を悪くしました。料理の腕が馬鹿にされていると思ったからです。子どもたちは脅されていると感じると胃が受けつけなくなるのに、あなたにはそれを見抜く力がありませんでした。最悪なのは、誰かがあなたの作った食事を好まなかったときです。例えばアイスバインのゆでた厚い皮など嫌いなのに、懸命に詰め込んで、詰め込んで、とうとう吐いてしまった子がいたときです。それはあなたの目には、あからさまな反抗だとみえたのです。そこでたちまち平手打ちが一発、そして「ママの料理はおいしいです」という言葉を三度くりかえして言わなければなりませんでした。

両親であるブランク夫妻は――それはめったにないことだったが――五〇年代に子どもたちに対する情け容赦のない扱いについて口に出して言われると、信念を持った力強い調子で答えたものだ。「私たちは決してネコかわいがりはしません。」

三人の子どもはすべて戦時中に生まれ、三人ともヨハンナ・ハーラーが国民の間に持ち込んだ基本法則に忠実に教育された。「いとしいゲルダ、あなたは子どもたちに対して十分厳しくしていますか?」と父アルベルト・ブランクは軍事郵便で警告してきた。

ヨハンナ・ハーラーは、暴力を使いさえすれば自分の主張を押し通せる、と信じている親に対しては、大きな理解を示してこう書いている。「時には、体に分からせる罰以上に効果が上がるものはないし、ぴしゃりと叩いて脅してやめさせることから、何発かの激しい殴打にもなります。」

あらゆる種類の望まれない振る舞いも、できるだけ早く矯正すべきであり、多くの家庭では、泣く、嘆くは芽のうちに摘み取らねばならぬ不行儀の一つとみなされた――ヒトラー自身がそれを要求していたように。確かにハーラーははっきりと表明こそしなかったが、ハーラーの子どもに対する姿勢のすべてが、子どもは母親に従わねばならない、ということを明確にしている。口答えをしてはいけない！　このやり方をしていると、次のようなことが起こる。すなわち、大人はどんなに厳しく子どもを取り扱ってもすぐに、ハーラーの権威によって勇気づけられていると感じるのだ。

どのようにして小さいヴォルフは生きる喜びを失ったか

一九四三年四月初め、ドイツ国民はスターリングラードの敗北で衝撃を受けていた。親は息子を、妻は夫のことを心配した。すでに何週間も軍事郵便は届いていなかった。世間の雰囲気には、不安と心配といら立ちが入り混じっていた。ブレスラウからベルリンに向かう列車に、若いゲルダ・ブランクは六カ月の息子と小さいレナーテを連れて座っている。旅の初めの頃、ヴォルフはまだほんとうにいつも明るい笑顔の子であった。太陽が昇るみたいですね、と同じコンパートメントで旅している人たちは言った。そう、このつらい時代に、このコンパートメントをとても暖かくしてくれて……。ところがやがてこの乳児はぐずり始め、最後にはわめきだした。わめき声は次第に大きくなり、耐えられないほどになる。母親はもう子どもを静かにさせることができない。そこで彼女はコンパートメントにいる他の人びとの方に向きなおり、ほほ笑みながら丁寧に尋ねた。「この子をちょっと強く叩きますけど、反対なさるかたはいらっしゃいますかしら。」どうぞ、どうぞ、という手ぶりで答えがあった。

母親は小さいヴォルフを膝の上に乗せ、なんどか強くお尻を叩く――「十分に強く。」後に母親が断固として言うには、「さもなければ効き目がなかったでしょう。」それは効き目があって、乳児はちょっと口をパクパクさせ、それからすぐに眠りこんだ。

小さいヴォルフが突然黙ってしまったこの話は、後に家庭の逸話のレパートリーとなる。老齢になっても、ゲルダ・ブランクはその話をするだろう、ただし同年配の仲間うちでだけ。同年配の人たちの間なら、彼女は自分の振る舞いについて、「ぴしゃりと叩いたせいで誰かをだめにしたことはない」という確信を持つことができるのだ。

小さいヴォルフはそもそも天才児だった、と母親は付け加えるだろう。あの子は一年で完全におむつがとれたし、いつも輝くような明るい表情をして、それから歩けるようになるとその動作の見事だったこと……。

父親がまだ生きていたら、彼は小さいヴォルフの子ども時代を、いくらか違うように描写したかもしれない。アルベルト・ブランクは七〇年代に亡くなる数週間前に、明らかにそのことで頭を悩ませていた。「あの頃、ヴォルフについては、何かがうまくいってなかったな」と彼は数少ない娘との隠し立てのない会話の中で言った。「あれはほんとうに愛くるしい子どもだった。だが三歳で突然引きつけを起こして、今日までそれが続いている。」「ひょっとしてヴォルフを叩いたのがよくなかったのではないかしら」とレナーテが言うと、父親は肩をすくめて沈黙した。

娘が思い切って父親の教育方法を批判したのは、このただ一度のみである。次男は二歳になってもおねしょをしていたので、父親はそのたびに赤いみみずばれができるまで、短いステッキで息子の足を打った。——その成果が出て、次男は一二歳になってもまだおねしょをしていた。父親は三歳と四歳の息子を追い立てて、とがった石だらけの庭をはだしで歩かせた。彼らが痛がって泣いても、父親の心は動かされるどころかその逆で、幼い子どもたちは同じ距離をまた戻らねばならなかった……。次に学校時代は子どもを苦しめる新たな理由になった。授業中の筆記試験の点数や成績が悪いと、殴打される結果になり、子どもたちは三人とも授業についていけず落ちこぼれた。

子どものときから彼らは委縮させられていた。母親に対しても父親に対しても反抗や反論は許されなかった。そんなことをすれば、すぐに平手打ちされるか、籐《とう》の鞭が使われた。レナーテは六歳の自分が、とあるレストランで「かすかな音もたてずに」何かおぞましいものを飲み込んだことを一生忘れないだろう——うっかり間違えて砂糖の代わりに塩を入れて出されたホットレモンだ。

弟のヴォルフは早くから生きる喜びを失くしていたが、彼はセンチメンタルにはなれても、思いやりをほとんど示せない大人になった。自分の子どもたちを殴ることはなかったが、妻が赤ん坊を夜ベッドで泣かせたままにしておくのは耐えられないと告げると、「それならきみが耳に栓をしろよ。そうすれば何も聞こえないさ」と彼は言った。そのような問題解決方法を全く本気で考えていたのだ——高齢になってもなお、赤ん坊への折檻が赤ん坊にふさわしい教育方法だと思い続けていた母親にそっくりだ。

少女も泣かないぞ！

ナチスの時代に「ドイツの少年は泣かないぞ！」という言葉が「少女も泣かないぞ！」という言葉によって補完されたことは、ジークリト・チェンバレンにとってとても重要である。「つまり、一般に少女の特権とみなされているものが、早期にそして意図的に壊されたのだ。すなわち、気持ちに素直に生きてよいという特権である。少女はやがて一人前の女性になる。この女性がいつか母親になれば、想像を絶するほどに、自分の子どもたちを精神的に孤立させるのだ。たとえ意識的にそうしようとは、全く望んでいないとしても。」

チェンバレンによると、小児が痛みや不安から泣き、泣いたからと殴られるならば、次のようなことが起こりうる。つまり「その子は自分自身の状況をもはや全く知覚せず、精神的に完全に自分の気持を抑圧してしまう」、と。女性社会学者チェンバレンはまた「自発性のわずかななごり」が、生き残っていることがある、とも語っている。それは、子どもが「ついうっかり」やってしまった小さな過失の中に現れるかもしれない、「まさにこのような過失こそが、母親の特に強い怒りの爆発をたびたび誘発した」とチェンバレンは断言する。

あなたの側からは何の保護もなく、ただ見捨てられただけでした。あなたの娘であることは、何もかも、あなたの思い通りという意味です。あなたの気まぐれ、あなたの欲求不満、あなたの怒り、そして時々はあなたのお慈悲にゆだねられているということ。私が不注意だったり、何かを床に落としたりすると、あなたは私を罵倒して殴りました。私が夢中で本を読んでいて、即座にあなたの命令に従わずにいると、あなたは私を殴りました。あなたは「両手で顔をかばうのはやめなさい」と大声で言ってから、私の顔を殴りました。私は命令されるたびに、従順に顔から両手を離しました。籐の鞭のことを思い出したからです。

あなたは私に対して絶対的な服従を期待していた。口答えをすれば、あなたは私の顔を殴った。私が肝油を飲むのを拒否すると、あなたは私の顔を殴った。もし私が十分に静かにせず、あなたの昼寝が邪魔されたら、あなたは私の顔を殴った。あなたがいるときに泣くのもまた危険だった。絶望からだろうと不安からだろうと、どっちみちあなたにとっては泣く理由にならなかったから。あなたはいつも「理由もないのに泣く人には、平手打ちをするよ、どうして泣くのか分かるようにね」と言っていた。

私のものが何か壊れたり、あなたに従わなかったときにはいつも、あなたの怒りを和らげるためにあらゆることをした。おべっかを使い、悪いのは自分だと言い、黙りこみ、嘘をついた。でも、ああ悲しい、あなたは嘘をついている私をひっとらえて、いよいよ私をさんざんに打ちすえた。あなたが教育上の務めをこのようにはっきりと理解していた場合（つまり、子どもが嘘をつく癖は直さなければならない）、もはや少しの慈悲も存在しなかった。それからこう言われた。「レナーテ、籐の鞭をとってきなさい、――地下室に行くんですよ！」

中断はあった。あなたは私を絶え間なく殴っていたのではない。しかし威嚇はされたままで、つねに平手打ちを覚悟せねばならなかった。私は成人したとき、あなたにいちど質問したことがある。「私は反抗的な子どもで、教育の難しい、できそこないだったのかしら。」

「そんなこと全然ないわ」とあなたは言った。「私はあなたが育てにくいなんていう記憶はないわね」

「でもそれなら、どうしてあなたは私をあんなにたくさん殴ったの？」

「レナーテ、あなたったら大げさねえ。」

もちろんハーラーの時代にも、子どもに折檻するのは普通ではない、という家庭も存在した。彼らには女医で作家のハーラーは強く次のように勧めている。「大声で泣き叫び、抵抗する子、その子が引き続き無作法に反抗する場合、まあ言うならば、「勢いをくじくこと」ですね。部屋に一人ぼっちで入れ、態度が改まるまでずっとほっておけばよろしい。子どもがどんなに早い時期に、どんなに素早くこのやり方を理解するか、信じられませんよ。」

そしてこれも全く信じられないことだが、この「しつけの悪い」、実際には戦争によって動揺していた子どもたちを、こういう教育スタイルで指導するのがどれほど容易だったかを付け加えたい。防空壕での恐怖から、暗い物置部屋での恐怖へ……である。

ジークリト・チェンバレンはその著書の中で、闇教育学の罰の多様さを挙げているが、闇教育学はヨハンナ・ハーラーの指導書を通じて、再度大きな影響を与える権限を付与されたのである。「殴打のせいで悪くなった子は一人もいない」という考えは、指標として、家庭の中で世代から世代へと続いただけでなく、公共の施設である学校でもまた続いていった。七〇年代に入ってもなお、暴力をふるう教師は、彼らの同僚や親たちさえも事情に通じていたにもかかわらず、阻止されることなく恐怖支配を保持することができた。そんなに長いこと、体罰を与える教師にとって逆風が吹くのではないかと恐れる必要のない教育文化は続いたのである。

ナチス時代の過去の思い出には、暴力教師がくりかえし姿を現す。ケルンの建築家ペーター・ブスマンは、ベルリンでの二〇〇三年六月の「プロイセン勲功賞」記念例祭において、典型的な例を叙述している。彼は、講演『破滅と生き残りの交差点における建築学』の中で、語り継がれるに値する彼の重要な子ども時代の体験を巧みにさしはさんだ。

みなさんに私が一九四三年にキールで体験した子どもの頃の出来事をお話ししたいと思います。汚い兵舎のような校舎と、休み時間を過ごす校庭を想像してください。私は一人のクラスメイトと取っ組み合いをしました。運命のめぐりあわせで、私たち二人とも半地下の窓の一つの中に落ちて、ガラスがガシャーンと大きな音を立てて壊れたその瞬間に、私はけんか相手の上に覆いかぶさっていたのです。

やっとのことで再び立ち上がった途端に、ざまあみろと喜びさわぐ一団によって、私は監督の教官の方へ突き飛ばされました。教官は無言のまま私を教室に連れ込み、戸棚から籐の鞭を取り出しましたが、私を打たず、ただ親指を使ってほとんど愛を込めた様子でこの拷問の道具をさっとなでると、こう言いました。「明日だな、友よ……。」

再び解放されて、私は一人で怯えながら、追い立てられて心臓がドキドキするような気持ちでいろいろ考えました。それらの考えの中心は、目前に迫っている体罰というより、「それ」を家で話さなければならないという恥ずかしさでした。

家で私は一言も口を利きませんでした。

その夜、私は吠えたてるサイレンによって眠りを破られました。空襲警報が鳴って、全員が地下室に追いやられましたが、高射砲と、命中した爆弾の音がとどろく中では、地下室は防空壕としてあまり安全ではありません。

私たちの地区は、今回はまだ被害を免れ、私は翌日の朝、鉛のように重い心で学校へ向かわねばなりませんでした。最後のカーブを曲がって学校まであと数歩というところで視線を上げると、何がなにやら理解できません、学校がなくなっているのです。見慣れたレンガのどっしりした建物の代わりに煙を上げている瓦礫の山。それから以後、この瞬間ほどの歓喜の感情を持った覚えがありません。

第九章 「うんとうんと、やさしくしましょう……」

子どもたちが餌食にされるなら

一二年前にエリーザの妹［メヒティルト］が死んだ。自殺だった。五〇歳の女は谷にかかっている橋から身を投げたのだ――まさにあの橋、小さい少女だったエリーザとメヒティルトがその上に立って、あれこれと考えていたあの橋だ。とにかくさっさと終わりにしよう、飛び込んじゃおう……。

一九四四年生まれのエリーザの子ども時代は、たとえ戦争がなかったとしても、暴力と苦しみの連鎖であった。彼女の最大の敵は爆撃でも飢えでもなく、彼女自身の父親だったからだ。それでもやはり、私は彼女の過去を語ろうと決心した。この話は、当時の子どもが、二重の危険に晒されていたことを明らかにするからだ。確かに、混沌と悲惨の時代の子どもが、往々にしてほったらかされるということは、知られている。しかしかならずしもその先へと考えを進めることはない。弱いものに暴行する大人にとって、これは好都合な状況である。戦時には、子どもたちは大人の餌食《えじき》になってしまうかもしれない。

*

エリーザ・フライベルク〔後述のライヒェル牧師の娘、フライベルクは二度目の結婚相手の姓〕の例では、トラウマが何を引き起こしうるかについて、実によく描き出されている。つまり、トラウマの後遺症は多くの場合、長い年月が経って初めて——晴天の霹靂のように——姿を現すこと、その症状からでは、原因についてたいてい何一つ明らかにならないことを。エリーザが生き残った話は、精神的に破滅することなく、幼年期の恐怖に立ち向かえる、ということを示している。実際のところ、年をとれば何もかもますます悪くなる、というのは自然法則ではない。良くなることもありうる。人はすべてに耐える必要はない。身体あるいは心がつらいなら、別の方途を探ることは、やってみる価値がある。強い薬を飲まされている患者の中には、もし医師が一度でも、戦争によるトラウマを考慮に入れるなら、ひょっとするとよりよいチャンスを得られる人がいるかもしれない。

しかし私たちは、終戦後の悲惨というこの章の出発点に戻ろう。悲惨について報告されるときには、同時になんども、素晴らしい団結のことが話題になる。もしもっと正確に観察するなら、この団結はたちまち限界に突き当たった何かあるものだ、と判明する。必要に迫られて共同体が結成されたのは、グループでいればなんとかやっていくチャンスは増えるし、不意の襲撃や盗難からもずっとうまく身を守れたからである。見落とされがちなのは、なんとか命だけは助かることが重要なときは、自分の子どもの世話など往々にして単なる作り話だということだ。私たちの知るブラジルのストリートチルドレンは、家族に追い払われたか、自分からすすんで家族から離れた。彼らは家庭では十分な食べ物を手に入れられず、あるいは虐待を受けるからだ。自分の小さい子どもを売り払う親、思春期の娘を売春宿に売る親についても聞いている。私たちはひょっとすると画家ハインリヒ・ツィレの、ベルリンの裏庭の環境から生み出された線描画を思い出すかもしれない。彼の画集『私を取りまく世界』、『売春婦の会話』、『ベルリンの風』は、第一次世界大戦中に発表された。風刺のきいたユーモア溢れるスケッチは、彼が当時の人びとの悲惨な境遇を記す正確な年代記編者であることを示している。

ツィレは、貧しい者がジョークを飛ばすのは生き延びる戦略の一部なのだと知っていたし、さらに子どもたちが無言で苦境にあえいでいることも見すごさない。――ぼろをまとい、飢え、すすんで人身売買までされる小さな存在。すべては、ツィレの裏庭では、ブラジルのスラム街の中と全く同様に、住民の間では秘密ではないようにみえる。なぜなら貧困は一つの世代から次の世代へと引き継がれていたからだ。

ぼろを着て物乞いをする国民

一方ドイツは一九四五年に降伏し、かつてより良い時代を知っていた国民は零落した。一九四四年七月三〇日に社会主義者エーリヒ・ニースは、後に刊行された『政治的日記（*Politisches Tagebuch*）』にこう記した。「ドイツ国民は廃墟の中で、何年も暮さねばならないだろう。飢えて、貧しく、恐ろしく貧しく、自分の歴史のどの時代にもなかったほど貧しく。全世界の呪縛するようなまなざしにさらされ、耳の中には轟く雷のように世界中から侮辱の声が響いてくる。おまえがこうなったのも自業自得だ、むかむかするほど気分が悪い（ファウスト）〔第二部 11835〕。そして誰もが、嘆き悲しんでも無駄だ、と感じるに違いない。」

まさにその通りになった。小市民的諸構造が支配的だった社会が、ほとんど一夜にして、ぼろを着て物乞いをする国民になったのである。そのうちの少なからぬ人が、奇妙なダブルスタンダードにしがみついていた。つまり、大都市の家庭は、大部分がなんとかやっていくことさえできないのに、上品、正直などの価値をうわべだけは守っているふりをしているのだ。ケルンの枢機卿フリングス〔ヨーゼフ・フリングス（一八八七―一九七八）〕が説教壇に立って、石炭を盗むことに対する理解を示したこと〔一九四六年大みそかの説教〕は、彼の大きな功績である。その結果、住民の間には、この種の［生きるためにやむを得ず犯す］盗みを意味する「フリングする」という言葉が広まった。

逸話としてケルンの市史に受け入れられたこの事実は、個々の人にとって道徳的立場を保ち続けることがいかに難しかったかを、明確に示している。要するに、あちこちで片目をつぶっておけば、もっとうまくやっていける、そういう時代だったということが問題なのだ。本来なら大人がしっかりと目を向けて介入すべきときに、両目を同時に閉じたのは、これもまた普通だった。このような諸条件の下では、注意深さと子どもの庇護は、最低限に縮小される。それは暴力をふるう親が、邪魔されることなく自分の子どもたちを苦しめるチャンス、考えうる限り最高のチャンスを手にしているということである。

すべてを正当化する神

子どもを殴るあらゆる父親と同様に、ヴァルター・ライヒェル*もまた、自分はサディストではない、エリーザ、メヒティルト、その他の子どもたちを立派な人間に育てようとしている、責任感のある親権者だと思っていた。さらに彼は、彼の側に立てば権威があり、何ものも、そして誰もこの権威を非難攻撃することはできなかった。つまり神である。たとえライヒェルあるいはその家族の身に悪いことが降りかかったとしても——神さまがそれを望まれていたというわけだ。

エリーザは、父親が身をもって大空襲を体験したあとで、妻と子どもたちに宛てて旅先から書いた一通の手紙を持っている。「子どもたちや、大人たちがたくさん死んでいました。一つの幼稚園の中だけで、七〇人もの子どもがやさしいおばさんたちと一緒に生き埋めにされて、みんな亡くなりました。パパはほんとうに悲しい気持ちでその場所を通り過ぎました。」手紙の結びにはこうある。「いつか私たちにも銃弾が当たる日が来るかもしれないことを決して忘れてはいけません。パパはとてもうれしいのです、そのときには、神さまが私たちを御身のまします天国へと連れて行ってくださると知っていますからね。だから私たちは何の心配も要りません。そしてどんな人に対してもうんとやさしくしましょう、特にうちの人たちにね、おばあさまに、ママに、兄弟姉妹にね。」

国家社会主義［ナチズム］に対する父親の考え方について、エリーザはほとんど知らない。父親は兵士であることを喜んでいた、戦時中ずっとドイツ国内に留まり前線に出る必要がなかったからなおさらだ、おそらく、それは総統の与り知らぬことでした……というモットーに従って、ヒトラーと彼の犯罪を切り離して考える、あの同調者の一人だったのだろう、と彼女は思っている。

終戦時に家族全員が生き残っていた——しかしライヒェルほど貧しい人は一人もいなかったろう。彼はとあるキリスト教自由教会の牧師で、この教会は教区信徒の生活とともに聖職者たちをも、自分たちの寄付金から資金を出して支えていた。七人家族の父親であるからには、他の者なら誰でも、家族に食べさせるために、臨時工として雇われるとか、闇市に店を出すとか、するだろう。ライヒェル牧師はそうしなかった。神はきっと私の家族のために配慮してくださる、というのが彼の意見である。娘のエリーザは思い出して言う。「子どもらは神からの賜物だ、と父はみていました。子どもらの面倒をみる必要はない。それは神さまがしてくださる。神さまが子どもらに何も食べるものを与えてくださらないなら、子どもらは飢えて死ぬ、神さまがそれを望まれたのだと……。」

エリーザ・フライベルクは驚くほど若く見える女性で、早期退職した身分を楽しんでおり、二度目の結婚をして、今回は幸せになった。対談をする数週間前に彼女は夫とともに都市部から緑の多い郊外に引っ越していた。折に触れて子どもや孫が訪ねてくる。すべてが順調ですね？「はい」でもあり「いいえ」でもありますと言って、エリーザは私を庭園のベンチに連れて行った。仕事のストレスがもうないのは、ほんとうに素晴らしいけれど、とエリーザは語る。「でも残念ながら年金決定書に記載されていることは事実です。背中の疾患、うつ病、心的外傷後ストレス障害。幸いなことにそれらすべてが一度に起きることはめったにありませんし、苦痛のない時期もあります。」しかしエリーザは、誰のせいでこうなったのかを決して忘れることはないだろう。父親のせいである。

帰還兵のための、悔い改めの儀式

ライヒェル牧師は、自分が神から何を命じられているか知っていると信じていた。まさにこの苦しい時代にあって、説教者、牧会者になるようにと神から使命を授かった、と感じていたのだ。だから彼は一九四六年に、ほとんど被害のなかったヘッセン州の田舎町から、妻や五人の子どもたちを無理やり引き連れて、爆撃で破壊されたカッセルへと移った。建物は崩れていたから、彼らは教区集会所の地下室に寝泊まりした。ライヒェル牧師は、周辺地域で教区民を集めて教会を再建するために、毎日根気よく四〇キロ離れたところへも歩いて行った。そこで彼にぶつけられたのは、強い要望であった。拠って立つ基盤を失ってしまった多くの人が、信仰の中に再び支えをみつけようとしていた。この人びとにとって牧師とは、腕まくりをして瓦礫を片づけ、その傍ら子どもたちに洗礼を授けたり、埋葬をしたり、教区において内的なまとまりが生まれるように力を尽くしたなら、信頼できる人なのであった。

しかしヴァルター・ライヒェルを訪問してくる男たちの望みは、別のことだった。救いである。彼らは財産も、健康も、人生の最良の年月も、場合によってはアイデンティティーさえも喪失してしまっていた。彼ら帰還兵は、ただ自分自身の影法師でしかなかった。戦争や捕虜体験によって、彼らは命令を受けて動くことに慣れていた。だから今は、どう生きていけばいいかを指示してくれる――特に、心に抱え込んだ、夢にいつも現れるあの恐怖を、どうすれば完全に消せるかを教えてくれる、新しい権威を探し求めていた。

ライヒェルの娘エリーザがそのことをはっきりと覚えているのは、子どもの頃よく父の仕事部屋にいたからだ。「私はあかぎれが切れていて、暖められていたのは父の部屋だけでした。」父親の部屋では、毎日小さいグループでの黙想と、懺悔の儀式が行われていた。牧師は帰還兵に、あなたたちの以前の罪深い人生のせいで、戦争に敗れてしまったのだ、と明言した。「すると、やせ細った男たちは、神の慈悲がもういちど自分たちに注がれるようにと、泣いたり、嘆いたりしました」とエリーザは回想した。「今だったら、悪魔払いの儀式と言われることでしょう。」

帰還兵が大いに必要としている慰めを牧師が与えてくれないので、彼らは牧師の小さな娘を呼びよせて膝に抱いた。エリーザは今でもなお吐き気に身をふるわせる。「あんなに小さくてかわいい女の子をいじりまわすのが、彼らには気持よかったのです。小さいかわいい女の子は抵抗しませんでした。大人はいつも正しいのだと、父は私たちを殴って叩きこんでいましたから。」

今ではエリーザはこう考えている。ヴァルター・ライヒェルが信仰を一種のドラッグのように利用して、あらゆる現実から逃避していたことは疑いない、彼自身、神の個人的な代理人、つまり、瓦礫の中のグルを気取って神を悪用していた、と。彼の家族はといえば、その間にじゃがいもの皮を食べていた。子どもたちが食糧を盗んだと分かると、父親は彼らを革のベルト、あるいは籐の鞭で打ちのめした。もう懲らしめのためにわざわざ地下室に行く必要はなかった。すでに地下室に住んでいたからだ。

エリーザは言った。「特に屈辱的だったのは、私たちがそのための責任をとらされたことです。私たちは身をかがめてじっとしていなければなりませんでした。父は私たちに「おまえたちがこの地上で何か罪深いことをしでかすくらいなら、神によって天に連れていかれてしまう方がよい」といつも言っていました。」兄弟姉妹のうちで「もっとも理性的」だった一番上の姉が、父親のところへ行き、「お父さん、私をぶってちょうだい、私がいい子になれるように」と言ったことを、エリーザは決して忘れないだろう。時としてライヒェルは折檻したあとで、自己憐憫でいっぱいになり、どっと涙にくれて叫ぶのだった。「神さまが私に要求なさるのです、おまえたちを罰しなさいと。」息子や娘は、このような父親は、旧約聖書の中の祖先アブラハムのように、自分の子らを殺害する権利を持っているのだと、少しも疑わなかった。

過去を振り返って、エリーザは父親の中に熱狂的で信心家ぶった狂信者をみてとっている。今日でもなお、このような聖職者の悪行は、美化され、もみ消され、犠牲になった人は「悪者に仕立てられて」いる、と彼女は言う。

死んで天国に行きたい

四歳のときエリーザは女友だちと一緒に自殺しようとした。「死んで天国に行くため」である。以前エリーザは、瓦礫の間によく生えているトウダイグサ［有毒。茎を切ると乳白色の汁が出る］という植物には命取りの毒があると、年上の子どもたちに教えられていた。よく効くんだね、それじゃあ——二人の少女はトウダイグサの白い汁を飲んだ。エリーザはそのあとで下痢を起こし、発熱した。「中毒を起こして数日間病気だった」のを、彼女は覚えている。女友だちとはその後二度と会えなかったという。「廃墟の中で暮らす人は、たいてい知らせもせずに引っ越したものです。でも私は当時、彼女は死んでしまった、殺したのは私だ、と思い込んでいました。もちろんそのことについて、今まで誰にも話したことはありません。」

その頃、母親はまだいたけれど、子どもたちが食べられる物を何か手に入れるために、ヘッセンのどこかとか、さらに遠くへと、いつも出かけていた。母親がいない間は、六名ほどの親戚の者たちが、エリーザとその兄弟姉妹の面倒をみていた。「でもその人たちからも私たちはさんざん殴られました。」祖父母、おじとおばたちは、その間に壊れた家の中に入って、一時しのぎの壁を作り、屋根の穴を修繕した。にもかかわらず屋根は隙間があって、雨が降れば雨漏りし、雪は部屋の中に降り込んだ。

そしていつも、いつも飢えていた。「姉が小学校に入学すると、私は四歳だったのに、何カ月も姉と一緒に授業に出ていました。あとで持ち手のついた小さいなべにおかゆを入れてもらえるという、ただそれだけの理由で、することもないままただ座っていました。」

ライヒェル牧師はそうこうするあいだ神によって義とされた人を装っていた。長男が廃墟にある闇屋の倉庫からみつけてきたチーズを分けてくれたとき、父親は警察を呼び、闇屋の男たちを告発した。別のときには、息子から煙草一カートン——これは大体のところだが、当時もっとも値の張る品であった——を奪い取り、「恥ずべき罪だ！　恥ずべき罪だ！」と大声で叫びながら、くみとり式便壺に投げ込んだ。

またライヒェルの子どもたちは、ほんのわずかな所有物の中から、もっと貧しい他の子どもたちに、いくらかを差し出さなければならなかった。エリーザはこう語る。「がつがつと欲しがると思われそうなものは、全部、捨て去らねばなりませんでした。その結果、私たち子どもは、ますますがつがつ欲しがるようになったのです。後に私は、物惜しみする大人になりました。でもいつのまにかその状態を脱しました。」

一九四七年の酷寒の冬に、エリーザの母親は慰問袋に入っていた毛皮のコートをもらったが、父親の命令で手放さなければならなかった。母親がそれに反対しなかったのは、なにしろ自分自身の実家で、すでに絶対服従が叩きこまれていたからだ。夫が避妊を罪悪とみなしていたので、彼女は避妊せず、したがって戦後さらに二人の子どもが生まれる事態となった。

エリーザは兄弟姉妹の五番目で、いちばんおとなしかった。というのも、「兄や姉の身に起こることをしっかり見ていた」からである。

よその大人から、この子たちをちょっと自分のうちに連れて行きたいと言われると、両親はいつも嬉しそうに見えた、とエリーザは思っている。「「ほんとうにかわいらしい子たちだ」と考える人びとがいたのです。――その家で何か食べるものをもらえることもあったから、私たちも同意しました。」

両親は、監督することなど全く考えずに、子どもたちを行かせた。神さまは子どもたちをきっと気にかけてくださる……というわけだ。そのうち、教区の女性の一人が、このあつらえむきの事情を利用して、三歳と五歳の二人の娘［メヒティルト、エリーザ］と手をつなぎ、なんども同じ男のうちに連れて行った。エリーザはセラピーを受けているときに、性的虐待が、一年の間くりかえし行われた様子を再現してみせた。お医者さんごっこに始まり、やがてエリーザと妹はこの男の要求をかなえなければならなくなり、「その代償として、パンが置かれていました。」

エリーザとメヒティルトが両親から引き継いだ世界の中には、「悪いおじさんたち」はいなかった。重要なのは、子どもは大人に「もし」とか「でも」といった異議を唱えず、従順であることだけだった。こうして隠された苦難の歳月が始まった。

「このことを話そうとしました、でも誰一人信じてくれませんでした」とエリーザは言う。「いちど暴行の犠牲者にさせられてしまうと、暴行はなんどでも行われました。」エリーザの顔に再び、嫌悪の表情が浮かんだ。「当時、用を足すときには瓦礫の山の間に隠れたものですが、そこにはすでに若者がいて、性欲を満たすように強制しました。」彼女は自分の前にあるバラの花壇をじっと見つめ、それから小声で先を続けた。「とにかくつねに暴力が存在しました。父に殴られようと別の男たちに暴力で強制されようと、私には同じことでした。私は何かを辛抱しなければなりませんでした。自分はとても惨めで、汚れきっていると感じました。私はいつも「この身に起こったことは、何もかも、神が望んでおられるのだ」という意識があったのです。」

「私にはもう親はいない」

その結果、子どもの頃のエリーザは緘黙していた。話すことをやめ、ほんの時折、同じ年頃の子といくつかの言葉を交わすだけだった。「すでに精神を病んでいたのです」と今の彼女には分かる。「九歳のとき、私は決めました。一つめは、もう決して自分の体に触らせない。二つめは、私にはもう親はいない。私に力を貸してくれる人はどっちみち誰もいないのです。」

その少しのち、父親が突然、自分はこれから決して我が子を殴らない、これからおまえたちは自分の行動に責任を持ちなさいと宣言した。いったい何が起こったのか。他の大人たちが父親をついに正気に戻らせたのだろうか。エリーザは首を横に振った。「ちがいます。私たちがもっと大きくなれば、さらに多くのことを話せるようになると、父にははっきり分かっていました。それが怖かったのです。だから父は用心深くなりました。」
エリーザによれば、父親は自分の行動をうまくコントロールできる者だった。「すでに以前から、父は虐待行為が人目を引きそうだと予想すると、さっと自分を抑えていました。」現在のエリーザは、父親が実にたやすく、周囲の人によってブレーキをかけられる人間だったと知っている。警察沙汰にするぞと脅す、ただそれだけでよかったのだ！

平和な、もしくはいくらか秩序正しい時代であれば、ヴァルター・ライヒェルのような父親が、これほど長年にわたり、あるいはこれほど過度に、そのサディズムを展開することはできなかったはずだ。彼はいつか法廷に引き出され、その後精神病院に送りこまれたかもしれない。ただし、脅迫と横暴の雰囲気を生むことが支配者にとって重要な、恐怖政治の時代にあっては、異常な暴力行為をする人間は、まさに需要が多いとでもいうべきなのである。さしあたりこのタイプの発祥地の一つはＳＡ「ナチの突撃隊」で、ＳＡの制服さえ着ていれば、ユダヤ人の同胞を殴り倒しても処罰されなかった。——そして後に強制収容所では、やりたい放題、気の向くままに囚人を虐待し、責め苛み、殺害したのである。

長年セラピーを受けているにもかかわらず、エリーザは今も残虐行為の後遺症を背負っている。しかし外側から彼女の様子を見ても、何一つ気づく人はいない。目立たないこと、それが彼女にとってつねに重要だった。妹のメヒティルトは全く違う。少女時代にメヒティルトは盗みを始めた。多分報復のためだったとエリーザは思っている。警察が来ると、そのたびに父親は困り果てていたという。「牧師の家でも、まともな生活が営まれているわけではないことが表面化したからです。」

しかし後にメヒティルトの盗みは行為そのものが目的になり、一種の精神障害になった。大人になっても彼女は長いあいだ精神に関連した問題を抱えていた。その他に飲酒量があまりに多く、ついにはアルコールに溺れるという悪循環から抜け出せなくなった。彼女はアルコールと薬物に依存し――そして今エリーザが判断するところでは、ますます親に頼るようになっていった。親の間違った人生観に、彼女は屈服してしまったのだ。メヒティルトはなんども自殺を試みた。そのたびに父親はベッドのわきに座って「どうしておまえは私たちを苦しめるんだ」と叱りつけた。

メヒティルトが役立たずなのは自分のせいだと思って、昔ながらの家庭環境から逃れられなかったのに対して、エリーザは両親からいっそう自立していった。エリーザを支えたのは、九歳のときの決意である。私にはもう両親はいない！　私は誰も要らない！――これが彼女を救いもしたが、いやおうなく彼女をとても孤独にした。エリーザはほんとうの意味での家族をもう持っていなかったが、信頼するという能力が欠けてしまっていたので、新しい関係を結ぶこともできなかった。それにもかかわらず、少しずつ離れていくのだった。表面的な変化は、ほとんどなかった。まだ両親の家を訪ねていたし、兄弟姉妹とも会っていた。教区に対しても信義を守り、そこである男性と出会って、若くして結婚した。インタビューでは彼のことを、やさしく知的で、感情的にならない人だと述べている。彼女自身は結婚を少しも望んでいなかったのに、両親と教区の人たちが圧力をかけてきたのだという。

二二歳で最初の子どもが生まれた。ようやくすべてがうまくいきそうだった。しかしうまくいくことなく、エリーザは初めて精神の崩壊を体験した。彼女は生まれたばかりの子どもの泣き声に耐えられなかった……。

「娘は始終泣き叫んでいました! 全然泣きやみません。すると私は、この子が病気になって死んでしまえばいい、と思いました。」

子どもに暴力をふるってしまうのではないかという不安から、エリーザは大急ぎで住まいから逃げた。——泣き叫ぶ小さな赤ん坊をたった一人あとに残したまま——気持ちが鎮まるまで、住居のある地区を囲む街路をぐるぐる走った。「何週間もそれが続きました」と彼女は思い出す。誰も助けてくれるものはなかった。「私は何日も何日も泣きわめき、何が起きたのか、自分はどうすればいいのか分かりませんでした。」今では、よるべない乳飲み子の中で、子ども時代の自分の感情と再び出会い、その感情に圧倒されてしまったのだ、という自覚がある。自分では、完全に新生児に振りまわされていると感じているのに、その子を守らなければならないこと、これが、彼女が抱える解決できない課題であった。

脱出と再出発

六〇年代のことである。エリーザはそれまで一度もセラピーについて聞いたことがなかった。彼女は自分の「状態」を恥じ、自制心で状況を克服しようと努力して、長い間それでやってきた。自分の状態の原因が、間違った教育にあるという考えは浮かんだこともなかった。三四歳で初めて、生きるエネルギーが燃え尽きたようになったとき、なんという恐ろしい父親を持っていたかを自覚するようになった。

外面的には完全に、若い女性の日常が何事もなく過ぎていた。エリーザは小児科の看護師として働き、二五歳のとき二人目の娘が生まれた。七〇年代の終わりに、自分の「精神の崩壊」とこれ以上付き合い続けることはできない、と考え始めた。ドイツの地図を見て、カッセルからできるだけ遠く離れた都市を探した。そんなふうにしてミュンヘンへの転居計画が生まれた。それがエリーザの人生における大きな転換点だった。教会を脱会し、トランクを二つ詰め、当時八歳と十一歳になっていた娘たちを夫のもとに残した。「その方が娘たちにはずっとよかったのです。私は二人に何もしてやれなかったでしょうし――それに」とエリーザはちょっとのあいだ言い淀み、それから、「私は子どもたちとうまくやっていけなかったでしょう」と認めた。

ミュンヘンのとあるクリニックで、エリーザは再びいつものように、たくましく、我慢強く仕事をした。病棟では、なによりも決して病欠をしないという理由で人気があった。休養しようとせず、病気の完治も求めなかった。気分の悪さや体の衰弱のきざしがあれば、すべて頑張りで克服しようとした。「病院ではいつも、気前よく注射を打ってくれる人がみつかりました」と彼女は報告する。「これは二〇年前、三〇年前には全く問題ありませんでした。大事なのは仕事を続けていくことでした……。」彼女は自分がしていることの自覚がなかった——発病を無視するというやり方で、子ども時代からの掟とのつながりを回避していたのだ。病んでいる人は病んで当然の人、悪事を働いたことに対する神の罰なのだ、という掟である。

エリーザは家族や教区民の生活という狭い場所から自由になった今、突然もう一人ぼっちではなくなっていた。刺激を与えてくれる友人グループをみつけたのだ。このグループには、主にまだ大学生の人、あるいは大学で仕事をしている人たちが集まっていた。こんなふうにして、エリーザは自分にとって全く新しい世界を開拓した。次第に彼女は驚くほどの能力が自分にあることに気づいた。賢かったし、習得するのも早く、新しい知識を文字通り吸いこんでいくのだった。性に合ったのは、難しい文脈を熟考してまとめる知的な討論で、心理学に最も興味があった。彼女はミュンヘン大学のあるゼミに出る機会を得た。彼女が寄稿した論文は注目され、そのうえ称賛までされて、それとともに、普通なら出入りの資格がないアカデミックな枠にいる気後れも減少した。

エリーザはいくらか自分に自信を持つようになり、男性たちにもてたこともよかった。彼女の人生は順調だった。

ところが今回も過去が彼女に追いついてきた。気力を喪失し、自分で振り返ってその状態をこう名づけたのだが、「心理的非常事態」になった。解発因［特定の症状を引きおこす要因］は、一三歳の長女が母であるエリーザの住居に引っ越してきたことだった。「娘のこの強い希望を拒絶してはいけない、と思いました」とエリーザは、思春期の娘と一緒に生活するのは、自分には過大な要求だと感じていたにもかかわらず、当時同意したわけを話した。

あっというまに、彼女は再び、かつて赤ん坊を抱えて味わった悲惨に陥った。泣きわめく、引きこもる、何が起きているのか分からない、全く助けてもらえない、精神病院に入れられる不安、診断に対する不安、あらゆる病名がなすり付けられてしまうのだろうか……。

仕事が支えだった時は過ぎてしまった。今ではただ、働いて気を紛らわそうとしているだけだ。特別なリズムが日常を定めていた、何週間も、何カ月も、疲労困憊するまで働く――付き合いから完全に身を引く以外に、もう何も打つ手がない、というところまで働き、そのあと二日間自分の部屋に閉じこもるのだった。

ストレスで健忘症になる

さらに他の症候も併発した。健忘症はその一つだ。旅行していて、突然ホテルの名前を思い出せなくなる。車を運転中に、自分はなぜそこにいるのか、一体ここはどこなのか、そもそもなぜそこへ車で出かけたのだろう、という考えが突然浮かぶ。「でも、自分が動けなくなったり、不意にわっと泣き出すのを、上手に隠すことができました」と彼女は言った。「だから読み書きのできない人が、ごまかしてその能力があると他人に信じさせようとするとき、自分自身をどのように感じるか、私には分かります。」

血圧の数値は二四〇にまで上昇した。背中の痛みは耐えられなくなった。ついに彼女は、自分は再発したのだと気づいた。彼女は自発的にセラピーを受け、治療の料金は自分の財布から出した。誰か他の人から病気の診断が渡されるのは嫌だったからだ。この治療で初めて、自分の家族と対決した。小さな用心深い足取りで、自分に何が起こったのかを探っていった。

いちど彼女は両親に「どうしてあなたたちは、私にあんなひどいことをしたの？」と質問したことがある。答えは「ああ、ほんとうにひどい時代だったね」だ。さらに父親に向かって、「私はパパの葬儀には出ないわよ。私が喪に服すべきは……」というと、父親は黙殺した。

エリーザは年とった母親とかわす電話での典型的な会話を、こんなふうに詳しく述べた。母親はときどき電話をかけてきて、エリーザがうちに来てくれないと文句を言うのだ。

母　どうして来ないの？　私はあんたのために生きているのに。

エリーザ　私はそう思わないわ。あなたにとってはそうなのでしょうけど。私が生まれたとき、上を下への大騒ぎだったって、あなたは自分で言いました……。
母　はいはい、でもおまえたちはみんな神さまの子どもなのよ。どうしてうちに来ないの？
エリーザ　お互いに話すことが何もないから。残念ね、ママは感じのいい中年の女性です、でもお互いに何も話すことはありません。

エリーザが母親との間に境界を作る言葉は、かたくなに聞こえる。しかし彼女は、もう二度と昔の家庭環境に落ち込まないためには、こうしなければならないのだと言う。エリーザは、自分が脅かされていると感じているけれど、それは母親という一人の中年女性の存在によるのではなく、その女性がとる態度によってなのだ。エリーザの人生を毒したものに向き合う代わりに、まるですべてがきちんとしているかのように振る舞う態度――エリーザが沈黙すると、牧師の寡婦である母親は、かつて子どもたちを守るのを怠ったときと同じことをくりかえした。エリーザはもうこれ以上、この態度に身を晒すことはできなかった。それは、幼い頃のトラウマによる破壊的な感情の中に、エリーザをまた投げこんでしまうだろう。――母親は自分には他にも子どもがたくさんいるのだと考えて、心を慰めている。

しかし娘が母親との適切な距離をみつけることは、ひょっとすると現在そう言われているほどには、簡単ではない。エリーザにはもちろん分かっていた。母には頼る相手がいないこと、母の心には深い刻印がつけられ、母もまた父ライヒェルによる恐怖支配の犠牲者であることも。それに、エリーザは看護師だった。弱っている者の手助けをする責任をとてもまじめに引き受けていた。長年彼女に重くのしかかっていたのは、次の疑問である。親が年をとり、弱っていったら、私はどうしようか。彼らに何か起きたとき、彼らのためにその場にいる必要はないのか。

妹のメヒティルトは、彼女自身が助けを必要としていたにもかかわらず、両親に対するこの義務感を決して振り払ってしまわなかった。妹の運命をはっきりとみて、エリーザはついに、両親に対していつもよい子でいようとする人はそうすればいい――でも私は決してそうしてはいけない、と考えるようになった。

セラピーの中で、エリーザは自分の記憶に突然欠落が生じるのは、情動によるストレスが原因であると理解することを学んだ。なんらかの解発因――におい、言葉、色――が昔のトラウマに触れるといつも、記憶の欠落がたちまち起こるが、子ども時代の体験と見分けがつく形で結びつくことはない。自分には仕事上のストレスを解決するだけの力はもうないと気がついて、彼女は勤務時間を半日にしようと決心した。

「両親の代わりを探しなさい」

六年間、エリーザはセラピーを受け続けた。それは徹底的に見直し、後熟させ、教育の遅れを取り戻す時間であった。自分には価値があると認める感情は高まった。彼女は遅れてアビトゥーア〔高校卒業・大学入学資格〕をとり、心理学専攻の大学生になった。耳にしたことのうちのいくつかが、彼女の方向を変えた。時としてそれは、収穫物の取り入れのようであった。ある教授が、気の合う人を探すのは結構なことだ、と言ったのをエリーザは覚えている。「教授はゼミで、私たちに助言してくれました。『よく見てごらん、他の人たちは別のやり方をしている。必要なら両親の代わりを探しなさい。すると諸君は、もっと優れた法則を学べるかもしれないね、それに従うと共同生活が正常に機能するような法則だ。』」

それは、エリーザの娘も考えたことだった。娘は一七歳で母の住居を出て、親しい女性教師の家に引っ越した。それから何年も、娘の希望により、母と娘のコンタクトは全くなかった。少し前から、この間に赤ん坊を産んだ娘は、母と再び会うようになった。二人は一年に一回か二回会っている。慎重な出会いである。「まるで二人の間には、何もなかったかのようで、心情的にそれを理解するのは難しいです。下の娘は、思春期の間ずっと父親のもとに残されていたせいでしょう、もっと楽に意思を疎通させることができます」と母エリーザは隠すことなく認めた。

さらなる転換点は、妹のメヒティルトの自殺だった。エリーザの体はそれまで経験したことがないほど激しく反応した。両肩はこわばり、椎間板ヘルニアに至った。その後一年半の病気休職を届け出た。彼女の肉体は、健康になるのを拒んでいるようにみえた。

ようやく回復に向かったのは、エリーザが精神的な障害を持つ自分を認め、予定より早期に退職できるように、すべてを軌道に乗せたあとだった。エリーザはこう説明する。「様々な困難や、昔の悲惨が再び私に追いついてくる時期があるのです。そのときは、休憩が必要です。それを考慮しておけば、いつもすぐ身動きがとれなくなるわけではありません。」次のように想像することはエリーザの助けになった。「例えば、自分が戦傷による障害者で、片足を失っていたら、他の人たちのように速く走れないだろう。」彼女は時が流れるうちに、一日の中に詰め込むことが少なければ少ないほど、いっそうよく自分の限界を感じることができる、と気づいたという。

傷病により就業不能な場合に受ける年金の創設が問題になったとき、ある女性厚生技官が専門家として次のような所見を書いている。「フライベルク夫人が受けたトラウマは、KZ《カーツェット》「ナチの強制収容所」拘留者の数々の体験に完全に匹敵するものであり、トラウマ後の人格変貌が発生するのに、十分な前提条件となっている。」

子ども時代に、その許容限度を超えて持続的に傷つけられ、後につねに過大な要求を自分に強いてきたエリーザのような人は誰でも、なによりもまず予兆を見抜くことを学ばねばならない。自分には荷が重すぎるようになりそうだと気づき、他の人がやりぬいているのをうらやましそうに見ることなく、虚脱状態になる前に一線を画するのである。

「私は信じられないほど、ストレスに対する抵抗力がありません」と彼女は認めている。娘たちはこのことをよく知っているので、決して非難しない。「もし今から子どもたちが来たら、私は錯乱するかもしれません――それに対して意識的に心の準備をしていなければ――突然感情がバラバラに崩れてしまうのです……。」そのあと、彼女は何日も泣き叫ぶような悲惨な状態に陥り、力を失って、次いで完全に引きこもってしまうのだ。

「やりきれないのは、どの時点で錯乱が始まったのか覚えていないことで、これがストレスです。何がそのとき私の気持ちを逆なでしたのか、それを知るための手掛かりがありません。」自分のような人は、自発性に欠け、自分の意志で行動できないので、いつまでも孤独だという。どんな出会いも、ポジティブに応じることができないし、出会うときは、前もって計画して、それにふさわしい「セッティング」をさがしておかねばならないから、と彼女はいう。

にもかかわらずエリーザは、生活から締め出されているとは感じていないし、びくつくこともないという。「最悪の経験さえも――一度でもそれに打ち勝ったら――その経験には何か良いものがあります。早く両親を捨てたことで、私は必然的に、勇気を持って、しなやかに、自立して生きることを学びました。」特に旅行すると、そこからいろいろ学びとっている。

私たちが対談した後、彼女は自転車で四〇〇キロの旅に出た。美しい夏の天気を利用して、友人たちを訪問するためだ。「夫は一緒に来る暇がなくて」と彼女は電話で私に言った。「とにかく私だけで出発しました。」エリーザは当然のように自転車に乗る、他の人たちが車のエンジンをかけるのと同じように。

数年の間に、エリーザと夫は休暇での冒険旅行がとても好きになった。どこへ行くにも、二人は自転車を携帯する。「私たちは、素晴らしい自転車旅行をしました。アフリカ、南米、インド、タイで」と彼女は話す。この前、彼らはキューバで六〇〇キロ、自動車専用道路を走らねばならなかった。そういう計画だったわけではない。少なくとも道程の一部分は乗り物の利用を望んでいたのだが、それができなかった。キューバでは劣悪な公共の輸送システムのせいで、住民はトラックに同乗するように、と緊急指示が出たからだ。旅行客はなんとしても座席が欲しいのだが、ドルと引き換えに席を売ることは、公式には禁止されている。

ある熱帯の国で、トラックの排気ガスを浴びながら、何日も続けて自転車旅行をしたこともある。六〇歳の彼女はフラストレーションを感じながらそれを記憶にとどめる。他にどうすればよかったのか。彼女が人生においてすでに乗り越えてきたこと全部と比べれば、みじめな旅行条件など不快ではあっても、それ以上ではない。だから時期が再び良くなるまで、ペダルをこいで進むのだ。

第一〇章　トラウマ、戦争、脳の研究

人格の崩壊

彼は絵のように美しい男で、たくましく、勇気があった。しかしこの戦士は気まぐれでもあり、戦《いくさ》が起きたときにつねに彼を信頼できるというわけではなかった。トロイ戦争でのギリシャ側の英雄アキレスのことである。もういちど出陣してほしいと求められたとき、いや結構、とアキレスは断った。彼に代わって、親友のパトロクロスが戦いに赴いた。親友がヘクトルによって殺害されたことを知ると、アキレスはあらゆる聖なる掟を無視する残忍な怒りに襲われた。ギリシャの詩人ホメロスは、主人公が残虐な野獣へと変貌するのを強烈な筆致で描く。アキレスはヘクトルを虐殺し、遺体を自分の戦車につなぎ、都を囲む城壁に立つトロイの人びとの眼前で引きずりまわした。

彼女は若く、世間知らずで、父王の死んだあと頭が混乱したらしい王子に恋をしていた。やがてオフィーリアは、いくつものつらい別れを体験する。まず兄が彼女のもとを去り、いつ戻るともしれない旅に出る。次に父親が――もちろん過誤によるのだが――ハムレットに殺害される。続いて王子が自分から離れていく。彼は、おまえを愛してはいなかったと言い、「尼寺に行け！」と要求する。オフィーリアの人格は崩壊した。正気を失い、もう誰の手も届かないところで、歌い、あとはただメロディーを口ずさむばかり。そしてついに小川で溺死してしまう。墓掘り人たちはこれが自殺かどうかで頭を悩ませた。

自然科学としての医学よりはるか以前に、芸術は、重大な精神的外傷を受けた後に、もとの自分ではなくなってしまった人間を描いてきた。ホメロスやシェークスピアのような偉大な詩人は、主人公が犯罪者や犠牲者になるような、ストレスが極限に達するほどの状況に特に興味を持っていた。現代の文学もまたそれに魅了されている。ただ現在の環境はどちらかといえばぱっとしないし、主人公は無名の人物である。フィリップ・ロス［ユダヤ系アメリカ人作家（一九三三年生まれ）］は長編小説『ヒューマン・ステイン』［Der menschliche Makel］において、レスという名のトラウマを抱えるベトナム戦争帰還兵を巧みに描いている。レスは自分が所属する自助グループと一緒に、中華料理店に立ち寄る。暴力をふるわずに、目の細いアジア人のそばにいるのに慣れることを学ぶためだ。

「息を吸って、とルーイは言った。そうだよ。息を吸って、レス。きみがスープのあとで、それ以上食べられないなら、ぼくらはここから出よう。でもスープは飲んでしまわなければいけない。きみがダブルソテーのポークを食べないというのは、全くかまわない。でもスープは飲むんだ。」ウェイターがテーブルに来て水を注ぎ足すたびに、レスは一種の恐怖に襲われるが、それを言葉で表現できない。にもかかわらず彼は勇敢にスープをすくい、そう、主菜にまで手をつける。ところが、そのあとであれが起きる。ウェイターがまたもやこのグループに近づいて来たとき、レスは強い震えに襲われ、飛び上がって、ウェイターの喉首めがけてつかみかかった。彼の心は再びベトナムのジャングルの中にいるのだ……。

ドラマや長編小説が書かれるようになって以来、作家が興味を抱いてきたのは、人間の中にある底知れない深みや悪を認識して記述すること、もしできるなら、その源を明らかにすることだ。罪、悩み、激しい欲望、窮屈な社会のしきたり、それらが人間の行為を犯罪へと逸脱させる。一九世紀には、社会状況が詩人や小説家の視野に入ってきた。チャールズ・ディケンズは、ロンドンの貧民街の悲惨について非常に鋭く批評した一人である。当時の孤児院では、子どもたちが農奴のように扱われているのを知って深い衝撃を受けたのも、組織化された子どもたちの犯罪についての正確な描写で、子どものスリの世界は大人のギャングの食い物にされていたことが分かったのも、ディケンズのおかげである。

鉄道から始まった

工業化とともに、工場、鉄道、そして階級闘争の理念が現れた。――まさにこのとき、トラウマ研究の歴史が始まる。なぜか。何が変わったのか。簡単にいえば、事故である。以前は旅行馬車がひっくり返っても、犠牲者数は比較的少なかった。しかし蒸気機関が莫大な量のエネルギーを束ね、それまでは予想もしなかった力を発揮することに成功すると、衝突は壊滅的なひどい結果となる可能性があった。工業化の潮流の中で、生活状況は急激に変化し、貧しい人びとの間で新たな社会的意識が芽生えた。鉄道や工場での大事故は今では運命として甘受されることはなく、その結果、自分を宥める古い決まり文句「これまでいつもそうだった、それに逆らっては何もできない」は、もはや機能しなくなった。

こうして賠償義務が生じた。英国で初めて、医学的鑑定を必要とする補償請求が裁判で争われ、決着がつけられた。鉄道協会や経営者は、死亡者の家族や体に障害が残った犠牲者たちに損害賠償金を支払うよう命じられた。しかし彼らだけではない、他にも多くの事故犠牲者がいることが次第に明らかになった。肉体は受傷していないが、もう働けず家族を養えなくなった人たちである。

ヴォルフガング・シヴェルブシュは、その著書『鉄道旅行の歴史（*Geschichte der Eisenbahnreise*）』の中で、作家チャールズ・ディケンズがある鉄道事故の印象を述べた一通の手紙について記述している。ディケンズは一面に残骸がまき散らされた事故現場を描写し、自分は怪我もせず幸運な状況だったので、他の旅行者たちを助けることができた、と書いている。また自分の精神状態についての情報も伝えた。「ぼくはここでたくさん休息した。気分は通常は、なんと言ったらいいのかな、すこぶる強靭だ（少なくともぼくはそう思う）。事故にあったときも全く興奮していなかった。ぼくは急に原稿を一本持って来ていたことを思い出して、それを取りに行くために、客車の中に這って戻った。だが思い出すままにいくつかの言葉を書いているうちに、打ちのめされた感じがしてきて、この手紙はここで中断しなければならない。さようなら。チャールズ・ディケンズ」

これに続いて、シヴェルブシュはあるアメリカ人男性の言葉を引用している。この人は一八三五年にマンチェスター—リバプール路線で、比較的小規模な鉄道事故を無傷で切り抜けたが、後日、橋の上で列車が近づいてくるのを見下ろしていると、橋の上にいるのが苦痛になった。「私は列車を見るのに耐えられず、走って逃げようとしました。私が立っている橋ごと、列車が運び去ってしまうような恐怖を感じたからです。無意識に私は身震いし、列車を見続けることはできませんでした。もちろん事故なんか起こらなかったのです、私の想像の中以外ではね。」

恐怖体験だけですんだ、と言えるかもしれない。しかし、もう回復することのない別の犠牲者もまた存在した。一九世紀の六〇年代以降、英国における裁判で、事故被害者が、震顫《しんせん》、睡眠障害、集中力低下が起こり、恐怖体験の記憶が突然呼び覚まされるため、もう普通の労働生活は営めない、と訴えたことは、公的書類で明らかになっている。彼らは、賠償義務の枠内で補償金を要求した。

医学にとってニュースだったのは、男女混合のある大きな集団が、肉体は健康なのに、同じ苦痛を訴えたことである。列車の大事故は、若者でも年寄りでも、貧しい者も富裕な者も、誰でも出会うものだ。金銭での賠償を強く主張した英国人たちの共通点はたった一つ、その列車に乗りあわせていて事故にあった、ということだけである。鑑定人にとって、状況はやっかいなものになった。もうこれからは、諸症状について、不健康な生活の仕方のせいにすることができなくなったのだ——例えば、工場労働者の食べ物が劣悪だから、などと。

医学は根本的な問題に直面したわけだが、肉体的な損傷が現れた場合だけを実体あるものとみなした（さらに次の一〇〇年間でもそうだった）。トラウマはギリシャ語で「外傷」を意味し、精神とは無関係である。トラウマという言葉で示されるのは、交通事故で起こる「むちうち症」の概念によってよく知られているように、暴力によって肉体に及ぼされる予期せぬ影響のことである。

ジョン・エリク・エリクソンは医学鑑定人としてロンドンの鉄道裁判に出廷し、背骨の中にある脊髄が激突によってダメージを受けたという主張を展開し、そのため当時の新聞報道に「鉄道背骨」という概念が現れた。エリクソンは鑑定書に書いた。「どんな事故のショックでも鉄道事故の場合ほど大きいものはありえない、これは誰が見ても明らかであろう。速度と猛烈な力によって、列車と中に乗っていた乗客である被害者はめちゃくちゃに投げ飛ばされ、急ブレーキ、無援の負傷者、全く当然の結果として起きる意識の混乱、たとえどんなに恐れを知らない者であろうと、そこから抜け出ることはできない——すべての状況が、結果的に神経組織の激烈な損傷をいっそう深刻なものにするのであり、これらのケースは普通の事故とは異なるとみなければならない。」

しかしまたすでに、〔諸症状の〕責任は恐怖とショックにあるとして、「レールウェイ・ブレイン」つまり「鉄道脳〔鉄道事故による脳の障害〕」について語る鑑定人もいた。彼らは今日の脳研究が示しているように、全く正しい手がかりをつかんでいたのだ。

一八七一年、ドイツで賠償義務に関する最初の法律が公布された。このときも法廷では鑑定人の意見が衝突した。神経科医ヘルマン・オッペンハイムはトラウマによる神経症について初めて語ったが、それを器質的な原因から切り離すことはできなかった。一八八九年、彼は「肉体的な変化から精神的諸症状が発生する」という自分の確信を公表した。このような申し立てには、科学的に強固な根拠がなかった。事故被害者として認知されることを望んでいた人びとは、多くの場合、仮病を使っていると中傷され、保険会社をだまそうとしているという、ありもしないことが彼らになすりつけられた。

法医学者は警鐘を鳴らした

鉄道事故と損害賠償責任との争点と並んで、さらにもう一つ、心的外傷《トラウマ》研究へと至る第二の歴史的な道が存在する。一九世紀の半ばに、フランスの法医学者たちは小児殺害が膨大な数に上ることに驚愕し、それらの中に性犯罪を認め、性犯罪とみられる犯罪統計をまとめている。

子どもの頃に受けた性的暴行が、大人になってから発作——後に「ヒステリー」として知られるようになる——を引き起こす原因になるというのは、一つの仮説であったが、この仮説をもとにして、パリの有名なサルペトリエール病院でも調査が行われた。指導者の役割を果たしたのは、神経学者で精神科医であったジャン・マルタン・シャルコーである。彼は精神発生学、つまり心と精神生活の発展体系を発見した者とみなされている。他方また、彼の研究は、サルペトリエール病院で実習生として働いていたジグムント・フロイトにとっては、発想を促す起爆剤となった。シャルコーは、ドイツ人の同僚オッペンハイムと同じように、ヒステリーを——今日そう呼ばれているように——心的外傷後ストレス障害［PTSD］と考えていた。

児童虐待や性的暴行による癒されていない心の傷に関する研究は、特にシャルコーの弟子ピエール・ジャネによってさらに進められていった。しかしこの研究は医学の周辺現象だとしてほとんど無視され、ついには忘れられてしまった。ジャネの仕事は、二〇世紀の八〇年代に再発見されるまで、茨姫《いばらひめ》の眠りについた、と言えるだろう。

フロイトは、シャルコーやジャネの評価にまず取り組んだ。ただし後年、フロイトはこれがもとでウィーンで冷やかに拒否され、紹介患者の減少からもそれを感じざるをえず、自分の理論を修正して、性的暴行を現実のものではなく、女性患者のファンタジーから湧き出たものとみなした。またもやこれが、精神分析において、重大な結果を生じる様々な謬見へと行きつくことになる。

師フロイト自身がこの問題について、一〇〇パーセント自分に間違いがないとまだ確信していたわけではなかったとすると、弟子たちはフロイトの疑念を完全に無視したのである。彼らは暴行ファンタジーを心理学の原則にまで高めた。

ただし、ゲッティンゲンのトラウマ研究者ウルリヒ・ザクセは、こうした立場の精神分析に同調する者がなくなったわけではない、と指摘している。彼は、フランスでも同じような動向があったと講演で述べて、大いに注目された。「児童への性的暴行は蔓延し、告発して介入すべきだと発言する人たちに対して、反対する声が数多く上がりました。すべて空想だと考える人がたくさんいたのです。とりわけ、社会的に疎外された集団だけでなく、尊敬されている人たちまで告発されたときには、たちまち、すべてはたわごとだと言われました。このような「ファンタジー」を口に出す女性は、精神の混乱した人間として精神病院に入り、それと同時にこのテーマは葬られました。」

執拗な社会のタブーは再び優勢になった——ほぼ一九八〇年以降、国際的な女性運動によって、ついにこの問題が公に討論され、大成功をおさめるまでのことではあるけれど。トラウマとの取り組みは、実にはるか過去にさかのぼるのだが、一貫した伝統というものはない。そのことは、戦争によるトラウマを抱える人たちを扱う医学史にも示されている。

トラウマ研究は、第一次世界大戦時に始まる。前線にいる限り震えを止めることができなかったために「戦争由来の震顫《しんせん》者」と呼ばれる人たちがいた。ここでもまた、事故災害犠牲者の場合と同様なことが論証され、ここでもまた、仮病を使っていると取りざたされた。卑怯者とみなされた者は前線にもどされ、罰として、まさにいちばん危険な、生き延びるチャンスはほとんどない場所へと送られたのである。

塹壕での大量死

それでもやはり、重大な負傷の検討が行われるようになった。このときも再び、いわゆるロケット砲弾ショックによって引き起こされる、脊柱《せきちゅう》をゆさぶる衝撃が出発点となった。今日では、本質的には戦闘行為のやり方にその原因があるとみられている。軍隊では第一次世界大戦で新たに塹壕戦が導入され、それによって兵士は絶対的な無援状態に晒されることになった。彼らは、自分自身の墓の中に蹲っているだけなのだ。生き残るか否かは、もはや戦いや行動能力とは全く関係がなく、統計上の確率の問題であった。何日かの戦闘があると、五万人の若者が死亡した。

塹壕と大量死は、戦闘するすべての側で見られ、震えのやまない人もそうであった。全参戦国の精神科の軍医は、彼らを治療し——もっと適切にいえば、水没療法や電気ショックを使って乱暴に扱った。そのせいで多くの患者は、野戦病院からあっというまに逃げ出し、その直後に再び前線に出て、そこで震顫が新たに始まるのだった。

英国の女性作家ドリス・レッシング〔一九一九—二〇一三〕は父親の語りのスタイルを分析することによって、第一次世界大戦が彼に対してしでかしたことを明らかにしている。「父は子ども時代や青春期の思い出をよどみなく語りました。新たなことをさらに付け加えてふくらませ、なんと生き生きとした回想が語られたことか。しかし戦争の記憶は過去の出来事として彼の中で固まり、同じ話をなんどもなんども、全く同じ言葉、同じ身振り、決まり切った言い回しで語りました……。運命に支配され、恐怖以外何もない場所、父の中にあるこの暗い領域には、ただあいまいな言葉、短くて苦しい怒りの爆発、不信の念、裏切りがあるだけでした。」

レッシングの父親は、中隊にいた他のすべての男たちが命を落としたのに、自分は塹壕で片足を失っただけで済んだのだから、大変な幸運の持ち主だと思っていた。興味深いのは、第一次世界大戦後、トラウマを受けた非常に多くの兵士が、保険会社に要求を出したが、全参戦国においてもそうだったということだ。これはあまりに多すぎた。その資金を賄うことはできなかった。世界経済恐慌の時期ではもちろん不可能である。ドイツでは、ドイツ国保険契約局が、すべての要求は全く不当であるという決議を宣言するに至った。トラウマ研究者ザクセはこの関連で、悪意のある論証の典型についてこう語っている。「誰かが年金を申し込むと、すぐに彼は、疾病の原因を固定化し、強化する、二次的利得〔心理学用語〕を得ます。しかしそれは、彼が年金などの受給資格があることと相反するものです。これは傑出した、まさに古典的なダブルバインドで、そこから逃れることはできません。つまりそのような症状を持つ人が年金を請求した瞬間に、年金ノイローゼ患者だという理由で年金請求権がないということになるのです。」

ただし現在ではもちろん学問の視点が別です、とザクセは述べる。学問に対して、歴史の流れの中にある深部への作用に関する問いが出されているという。「目下のところ、集団に与えられたトラウマが、場合によっては戦後期の歴史、つまり一九二〇年から三〇年にかけてや第二次世界大戦の大惨事に対して、どのように作用したかを調査中です。」病人の集団が一九一八年以降、政治的行動に及ぼした影響は重要である。成果に対する期待は大きいと言っていいだろう。

第二次世界大戦では、アメリカ人とイギリス人がトラウマの問題を別様に扱うことを試みた。予防措置としてグループセラピーが導入された。このようにして兵士たちのために治療上の共同体が生まれた。ドイツでは、前線に出る前に、不安をある程度抑えるために、アルコールやペルビチン〔興奮剤〕を十分に配っただけである。

ホロコーストを生き延びた人たちや、かつてのKZ《カーツェット》拘留者たちの要求を阻止するために、ドイツの法廷医学鑑定人が大変な苦労をしていた戦後の状況については、すでに第二章で報告している。

トラウマ研究が実際にやっと効果をみせ始めたのは、ベトナム戦争後である。ベトナム戦争を戦った一〇〇万人の兵士が故郷に戻って来たとき――一部は数カ月後、あるいは数年もたってからの帰還だった――重い精神的被害が現れていたと思われる。ベトナム戦争のかつての兵士は、強力な圧力団体を結成した。その他に、彼らは親族による援助から利益を得た。親族の人たちは公共の場で、「私たちの息子は、昔はまるで別人でした。明るく生き生きして、有能で。今はもう、息子だとは分かりません。何にも興味がなく、無気力なお荷物になり果てています」と疲れを知らずに訴え続けたのだ。

またアメリカの妻たちも出てきて証言した。「以前の夫は、ほんとうに思いやりのある父親でした。いまではまったく無責任で、すぐに暴力をふるうのです。」

トラウマ研究は世界に広がる

一つの世代全体に、うつ病や暴力行為が愕然とするほど増加したことにより、ついにトラウマの研究と、その療法に、新たな始まりがもたらされた。それからというもの、世界中で被害者の調査が行われた。政治的な危機状況にある地帯の出身者、避難やジェノサイド後、大地震や航空機の墜落後の人びとが対象である。

この関連で啓発されるところが多いのは、モガディシュ［ソマリア］に向かうルフトハンザ航空機「ランツフート号」がハイジャック［一九七七年、パレスチナ解放人民戦線による事件］されたあとに行われた調査研究である。トラウマになるようなこの事件を、四分の一の乗客は一週間後には精神的に克服できた。およそ半数は急性の心的外傷後ストレス障害に苦しみ、それが半年間続いた。別の四分の一の人びとは重い慢性の苦痛が現れ、二度とトラウマから脱することができなかった。

「ドイツの避難民の、第二次世界大戦終了時におけるトラウマとなるような体験と、今日のストレス障害」が、ある調査で問題となり、調査は一九九九年に公表された。ハンブルクの心理学者たち、フラウケ・テーゲン、ヴェレナ・マイスターが確認したところによると、この研究プロジェクトに協力した二五〇〇人のうち、およそ五パーセントが実に際立った心的外傷後ストレス障害があり、そのうちの二五パーセントは、部分的に形成された障害、特に、恐ろしい光景が頭から離れないことに苦しんでいた。

比較的新しい調査研究が実証したように、トラウマはやはり数十年間「静まって」いられるのだ。つまり、ある人はこの時期を、なんの苦しみもなく有能な人間として暮らしていて、自分のつらい子ども時代など、そもそも思い出しもしない。……そこに突然、不安、抑うつ症、知覚のゆがみというような説明できない症状が姿を現す。過去との結びつきが明らかに認識できる場合も時々ある。例えばコソボ紛争や、ベオグラードを目標にしたＮＡＴＯの爆撃、さらに後の二〇〇一年九月十一日［アメリカの同時多発テロの日］に、多くのドイツ人は過去の不安を蒸し返された。

アフガニスタンでアメリカが空爆していた最中に開催されたある会議で、総会の場に突然白髪頭の男が登場した。彼はまさに戦慄の体現者であった。そこに立ちつくしたまま、全身を震わせて、「アメリカ人による絨毯爆撃」で自制心を喪失したことを、なんども言葉で表現した。

彼は「アフガニスタンでの絨毯爆撃」についてくりかえし語った。アフガニスタンの都市がすべて爆撃されてしまったわけではないが――もうその観念にこり固まっていた。彼の町は、彼が一四歳で高射砲部隊にいたとき爆撃された。最後に彼は、非常に骨を折りながら、自分が「アメリカの絨毯爆撃」の後に「特別奇襲隊」に配属され、爆撃で破壊された都市の市区から、何日間にもわたって大量の死体を収容しなければならなかった、とようやく話すことができた。

後になって彼の妻は、アフガニスタンでの爆撃があるまで、夫は戦争経験について何の問題もなかったと話してくれた。昔のトラウマがよみがえった人を私が知ったのは、これが最初である。私はその男を今でも目の前に見ている気がする。白髪頭の華奢な人で、ぶるぶる震え、若者向きのベネトンの赤いセーターを身につけていた。一時、官職に戻っていたが、それはほとんど六〇年前のことである。

ミュンスターのトラウマ研究者ゲレオン・ホイフトは調査研究の中で、子ども時代に受けたトラウマが加齢の過程で再び活性化するケースが多々あることに気がついた。中年の患者たちから――力が衰えて肉体を自分の意のままに動かせなくなると――子どもの頃に体験したのと同じように、精神的に混乱し、されるがままになっているように感じる、という報告を受けるのだ。ホイフトはそれについて、「三〇年が経過して、あるいはもっと長い年月が経ってから、トラウマが突如として再び活性化する場合があることが示された」と述べている。患者自身はその関連を通常は自覚していないだけに、医学界がトラウマの再活性化について認識し注意を払うことがいっそう重要だ、とホイフトは考えている。

ジュディス・ルイス・ハーマンはその著書『暴力の瘢痕《はんこん》(*Die Narben der Gewalt*)』で、トラウマの症状とその解発因の関係はみえなくなることがある――症状が独立していることもある、とい う精神の現象を確認した。「トラウマとなるほどの深刻な出来事は、生理的な興奮状態の中で、深層部にまで達する長期の変化を、感情、知覚、記憶に生じさせる。そのうえ普通なら互いに調和しているこれらの機能が、トラウマを与えた出来事によって、時としてばらばらになってしまう。トラウマを抱えている人は、例えば強烈な感情を知覚したのにその出来事を明確には思い出せない、あるいは細部まで覚えているのに何の感情も湧かない。ひょっとするとその人は、なぜか分からぬままつねにいらだち、油断なく警戒しているのかもしれない。」

戦中にはまだあまりに幼くて、戦争についての記憶を全く持っていないなら、それこそ、幼い日の生活条件についての詳しい情報を集めることは、あいまいな診断を受けた場合に有効であるかもしれない。「小さいときはいい――すぐ忘れてしまう」という言葉は、ひょっとすると自分をいたわるのに役立つかもしれないが、それ以上ではない。後半は合っているが、前半は合っていないのだ。子どもたちは、幼ければ幼いほど、自分が脅かされていると感じやすく、そしてまたいっそう速やかに死の不安が生じる。そのことをピーター・A・リヴァイン〔一九四二年生まれ〕は、著書『トラウマの治療。タイガーの目覚め（*Trauma-Heilung. Das Erwachen des Tigers*）』で、分かりやすい例を挙げて説明している。「一人ぼっちで寒い部屋に置き去りにされるとする。それは赤ん坊にとってかなり確実に恐怖であり、這い這いする幼児にとっては不安であり、一〇歳の子どもにはっらく、若者や大人にとっては、場合によっては、ただいささか不愉快なだけだ。」

子どもが本能的に知っていること

特に、トラウマの受けやすさと、されるがままになっていると感じるレベルとは関係している。それでもやはり、よい情報は重要である。たいていの人は、大事故や強盗のような命を脅かされる体験をしても、何週間か何カ月後には精神的に整理をつけてしまう。彼らは、大まかに分けて二つの違った方法をとる。一つは、記憶を隔離することで、適切な気分転換によって最も具合よく整理に成功する。もう一つは、たびたびそれについて話したり、頭の中でそれについてあれこれ考えるやり方である。子どもたちは、怖かったことをくりかえし絵に描くとか、遊びの中で整理をつける。遊ぶときには攻撃者の役割を引き受ける。——ちょうどマルガレーテ・イェーンが友人のレニを描いたように。イェーンが書いた子ども時代の思い出は、ハインリヒ・ベルが『無人地帯(*Niemands Land*)』のタイトルで出版したテキスト集に入っている。

レニ・ツァプフは十一歳ですでに、爆撃された六つの都市から逃げており、大型爆弾の破壊力を知っている。彼女はあらゆる爆弾のタイプについて、すべての爆裂弾、焼夷弾の種類に精通している。また、爆弾がどの組み合わせでいちばん多く投下されるかも知っている。私は彼女と何時間も「総攻撃」の練習をしなければならない。レニは最高警戒警報のサイレンを鳴らす声を出す。レニは攻撃してくる。彼女が敵の爆撃機部隊になって、私に地獄の熱さを与えると、私は水や砂、シャベル、鋤、斧、鉄梃を使って命を守る。私は敏速に動き、慎重で、決して弱気にならない。ついにレニが警報解除のサイレンを鳴らす。それからようやく、私から目をそらし、顔つきは緊張がほどけ、そして初めて、七つめの都市からもきっと無事に脱出できると信じるのだ。その日の残りは、一緒に別の遊びをすることができた。

ドイツには、ラジオで流す空襲警報をちゃかした子どもの詩があり、人気が高かった。

注意——注意！　おしまい——おしまい！

編隊が牛小屋上空。

戦闘機が豚小屋上空。

明日来るのは煙突掃除屋。


子どもたちは、共同体の中で他の人と一緒に事件をまねして遊べば、危険を一番うまく克服できることを本能的に知っていて、たいていこの方法で心のバランスを回復させていた。

基本的に、トラウマ後に肉体的苦痛が続くと、心的外傷後ストレス障害が疑われる。ストレス障害は現在では世界保健機構ＷＨＯによって認められた疾病である。したがって、診断のもとになる科学的な判断基準がある。ここに、いくつかの典型的な特徴を挙げる。


——精神や肉体に負担をかけて悩ます記憶や夢がくりかえし起きる。

——トラウマとなる事件が、まるでいま新たに発生したかのような感情がいっぱいになって溢れてくるが、それは「フラッシュバック」と呼ばれる。

——トラウマに関連する、すべての考え、感情、会話の内容を、意識的に避ける。

——トラウマに対応する場所、人間、行動の回避。

——記憶喪失。

それに加えて、睡眠障害、神経過敏あるいは怒りの爆発、集中力薄弱、過剰な警戒心と臆病、不安、パニック発作のような症候が持続的にある。

精神状態の傷害のどれか一つではなく、その時々のリストに挙げられた症状がいくつも重なると、トラウマだと指摘される。一覧表の中に存在する診断基準は、過去二〇年間にかなり頻繁に修正されている。また、その体験者の場合には、たった一度の恐怖が問題になっているのか、それともジークムント・フロイトが述べたように、「刺激から身を守る精神的な防御」がいつかあるときに満杯になって溢れてくる、数々の出来事の総計が問題になっているのか、あるいは長年続く暴力、例えば戦争、迫害、もしくは虐待、自身の家族の中での性的虐待による暴行が問題なのかは、はっきりと区別される。

トラウマセラピストは、抑うつ症の場合、中毒あるいはボーダーラインの諸症状を、より詳細にみることを学んできた。なぜならその根底に甚だしい精神的外傷がありうるからだ。その他に、暴力体験の長い連鎖が人格を変えてしまったケースもあることがみえてくる。――ベトナム戦争に参加した帰還兵の場合において、初めて学問的に証明されたように。それには次の特徴がある。

――周囲の人びとに対する、疑い深い、あるいは敵意のある振る舞い。
――社会生活から退く。
――空虚感と絶望感。

――つねに脅かされていると感じる神経過敏。
――離人症。

セラピストには十分な知識があるか

精神的外傷患者の治療には、その治療に精通したセラピストが必要である。これは当然のように聞こえるだろうが、それほど当たり前ではないし、とにかくドイツでは違う。このテーマについての議論は、ドイツでは、アメリカ合衆国と比較すると一〇年から一五年遅れている。健康保険組合に受け入れられる二つの治療法は――行動心理学と深層心理学に基づくものだが――自動的に役立つわけではない。治療によって増悪する場合もある。トラウマの専門家、ビーレフェルトのルイーゼ・レッデマンは、私がＷＤＲの番組でインタビューした相手だが、しかるべき職業教育を受けていると立証できる心理療法士にだけ心中を打ち明けなさいと患者に助言している。

昔ながらの方法では、バランスをもたらそうという配慮がほとんどありません、とレッデマンは言う。「いつもこの恐ろしいことにばかり関わっていてはいけません。なにか嬉しいこともあったのではないか、あるいは、少なくともこれからは自分の人生へ喜びを呼びこめるのではないか、とみつめてみるのです。そうしないと、ますます大きな絶望感が忍び込んできます。」

明らかに患者に対する慎重さや配慮が欠けているのだ。トラウマ治療において、ドイツの最も有名なセラピスト養成者レッデマンは、セラピストの世界に存在する、唖然とするほど無頓着な人たちについて書いている。彼らはトラウマについて詳しい知識がなく、にもかかわらず、自分はモットーに従って正しいことをしている、と信じているのだ。そのモットーとは、それを話題にするのがよい、である。ルイーゼ・レッデマンは付け加える。「これは間違いです。ここでは地雷を問題にしているのです。その地雷を持ち上げるつもりであれば、特別な知識が必要ですし、「知識が足りないなら」その道の専門家に委託します。」ことに遠い昔の子ども時代の恐怖が問題になるときは、そうだという。さもないと抑うつ症が治るどころかひどくなったり、患者がいっそうおびえたり混乱が増すことになるかもしれない。

「こういうふうになると、患者にとってなにか良くないことが進行中だと、推測できるはずです」とレッデマンは語り、このような状況で、そもそも自分の専門家としての力量でこの問題を解決できるのかと自問する代わりに、治療時間を増やそうとするようなセラピストにはかからないようにと、強く警告している。心理治療中は、男性・女性患者を専門知識を持つ責任のあるパートナーとみなす、という合意が、トラウマ専門家の間では支配的である。患者は、自分を悩ませている体験と取り組むのに十分なほど安定したときになって初めて、問題に携わるべきである。彼らは自分たちの感情を持続してコントロールすることを学ばねばならない。逆進、つまり、子どもっぽい気持の世界に後退するのは望ましくない。

ルイーゼ・レッデマンは、その著書『想像力は治癒力（*Imagination als heilsame Kraft*）』の中で、トラウマの犠牲者のための安定化トレーニングのすべてを提供していて、これらは、根本的にストレスに満ちた生活状況の中で生きていく助けになるかもしれない。簡単な道とか、唯一の正しいトラウマ治療法などは存在しない。それをかなえるには、心の損傷の後遺症はあまりにも複雑なのである。その代わりに治療方法は多様で、一部では、脳研究の器具を使って検査が行われることもあり、この多様な治療には全幅の信頼が寄せられている。過去二〇年間において、人間科学と自然科学の間に実りの多い連携が広がり、この連携によって、すでに今日ではトラウマの治癒見込みが非常に高まっている。

陽電子放射断層撮影――短く言えばＰＥＴ《ペット》――のように画像を送る現代的な方法のおかげで、神経生物学者は、頭蓋冠を開けずに脳の内部を覗き見ることができる。こうして、色々な思いがどんなふうに頭の中をよぎるかを見ることが可能になった。現在では知られていることだが、脳は成長段階の終わりに完成されるのではない――ベルトコンベヤー上で生産され、その後はただ古くなるだけで信頼されなくなる自動車とはちがう。脳は可塑性があり、発達の可能性があり、したがって学習能力もある。

人間が体験すること、周囲の世界や社会との関係や経験、そして人間がそれらをどう評価するか、すべてについて脳の中にその痕跡がみつかる。アメリカの神経学者アントニオ・Ｒ・ダマシオは、何かを写し取る、あるいは何かを表現することを脳の能力と呼んだ。神経細胞は、体内のどこか別の場所で起きている状態や出来事を示す。あるいは体外で起きている出来事を人間が知覚して取り込んだものを示す。結論は、体験が脳を形成する、ということだ。もし長期記憶の中に色々な思いが沈澱しているとすれば、思いは測定可能なシナプス［神経単位相互間の接合部］を拡大させ——このシナプスを通じて、二つの神経細胞は情報を交換する。このように、例えば点字の習得は、脳内での変化として検出されるのである。

言葉の喪失

私たちの脳の最大の機能は情報処理である。何十億の、いわゆる感覚データが毎日私たちめがけてなだれ込んでくる。意識的に登録され、記憶装置に蓄えられるのは、そのうちのごくわずかな取り分のみなので、脳内で優先順位のフィルターにかけられねばならない。分類や選択は、重要度に応じた様々な階層で行われる。ペット検査は、トラウマとなるような極限状況の下で受け取られた情報が、通常の「日常的情報」とは別様に、記憶装置に蓄積されることを示した。研究の結果では、極度のストレスの下で受け取られた情報は、処理システムの途中で完全につかえて、動けなくなっているらしい。

患者は多くの場合、自分の身に降りかかったことを表現する言葉を持たない。彼らが思い出せるのは断片である。彼らの心には映像がいくつも浮かび、様々なにおいや音が圧倒的な感情と結びついて現れ、それを私たちは大雑把に幻覚と呼ぶ。実はその場合に問題なのは、トラウマに悩む人たちに典型的な、特定の刺激によって引き起こされるフラッシュバック症状である。まさに患者は記憶の断片の洪水に見舞われ、過去と現在の区別ももうできない。

断層写真を撮る方法での検査は次のことを明らかにした。フラッシュバックが起こっている間は、基本的に脳の右半分が活動している。特にそれは、感情的な情報を処理するのに重要な領域に当てはまる。それに対して左側の、体験を言葉で表出する機能をつかさどるブローカ野周辺では、活動が弱い。重いトラウマを負っている場合には、脳の左右双方の重要な機能を果たす領域が、十分に結びつかなくなってしまっている。

つまり、患者が心に溢れかえってきたものを言葉で表現できず、よくみられるように、ただびくびく震えながら辛抱することしかできない理由について、科学的な証明が存在するということだ。

これはまた、なぜあれほど多くの患者が、当分は情報伝達経路を介して言葉に到達できないのかということの根拠であり、そして、なぜあの軽率な「それを話題にする」という良い治療法だと考えられていた面談が、トラウマ的状況を悪化させる場合があるのかの根拠でもある。向かい合っている間に、新たなフラッシュバックを呼び起こせるからだ。

加えて、なぜドイツ文学には、空襲について子どもの視点から描いたものがこれほど少ないのか、その説明にもなるだろう。もしかすると沈黙の理由は、ホロコーストの犠牲者を考慮すれば自分たちの苦しみを顧みることは許されないという恥ずかしさではなくて、むしろ言葉を失ってしまったせいかもしれない。

「現在トラウマ研究で分かっていることは、あの恐怖に立ち向かい、記憶を綴る言葉をみつけ、忘却の中に埋もれている恐怖を探し出すには、四〇年、五〇年の歳月が必要だということです。自分のアイデンティティーがほとんどすべて破壊されてしまったとも言えるのです。外から見える傷はありません。ただたまたま死を免れただけです。たまたま生き延びただけだということは、子どものときも分かっていました」とディーター・フォルテ〔劇作家・小説家（一九三五年生まれ）〕はある対談で述べた。この対談をフォルカー・ハーゲ〔ジャーナリスト・作家（一九四九年生まれ）〕が自分の著書『破滅の証人たち（*Zeugen der Zerstörung*）』で公表している。

フォルテもまた自分の戦争記憶に向き合えるようになるまで、数十年を要していた。九〇年代に彼の長編小説『血まみれの靴を履いた少年』が刊行された。ただし執筆は精神的な処理の一形式というわけではなかった。フォルテは言った。「決して解放されません。そこから逃れることはありません。そして誰もが分かっています。それは頭の中に居座っているのです。」

フォルテが長編小説を書くためのノートを作っていたときではなく、執筆中に、物語を書いているときに初めて、詳細な、まとまりのある記憶が戻ってきた。しかも群れをなして。フォルテは自分の体験を堤防決壊になぞらえて描いている。「突然すべてがまたそこにありました、子どものときに体験して、自分の中に閉じ込めていたこと全部が。ぱっくりと口が開き、そこに存在し、肉体をしっかりとつかみました。そのとき私もまた虚脱状態になりました。いつ私が記憶の引き出しを壊したか、この小説から詳しく読みとることができます。」

ここで初めて私は、対談の最初にフォルテが言った言葉を理解した。「空爆は、人生において一度は記述できます、でも、そのあとはもう二度とできません。」

第十一章　重度の感情麻痺

爆撃のあと

熱い、暗い、昼間だ、夜だ、燃えるように熱い、肌が焼ける、髪の毛が抜け落ちる、白くて乾いた髪の束、肺が焼ける、息をすると胸が痛い、空気は乾ききった砂嵐、それはヒューヒューと大きな音をたてながら通りをぬけていく。砂塵の中で立ち尽くす、世界は消滅した、空は黒ずんだ紫色、建物のファサードの後ろは火事だ、もうもうたる煙、ファサードが倒壊する、火事の噴煙が高く燃え上がる。あそこにあった大通りはもうない、街路名表示板もない、交通信号もない、あるのは瓦礫の山。数秒前にはまだ存在していた世界は、イメージが記憶に残っているだけ。

人びとは火の中に走り込んで、色々な要らないものを救い出す、人びとはスローモーション映像のように動く、四方八方へ集団になって這っていく、遮蔽物を探し、突然また走り出す、別の者は汚物の中に突っ込む、人びとは列をなし、崩れ落ちていくファサードをよけて通りの中央を行く、石、窓枠、子ども用ベッド、洋服箪笥を越えてよろめき歩く。ぼんやりしか見えない人影、生きている人間が灰色の塵でできた柱のようにこわばって立ちつくしている、全く動かない、彼らは混沌とした世界を見た、実際のところ彼らはもう生きていない、彼らの命はやがて尽きるだろう、かつてどうであったかを彼らは決して話すことはできないだろう、死が彼らの中にいる。

これは、ディーター・フォルテの薄いブックレット『沈黙か語りか（*Schweigen oder Sprechen*）』からの引用である。彼のテキスト『爆撃のあと（*Nach dem Bombenangriff*）』の終わりに、次のような個人的告白が書かれている。

私は六歳で、七歳で、八歳で、九歳で、一〇歳でこれを目撃し、体験し、ほとんど窒息せんばかりだった。そして今も毎晩、死を免れたのは全く偶然であったと再認している。

哲学者ハンナ・アーレントは、早期亡命に成功してホロコーストを生き延び、戦争終結の五年後に荒廃したドイツ全土を旅してまわった。旅行報告が書かれ、それ以来この報告書からはたびたび引用がなされてきた。彼女は諸都市の住民ついて、精神を持たない人の形をしたもの、影法師、あるいはロボットのようだと書いている。

破壊や恐怖によって引き起こされたこの悪夢を、これほどひしひしと感じられる場所はドイツ以外にないし、悪夢についてほとんど語られることのない場所も、ドイツ以外にはどこにもない。どこへ行っても、起きたことに対して無反応なので奇異な感じを受ける。問題は、彼らが何らかの理由があって意図的に嘆き悲しむのを拒否しているのか、それとも感じる力を実際に失ってしまったのか、であるが、これを言うのは難しい。ドイツ人たちは廃墟の真っただ中で、今はもう完全に失われてしまった教会や市場、公共の建物や橋などの絵葉書をお互いに書き合っている。瓦礫の山の間を動いている彼らの、何もかもどうでもいいという態度と、誰も死者を悼んでいないこととは、ぴったり一致している。その態度は、彼らが仲間内にいる避難民の運命に対して、無感動という反応を示す、あるいはむしろ全く反応を示さないことに映し出されている。一般にみられるこの感情の欠如、時には安っぽい涙もろさによって隠されている場合もあるが、いずれにせよこの明らかな非情さは、実際に起きたことに立ち向かう、または受け入れることを、頑なに、時には残忍な態度で心の底から拒否するという、非常に目立つ外見上の症状にすぎない。

ハンナ・アーレントはドイツ人たちの無関心に対して、憤激と驚愕を記した。彼女は自分の国が崩壊したことが否認されているのをみてとったし、国家社会主義者たちが行ったとてつもない犯罪が否認されているのもみてとった。この哲学者にとって、ドイツ人が明らかに自分たちだけを犠牲者だという目で見ていたことは、非常につらかったに違いない。ハンナ・アーレントがかつての大学の同僚との対話で、あれほどの死と暴力と悲惨をヨーロッパ中にもたらしたヒトラーのドイツが行った犯罪について触れたとき、——誰からも罪の告白に類する言葉を聞かなかったという結果になり、それは彼女にとって「苦しみのバランスシートは合っている」というのと同じ意味だった。彼女が非難のこもった悲痛な語り口で記録した印象は、跡づけることができる。

五〇年以上の歳月を隔て、現在では状況は全く変わった。清算されてはいないが、ナチスの過去が広範に徹底的に調査され、責任感あるメディアは当時のドイツの罪を、昔同様今もテーマとして取り上げている。今日では、アーレントの考察をいくらか違ったやり方で解釈することが可能であり、またそれが必要でもある、と私は思っている。

慎重な配慮を要する歩み

一人のドイツ女性にとってこのような歩みは、いまだに慎重な配慮を要するものだと私は自覚している。私は、ドイツの犠牲者賛美とつながる右寄りの政治スペクトルに奉仕していると責められるかもしれない。おそらく他のテーマなら、これほど多くの相対立する態度、経験、非難、哀願、誤解が広まることはない。またナチによる犠牲者の古傷を暴く危険を冒すことにもなる。

しかし事実は、ハンナ・アーレントが終戦後のドイツ人たちの特徴を描く際に、心的外傷後ストレス障害について書かれた現在の教科書にみられるのと類似の概念を選びとった、ということである。彼女はトラウマを受けて茫然自失した国を記述した。彼女が見たことはすべてその通りだ。ただ一つ、国民があの時点ですでに、あのときにしたのとは異なる行為を選べたはずだというのは、おそらく事実ではないだろう。トラウマ研究に基づいて今ではよく知られていることだが、人間は生活環境が正常に戻ったとき初めて、精神的な損傷を克服するチャンスを持つのである。一九五〇年は、まだそんな場合ではなかった。ハンナ・アーレント自身、そのことを明確に記している。今日の視点に立てば、多くの人びとは追い立てられて——彼らに匹敵するのは、病的欲求の専門家によって、重度の仕事中毒、あるいは覚せい剤に依存するジャンキーと呼ばれる人たちだろう。

労働条件とは無関係にできるだけ優れた製品を作るという昔の美徳は、絶え間なく働けという見境のない強制に、一日じゅう休みなく何かに取り組めという貪婪《どんらん》な要求に取って代わられた。千年に及ぶ歴史の廃墟をよろめき歩き、破壊されたシンボルに対しては、肩をすくめるくらいの余力しかなく、あるいは、その他の全世界の念頭から離れないあの恐ろしい行為を思い出させられれば感情を害する、ドイツ人はそんなふうにみられ、多忙は現実に抵抗する際の主要兵器になったのだ、と理解された。しかしみんな悲鳴を上げたいのだ、そんなことはすべて実際とはちがうのだから——実際には廃墟があり、実際には過ぎ去った戦慄すべき事件があり、実際にはあなたたちが忘れてしまった死者がいる。それなのに見解を求められたドイツの人びとは、生きながらの幽霊で、言葉や論証や人間らしいまなざしや人間らしい心の悲しみに出会っても、全く心を動かされることがない。

「私たちはみな、おそらく麻痺させられていたのです」と、あるとき一人の男が言うのを私は耳にした。彼がこの言葉で言おうとしたのは、空爆を受け、逃げまどい、低空飛行する飛行機からの射撃に耐えた子どもたちの心の状態のことであり、また終戦後初期に支配的であった雰囲気のことでもある。とてつもない感情麻痺が全土を覆い、この感情麻痺から完全に抜け出せたのは、おそらくほんとうにわずかな人たちだったろう。周囲にいる大人が「完全には正気ではなかった」としたら、それは子どもにどのような作用を及ぼしただろうか。

ペーター・ハインルは『黄金虫よ飛んでいけ、おまえの父さん出征中』の中で、戦争と父親不在との関連をこう書いている。「何百万人もの父親が戦争で命を落としたことだけに問題があるのではない。それと比肩しうる重大な問題は、心情的に父親がいないことだ。なぜなら、父親が戦争や捕虜生活を肉体的に生き延びたとしても、心に受けたトラウマのせいで、父親らしい判断能力に大きな損傷を受け、その結果、子どもにふさわしい生き生きした父親の役割を果たすことなど話にもならなくなったからである。」

「お薬」の宣伝

茫然自失した国はどれほど多くの中毒患者を生み出したか？ それについて、戦争の長期にわたる後遺症との関係では、まだほとんど考察されていない。私は六〇年代初期の自分の記憶や、他の多くの報告から、家庭医が患者の大部分に薬を服用させ、たちまち彼らをその薬物に依存させてしまうのは、特別なケースではなかったことを知っている。多くのコーヒーの会［女性の定期的な茶話グループ］では、「あのお医者さま」が推薦され、彼の様々な「お薬」が称賛され、まだ決心のつかない人たちには、薬の鎮静効果や興奮させる効果について啓蒙が行われた。

錠剤の形をした合法ドラッグの無頓着な取り扱いは、連邦共和国内で広まっていただけでなく、他の多くの国々でも同様であった。これは「使用原因についての論戦」に賛成でも反対でもない話だ。しかし反論の余地のないことが一つある。ドラッグは苦しみを紛らすのだ。本来なら人間がつらい過去を見直したり、哀悼するときに必要なものとは、全く逆なのである。ようやく七〇年代になってから、薬物依存はアルコール依存と同様に由々しいことだという認識が一般に定着した。

六〇代の終わりの男性カール・ヴォルタース*は、これについてとても多くの知識がある。彼はアルコールも錠剤も扱いなれている。すでに長年にわたり両方を徹底的に断っているにもかかわらず、常用癖は自分のアイデンティティーの一部として認知するほど強く刻みこまれており、そのために今でも定期的に自助グループに参加している。

カールは予定より早く、六一歳で退職し、退職は彼に大きな安らぎをもたらした。彼はラジオ放送の編集局員であるが、きちんとした公共放送に勤務し、言わば公務員も同然で、たいした野心はなかった。政治と経済が彼のテーマで、両分野とも大学で専攻していた。ひょっとすると仕事の上でもっと多くのことができたかもしれないけれど、大きな公共機関の堅い組織は、新しい課題に敢然と立ち向かうことを躊躇する自分には合っていました、と彼は言っている。

彼は十分な給与を得て、職人的な手堅い仕事をした。仕事仲間の間では目立たず、決してマイクの前には立たなかった。原稿を読むのは専門のアナウンサーに任せていた。

若者だった頃、彼にも色々な夢があった。まだ学校へ行っていたときは哲学者になりたかった。

後には有名なジャーナリストになり、できればテレビで働くつもりだった。希望する新しい職業につくには、大学で哲学を学ぶのは有利だと思えなかったので、経済学と政治学に決めた。

しかしなによりもまず——大学時代にますます明確になってきたことなのだが——警世の放送を手段として、社会を変革しようと思った。彼は一九三四年生まれで、六八年の学生運動には、年齢的にあまりふさわしくなかった。当時は大学での勉学を中断していたのだが、ティーチ・イン〔大学内で行われる討論集会〕に出て自分を取り戻し、座り込みストライキに参加した。同年輩の者たちが二つめ三つめのキャリアを目指して進む準備をしていたのに対して、彼が相変わらず大学生のままであったのは、市民としての生活の基礎づくりを急いでいなかったためである。あるラジオ局で気軽にバイトしてみると、ゼミで行われていることよりはるかに興味深く、こんなふうになんとなく大学で時を過ごしているうちに、ついに自分よりずっと若い人たちに追い越されてしまったことに気がついた。

こういうことすべてをカール・ヴォルタースは、私と個人的に会う前に、すでに電話で話してくれていた。私たちのコンタクトは最初から問題がなかった。このテーマに取り組むに当たって、ラジオという共通経験があったからだ。彼はとりとめなく、生き生きと話し、そして——年配の紳士の場合には本来想像できないことだが、——驚くほど率直だった。彼と知り合ったのは、戦中と終戦直後の子どもたちについてのラジオ放送のあとで、私に手紙をくれたからだ。

インタビューの間じゅうヴォルタースは大量に煙草を吸った。対話の内容に関して言えば、戦争のことはほとんど話題にならず、中毒の発病と、酒とドラッグをやめたちょうどそのときに初めて生じた不安について、多くのことを話してくれた。

爆撃の間は指で耳に栓をして

戦争中に子どもだったことが不安の原因だと、彼はみているのだろうか？　カールはそうだとも違うとも言わなかった。自分が抱える問題を昔の生活状況のせいだとするのは、本来彼のやり方ではない。彼は自分を「何かによる」犠牲者とはみていないのかもしれない。やがて彼は、自分を無力だと感じ、もうこれ以上自分のことを自分で決定できないと思った。自分についてむしろ彼はこう言いたいのだ。「私はとても気の小さいタイプなんです。子ども時代に、地下室にいたときからすでにそうでした。爆撃の間じゅういつも指で耳に栓をしていたものです。」

他の子どもたちはひっきりなしの空襲にも、明らかにたいした影響を受けていないようだったと彼は思っている。少なくとも同年齢ぐらいの人たちと出会える自助グループでは、それについては語られないも同然だと言う。戦時に子どもだったことと中毒との関連ですが、関連があるとしたら、実際もっとたびたびグループの中でテーマになるはずですし、または……、と。

カールはルール地帯で生まれた。すでに第一次大戦に従軍した父親は、ドイツ国営鉄道［一九二〇～四五年に存在したドイツの国鉄］に勤務していた。ポーランド出兵のときに参加しただけで、以後は元の仕事場に戻ることができた。恵まれた状況で、つまり父親はほとんど戦争の間じゅう家族とともにいたのである。幼いカールは鉄道用築堤のそばで成長し、そこは二つの鉄道路線が通る――つまり非常に交通量の多い地域だったと彼は記憶している。彼には妹がいて、彼の言葉によれば、自分よりずっと注意深い子で、当時、たくさんの超満員の列車に関心を持っていた。終戦後、あれは追放される人たちを乗せた貨車で、東の方にある強制収容所に運ばれていったのだと妹は知ったという。

一九四二年、彼の住む町でかなりひどい爆撃が始まった。直線距離にして五キロ離れた場所に軍需工場があった。その近くには大きな高射砲台が置かれていて、観測用の軍用繋留気球がたくさん浮かんでいた――と彼は当時の周辺地域について述べた。終戦近くなると、猛烈な爆撃が行われ一年半続いた。夜はイギリス兵、昼間はアメリカ兵だ。少年たちみんながやっていることを、彼もやった。爆弾の破片を集めていたし、できるだけ多くの敵機が撃ち落とされることを望んでいた。あるとき、そう遠くない場所にアメリカ機が墜落した。彼は走って行き、焼けて炭化しているパイロットを見て歓声を上げたという。「そういうことは、仕方なかったのですよ」と彼は今、付け加えた。

明らかに自分の子ども時代は普通ではなかった、と彼が初めて自覚したのは、自身がとっくに父親になり、息子が一三歳のときである。休暇をイタリアで過ごしていて、駐車場で泥棒たちのうまい策略にかかり、家族が車の外へおびき出されたことがあった。そのあと貴重品はすべて消えていた。それは息子にとって決定的なひどい体験だった、基本的な安全が、なんとたやすく若い人の心にショックを与えることかと、父親である自分は驚いたという。そんなことがあって、やはり自分の子ども時代には、安全性への信頼に関して、何か度を超えた大変なことがあったに違いない、という思いが彼の心に浮かんだ。

カール・ヴォルタースは対談の間に総括している。一九五五年にアビトゥーアをとったあと、彼はハンブルクに引っ越した。振り返ってみると、この頃が彼にとって最良の年月だったという。放送局のアルバイトでは、大学生のカールは価値を認められ、金も入った。これは報酬のよい時間交代制勤務の、ポジティブな面であった。「ネガティブな面をいえば、そこでは大酒を食らっていました。でもそれについて当時私は何も考えていませんでした。」

婚約者もいた。夢に見るような素晴らしい女性で、絵のように美しい教授令嬢だった、と彼は言う。彼女の家族には、ほとんど息子のように受け入れられていた。しかしやがて、年齢からみて明らかにとっくに期限が過ぎているのに、彼が相変わらず修了試験のことを考えないので、将来の義理の両親は心配し始めた。ところがカール自身は、自分が目標を見失って過度の飲酒を重ねていることを、きちんと理解していなかった。彼は振り返って言った。「三〇歳のときに私は何もかもコントロールが利かなくなりました。すると婚約者の父は私を脇へ連れて行って言いました。「きみは今からここを出て、大学の修了試験を受け、自分の人生を秩序ある状態にしなさい。」」

教授の言うことは正しい、とカールは納得し、そして恥ずかしく思った。彼は逃げるようにハンブルクを去った。二カ月分の家賃を納める義務が残った。ゲッティンゲンで彼は独力で、新たに大学で勉学を再開した。しかし相変わらず大酒飲みであった。放送局を退職して飲まずにはいられなかった。明らかに、良い時代は終わってしまったのである。

すでにハンブルクで、彼は説明のつかない不安感に悩まされることがよくあって、何がなんでも不安に打ち勝とうと酒を飲み始め、それで上手くいっていた。だが今一人でゲッティンゲンにいると、不安は強くなった。一九六七年のある夜のこと、居酒屋を出たちょうどそのとき、強烈なパニック発作に襲われ、「ぼくは死ぬな」と思ったほどだった。「突然、精神錯乱状態になったのです。」不安は彼をがっしりと捕まえ、もう離さなかった。「私は心筋梗塞を考えて、すぐに病院に行きました。ところがそこでは、連中は何も突き止められませんでした。」

ではどうするか。彼は三〇代の初めで、ハンブルクに婚約者がいて、週末には彼女を訪問し、ようやく、自分の人生で何かをなそうとしていたところだったのに。彼はそれを目指す行動をしなかった。神経科医のもとへ行き、昼間はずっとヴァリウム〔抗不安薬〕、リブリウム〔精神安定剤〕、アドゥムブラン〔抗不安薬〕を飲んだ。そして毎晩アルコールを体内に流し込んだ。それでも彼は大学修了試験に合格した。――酒を浴びるように飲み、さらに薬物に依存して過ごした何年かのうちで、これが最高の良い報告であった。結局、婚約も破談となってしまった。

死の不安を鎮める錠剤

それから彼は考えた。「自分の人生をきちんとした軌道に乗せるように努めよう。そうすればもう何も起こらないだろう。外枠がうまくいっていなければいけない。大学を修了し、定職に就き、家庭の基礎を築くことだ。」そしてまさにその通りのことが行われた。彼はルール地帯に戻り、放送局の編集局員になり、妻と出会って、一人息子の父親になった。何年も過ぎた後に、彼は、溺れずに身を保てる程度に、アルコールと錠剤を摂取することを試みた。彼の体がそれを要求したのだ。毎朝、震えを抑え、とにかく一日を始められるように、死の不安を鎮める錠剤を飲まなければならなかった。医師の指示に興味はなかった。自分にとってはどの時点でどのくらいが適量で、正しい服用であるかについて、自分なりの考えがあった。このやり方で、彼は頑張り通し、仕事に出かけ、家族を養った。しかしつねに転落が忍び寄っているように思われた。変なやつだと思われる。スキャンダル。多くの中毒患者と同様、彼はつらい二重生活を送った。記憶に穴があいて突然思い出せない、嘘、言い逃れ、気まずい思い、許しを請うこと。

ある日ひどい発作に落ちこんだあとで、妻は子どもを連れて実家に戻ってしまいました、とカールは報告する。結婚生活は、三年経って、すでにある程度終わりかけていたのだ。また放送局の上司も、彼が自分の薬物中毒に対してどうしても何らかの対策をたてる必要があると主張した。「入院、療養、セラピー、なんでもいいから……。」

奇跡が起こった。カール・ヴォルタースはアルコールを抜いた。それは一九七六年のことだ。しかし錠剤は相変わらずふんだんに飲んでいた。彼がここでも降伏して、自分の意志で薬剤から抜け出すまで、四年かかった。

ついに今ではすべてがうまい具合に行ったかのようだった。その最初のきざしはいくつかあった。彼は再婚した（この結婚は現在まで続いている）。二度目の結婚でも父親になった。編集局では長い年月を経て、再び頼りになる同僚とみなされるようになった。

しかしカールのパニックは、治りきっていなかった。彼は言う。「その逆に、常用していた薬剤をもう飲まなくなったとき、発作はいっそうひどくなりました。死の恐怖です。主治医たちは、狭心症ノイローゼによる自律神経失調症について話をしてくれました。でも、どんな言葉も役に立ちません。それからセラピーも受けました。セラピストたちとはきっぱり縁を切りましたよ！　実際に何も役に立たず、誰も助けてくれませんでしたね。」その他に彼は、［自助］グループの中でくりかえし自分の状況を話せたこと、そこでよく似た苦痛を抱えている人たちと出会ったことを付け加えた。このグループの中では、時が経つうちに実際の心臓機能不全や、呼吸困難に至った自分の「不安に対する不安感」を語ったときも、理解できないと首を横に振る人は誰もいなかった。

彼は喫煙を禁じられていたが、はいはい、分かってますよ、でも欲しい、自分にはニコチンが必要なのだ、と思っている。

カールは自分のパニックを、別の点で、変な特徴のある「途方もない障害」だと感じている。例えば電車で都心へ買い物に出かけるのが不安だった。歩いていく自信もほとんどない。何かよくないことが起こるのではないかという不安に対する不安感。何だろう？　何もはっきりしたことはない、と彼は認める。ただパニックとその間に起こる呼吸困難だけ。奇妙なことに、車の中では安全だと感じ、自転車に乗っていてもそうだという。それに対して電車に乗るのは困難なようだ。

本来、彼は年金生活者になったら、もう一度大学に行きたいと思っていた。今回は自分の好きな分野、哲学を学ぼうというのだ。修士号を獲得する計画さえあった。しかしそのプランはとうの昔に再び放棄されていた。大学に行くためには、電車で隣町へ行く必要があった。しかし試し登校で分かったことは、できない、だった——彼は汗をだらだら流しながら到着した。最初彼は、替えの下着を持参すれば、問題は解決すると考えた。しかし彼を執拗に苦しめるのは汗ではなく、自分の命が危ないという気持ちだったのだ。

さらにまた飛行機に乗ると起きる突然の激しい不安を知り、そのために、休暇で遠く離れた外国旅行をするのは、問題外になってしまった。飛行機に乗ると、電車と同じく、されるがままになっていると感じるのだ。いつか「僕の精神的関心のゆりかご」ギリシャへと、どれほど旅行したいことだろう。彼は敢えてやる勇気がない。不安が強くなるのだ。

障害とともに生きる

彼が最後に、ためしにセラピーを受けてみた折に、ついに自分の子ども時代と向き合うきっかけを与えられた。ひょっとすると、戦争体験の中に、自分の障害の説明となるものを発見するのではないか、ということだった。現在カールは、これが間違った助言であって、だからもう絶対にセラピストをよく言うことはできないと思っている。彼は語った。「私はそれから、思い出を書き留め始めたのです。ところが自分が戦争と取り組めば取り組むほど、ますます多くの、気が狂うのではないかというほどの不安が湧き出てきました。これ以上続ければ、バルコニーから飛び降りてしまう、と私は思いました。」

目標を定めたトラウマ治療はお断りする、というのが彼の結論である。彼はこれ以上のリスクを冒すつもりはない。不安、呼吸困難、すべての制限と共生することを、今ではある程度学びましたと彼は言う。現状ではこれ以上触れない方がよい、むしろ慣れ親しんだ障害とともに生きるのだと。

第一二章　「年をとればきっと幸せになる」

二つの子ども時代――ハンノとカスパル

子どもが両親から遺産として受け継ぐのは、財産や負債だけではない、精神的な重荷も受け継がれるということは、家庭を描く長編小説ではつねにくりかえし扱われるモチーフであり、例えば『ブッデンブローク家の人びと（*Die Buddenbrooks*）』[トーマス・マン作、一九〇一年］がそうである。トーマス・ブッデンブロークは、長い伝統ある商会の没落をもはや押しとどめることができないと悟ったとき、気持ちは沈み、同時に幼い息子に不可能なことを求める。繊細で病弱な、とびぬけた音楽の才能に恵まれたハンノは、将来、バイタリティーに溢れた、大きな成功をおさめる商人になるよう要求されるのだ。ある日、ハンノは社交上の儀礼的な訪問をする父親の伴をするが、体裁をきちんと保持するために、どれほどとてつもないエネルギーが消費されているかを見抜いた。

彼は、父がすべての人に自信に満ちた愛嬌をふりまくのを見ただけでなく、――奇妙な、苛まれるような鋭いまなざしで、その愛嬌が何と恐ろしく無理をして作り出されているかを、父が訪問先を辞するたびにますます口数が減り、青ざめて、瞼が赤らんでしまった目を閉じて、馬車の隅にもたれる様子を見た。そして次の屋敷の敷居を跨いだ途端に、まさしくこの疲れ果てた顔に仮面が被さり、まさしくこの疲れ果てた肉体の動きに、突然に滑らかさが新たに現れるのを見て、ハンノは心の底から驚愕した。

そのことからハンノは、父が支払っている対価を非常に正確に感じとったし、またこの大人が感じるいつまでも続く極度の疲労感は、その子どもに受け継がれるのだ。ハンノは父の跡を継ぐことを無言で拒むが、それでも自分は家族の伝統から逃れることはできないと分かっている。ハンノの肉体は重圧に耐えきれない。少年はチフスで死ぬが、それは――トーマス・マンが表現したように――「生の呼び声」が、ハンノに*聞こえるほど十分に大きくなかったからだ。

それに対して、カスパル・カンペンの話は全く異なる。両者の子ども時代には、何も類似点が見いだせないにもかかわらず、カスパルの話をよりによってハンノ・ブッデンブロークとともにここに紹介するのは、パラドックスであると思われるかもしれない。私たちがこの章の最後でもう一度この二人の話に戻ってくるとき、その意味が明らかになるだろう。ハンノとは違って、カスパルは一九七〇年、愛情に満ちた家庭に生まれた。彼は大事な子どもで、すばらしい「小さい王子さま」、同じような出自で同年齢グループの一人っ子が普通そうであるように、心をこめて育てられた。カスパルは自分の両親はきちんとした人だと思っている。大都会の中産階級で――父は科学者、母は大学の講師――寛容で、政治や現代芸術に関心があり、両親ともに七〇年代の教育改革運動に影響を受け、息子はそんな中へ生まれてきた。

現在カスパルは三二歳、職業はオペラ座のテノール歌手である。彼は舞台で悲劇的な役を歌うが、プライベートではよく笑う。そんなときに特に彼を面白がらせるのは、母親の特殊な欠点の思い出であった。あれはぼくの子ども時代の典型的な体験で、思い出せる唯一の欠点だと彼は言う。「うちには、全然、ほんとうに全然、焼きたてのパンっていうものがなかったね。母は焼きたてのパンをいつもちゃんと買っておいていた、でもそれを食べるのは、古いやつを食べ終わってからなんだ。だからぼくたちが新しいのを食べるときには、それもまた、もう焼き立てじゃなくなってる、っていうわけ……。」

両親は折にふれて、戦争について、飢えについて、ルール地帯を襲った爆撃について、彼に話して聞かせた。この爆撃のために父が毎晩地下室で過ごさなければならなかったことや、その母［父方の祖母」は当時まだ八歳だった父を、遠く離れた安全なベーメンに疎開させたことまで。カスパルの母は、六歳のとき、シュレージエンからの避難を体験した。「母はぼくに、人形を置いていかなければならなかったことを話してくれました」と息子は記憶をたどる。「そのときぼくは、小さかったぼくは、ほんとうに胸が痛くなりました。」

舞台を愛する息子

自分は幸せな子ども時代を過ごした、とカスパルはきっぱりと言う。とりたてて言うほどの問題はなかったし、成長期にも問題はなかった。芝居好きは両親譲りだ。彼は最初俳優志望だった。ヴォルフガングとギーゼラ・カンペン夫妻*は彼の希望する職業に賛成だった。息子の才能と美しい声に、両親はすでに早くから気づいていた。少年時代の彼は、小さな音楽の会に出て歌うのが好きだったし、家族の友人を前にして歌うのも好きだった。友人たちは心から感動して、鼻高々の両親に向かい、カスパルの素晴らしさは誰の遺伝かと尋ねたが、両親にも分からなかった。

父と母の行動は、息子とは全く違った。いつも目立たないでいること、それが両親にはいちばん好ましかった。自分たちの誕生日のときでさえ、なんとなく気まずそうに見えた。注目の的になるだけでつらいのだ。公衆の面前に出るなんてとんでもない。しかしつねに避けて通るわけにもいかなかった。年に二回、ギーゼラ・カンペンは出版社の代表者会議で、新刊書のプレゼンテーションをしなければならなかった。そのたびに、彼女は緊張のあまり、事前に気分が悪くなった。

ときおり父ヴォルフガングが専門分野の講演をしなければならないこともあった。すると彼は、この重大な行事の三日も前から、期待された成果が上げられないのではと恐れ、大変な努力をしてこの不安をなんとかコントロールするのだ。長い職業生活の間ずっとそうだった。同僚から高く評価されても、心から受け入れることができなかった。自己評価はあまりに低く、拍手喝采や賞賛は、彼の糧にはならなかった。自分の業績も他人からの評価も信じられなかった。

その反対に、最終的には音楽大学で声楽を学んだカスパルは、舞台と拍手を愛した。すでに大学生のときから、小さいプライベートシアターで、無償で色々な役を演じた。さらにコミカルな才能もあったので、テレビの制作会社でちょっと出演しては、生活費を稼いだ。とにかくすべてに成功したし、自分のすべてに自信があった。二三歳で彼は結婚した。

二六歳のとき、彼は大きな危機に陥った。もうもとの自分ではなくなってしまった——疲労困憊して、虚しさにとらわれ、抑うつ状態、不安、絶望がいつも付いてまわった。彼はもう二度と歌えなかった。

「そのとき突然、ぼくの性格のすべてが崩壊しました。」冷静に、そして当然のことのように、カスパルは自分の人生を揺るがした大きなショックについて語った。「うまく処理することができなかったあの頃、そのショックはとにかく何の意味もありませんでした。ぼく個人としては、それが全く何もないところから生じたので仰天しました。すべてが最高にうまくいっていたし、自分は何でもできる、という自己イメージを持っていたのに、突然そうでなくなったのですから。以前のぼくは、自分の周囲をきちんと統制のとれた状態にしていましたし、いつも明るく、実力のある若手で、結婚生活においてもそうでした。妻は経済的にぼくに頼り切っていて、それがいつのまにか、あまりに大きいストレスになっていました。そのときにすべてが崩れ落ちました。」

カスパルの両親にとって、理由は明らかだった。彼の妻に責任がある、と両親は考えた。息子はいつも妻のために懸命に努力しなければならず、とうとう全力を使い果たして、もとの彼でなくなってしまった、というのだ。こうなってからも彼女は、相変わらず息子に要求してばかり……。

両親による責任転嫁は、息子には全くプラスにならなかった。もちろん彼が味わっていた絶え間なく続く絶望感は、その間に破局してしまった結婚とも、関係があるだろう。しかし絶望の中には、何かもっと別のものがあった。何か彼を脅かす未知のものが。

彼はますます深く絶望に沈んで行き――ついにある日、ある女性セラピストに心中を打ち明けてみようというところまで来てしまった。その女医はカスパルとともに、彼の子ども時代に隈なく光を当てたが、そこには何もなかった。彼の虚脱状態をなるほどと思わせるようなものは、全く、何一つなかった。

あとになって、すべてを克服した今では、以前よりもっとうまく歌えるし、時々それまでのこと全部を笑いとばさずにはいられないこともある。「実際、とても忌々しい、とても馬鹿げたことでした。根本においては、何か嫌な体験があったわけではありません。客観的にみてひどいこともなかったし。ぼくの時代は、ディディ・ハラーフォーデン［一九三五年生まれ］、ミケ・クリューガー［一九五一年生まれ］、オットー・ヴァールケス［一九四八年生まれ］［三人とも有名なコメディアン］がいる時代です。経験した嫌なことって何があるかな、一九七八年は除いてですよ、あの年、アルゼンチンで行われた選手権で、ドイツのサッカーチームはオーストリアに敗退しましたからね……。」

両親が体験した戦争の恐怖を受け継いで

たいていの人と同じく、それ以前のカスパルは一度もトラウマという複雑なテーマと関わったことはなかった。もちろん、両親の体験した戦争の恐怖が自分に受け継がれているかもしれない、などとは考えもしなかったろう。五〇年も前——自分が生まれるよりはるか以前——にあった出来事の後遺症に悩まされるなんて、ほとんどありえないことではないか？　でも、起こりうるのです、とそのセラピストは言った。彼女は、ホロコーストを生き延びた人たちの子ども世代について書かれたいくつかの専門論文を読むようにと言って彼に渡した。そして彼は理解し始めた。

「セラピストとぼくが両親の子ども時代に取り組むと、わりとすぐに類似した現象が生じました。両親は戦争のせいで、この世界は楽しく気分よく感じる安全な場所だ、と体験できなかったのです。まさしくその感情がぼくにもあることに気がつきました。よく言われるように、思い当たる外因が全くなかったのに、です」とカスパルは語った。

その後、彼が、自分のうつ状態は、弱った魂の崩壊が問題だったのではなく、適応システムがもはや機能しなくなったこと――さらに厳密に言えば、ネガティブな動揺した感情が自分に起こらないようにするために、子どもの頃から用いていた無意識の戦略が問題だったと理解するまでには、相当な時間がかかった。きっかけとなる言葉「適応」が、彼の重い障害を解明する手掛かりになった。自分は両親とは全く違う、と称していた息子は、今では、両親とよく似た精神構造を持っていると認めている。その精神は、危機に瀕している、という持続する感情に起因するもので、この感情に彼は初めて気づくことができたのだ。

現在のカスパルは、自分は両親に対して「幸せな子どもを演じて」いたのではない、ほんとうに幸せだったのだと確信している。ぼくは不安に占拠された感情を自分自身から切り離したに違いありません、ちょうど両親が、戦争体験によって実際に味わった恐怖を切り離したように、と彼は言った。過去を振り返ってみて、自分の適応システムはわずかな例外は別にして、完全に機能していたと彼には分かっている。子どもの頃、ほんの時たま、強い不安に襲われたことがあり、それはホームシックという形で現れた。七歳のとき、彼は親しい家族と一緒に、一週間オランダで過ごすことになった。しかしそこでパニックに襲われて辛抱できず、ヴォルフガング・カンペンが迎えに来て、息子を家へ連れ帰らねばならなかった。「父は子どものときに、第二次世界大戦の児童疎開によって、長い別離を経験していました。それはもちろん父に精神的冷静さを失わない、高度の適応能力があったからできたことです。父はぼくの子どもっぽい不安を笑うしかなかったようです。まわりを見てごらん、ここは安全で、すてきなキャンプ場だ。友だちもいるし、きみは全然一人ぼっちじゃないんだよ、と父は言いました。」

カスパルが大人になったとき、彼の中に、つねに用心深くしろ、という感情が現れたのだが、それを自覚していなかった。セラピーの中で認識したように、脅かされているという種々の感情は、反射的に働く特別な戦略によって封じ込められていたのである。もう一度あのきっかけの言葉「適応」を考えよう。両親は目立ちたくなかった、だから控えめに振る舞ったし、どんな状況にも適応していた。一方カスパルは、歌手という芸術家の暮らしは、他の人から批判されるのは当然だ、という固定観念にとらわれていた。頭の中はつねに、他人が自分をどう思っているだろうと考えるのに忙しかった。本来なら重要でない人間、例えば隣のうちの人はどうだろう？ 彼は考えながら、長い沈黙のモノローグをふくらませ、その中で、飽きることなく自分の生活スタイルを正当化した。

両親との類似点は他にもあった。「あるとき父の友人が、父の不安の構造に驚いていました。父はたいして害のないものには大きな不安を抱くのに、ほんとうにひどい局面では、全く不安に襲われないのです。」また息子は笑いながら、「ちょうど同じようにぼくの場合も、隣の人が何を考えているかがとても不安でした。ところがアウトバーンで時速一三〇キロ出していてタイヤが破裂したとき、あやうく死ぬところだったのに、あとになってからもとても冷静でした」と打ち明けた。カスパルが自分のうつ病の背後にあるものについて両親と話したとき、父親はそれを実感として全く理解できなかった。父親は激怒した。「そこいらの子どもの方が、世界中からいつも愛され、賛美され、才能に恵まれた素晴らしいうちの息子よりも、これまでずっと幸福だったと言うのか？」「でもそれから父は反省し、あとになって自分から、真実はそうに違いないと認めました」とカスパルは思い出して、感謝している。

父と息子——二人の良き友のように

父との関係は、短い嵐の後に再び穏やかになった。今では、以前には全く気がつきもしなかった共通点をみつけて、二人でにやりとすることもある。二〇〇二年八月、ヴォルフガング・カンペンは自爆テロ犯が狙う国——イスラエルへの招待に応じた。爆弾による襲撃に対する彼の不安はわずかだった。もちろん周囲では、この計画への反対が多かったが、カスパルに懸念はなかった。息子も父も、ドイツで自動車事故に巻き込まれる危険と比べて、イスラエルでの危険の方が大きいわけではない、と安心していた。父と息子はベテラン同士のように――最優等の成績で課題を学び終えた二人の良き友のように話し合った。持続的な脅威をどう扱うか、テロで使用される有毒物質のミストを除去するにはどうするかを。それでもヴォルフガング・カンペンは、イスラエル旅行に少しばかり不安を抱いていたが、それはただ、講演をしなければならなかったせいである。

ヴォルフガングは内省的な人間である。専門領域においては、専門家仲間から豊富な学識の持ち主だとみなされていたが、態度や要求はいつも控えめだった。あまり金にならない仕事上のプロジェクトに、彼はたいてい責任を持って関与した。現在まで高額所得者とは全く無縁の人である。彼も、息子同様、人生の危機を克服している。以前の彼は、自分が戦争の子どもであることに重要性を認めていなかった。三つの言葉ですべて言いきれる程度のことだと。その三つとは、彼が幸運の持ち主だったこと。安全なベーメンへと疎開させられたこと。終わりよければすべてよし、である。

当時はすばらしい思い出が前面に出ていました、とカンペンは語っている。「そう、困窮でさえこのような子ども時代には、ポジティブな側面があるのです。幸福は、例えば、フリーデンの化粧せっけんの香りをかぐこと、この幸せな感じは、とても言葉では表現し尽くせません。これを使って実際に体を洗えるなんて、一度も思いつかなかったことでしょう。ぼくはまた、せっけんの香りの中に、平和とは何かすばらしいもので、どれほどみんなが憧れているものであったかが、表現されていたのだと思います……。」

今のカンペンには、子どもの頃の自分が、恐怖に耐えられず、いかに多くのものを抑圧していたか、はっきり分かっている。彼は、第二次世界大戦がその後の人生にどんな影響を与えたか、明確なイメージを持っている世代に属する、数少ないドイツ人の一人である。彼は「ドイツに残された精神的荒廃の風景」について語り、敗戦後の偉大な映画監督ヴォルフガング・シュタウデ〔一九〇六―一九八四〕を引用する。シュタウデは廃墟の中で撮影した劇映画で、次のようなメッセージを伝えようとしていた。我々は破壊されたドイツの諸都市を再建するだろう、しかし精神的に破壊されてしまった人間を癒すことは、何倍も困難で、ほとんど不可能であろう、と。

ある統合失調症発病エピソード

一九四三年、ルール地帯の一都市。毎晩空襲警報。毎晩若い母親――彼女をヒルデガルト・カンペンと呼ぼう――は、息子ヴォルフガングを起こす。母親は乳飲み子を腕に抱え、もう一方の手にはトランクを持って、防空壕に入る……全く普通の戦時行動である。ある日ヒルデガルト・カンペンが下した決定も、通例の枠内でのことだった。「少なくとも家族の一人は生き残れるようにと思ったので」と彼女は決断の理由を述べている。こうして八歳のヴォルフガングは児童疎開の列車に乗せられた。自分のクラスからは誰も一緒に行かず、全くの一人ぼっちで。ベーメンのとある場所で、彼は思いやり深い寡婦に迎えられた。ヴォルフガングはかわいらしい小さい男の子だった。彼は健気に新しい生活環境を受け入れ、家に「ぼくはとても運がいいです」という便りを書いた。その通りだった。代わりにお母さんになってくれた人は、大好きな料理を作ってくれたし、全巻そろったカール・マイ［ドイツの少年冒険物語作家（一八四二―一九一二）］全集をすべて読み通せたからだ。

――終戦後、子どもは郷里に戻った。

一九八〇年。ヴォルフガング・カンペンは四〇代の半ばで、仕事で緊張する場を経験する。すでに眠れない夜が何日もあり、意識をコントロールできなくなった。彼は、後に「統合失調症発病エピソード」と呼ばれることになる神経の危機に陥るが、きっかけは、重い抑うつ症の女性が彼の住居を訪ねてきたことだった。「突然私は、彼女の石炭のような眼が、赤々と燃えているのを見ました、まるで悪魔がそこにいるようでした」とカンペンは後に語っている。「つまり、そのような幻覚が見えたのです。それから、決定的な発作が突発しました。」

何週間か、彼は患者として精神病院に入院した。その後女性のセラピストが、カンペンの注意を彼の子ども時代に集中的に向けさせた。ここでついに、ベーメンにいた全く別のうつ症状の二人の女性へと繋がるラインがみつかったのである。

一九四四年。ベーメンでのんびりと平和に暮らしていた小さなヴォルフガングに、戦争が追いついてきた。彼はある叫び声――この世の恐怖がすべてこめられているような絶叫を聞いた。台所に走り込むと、母親代わりの女性が国防軍〔一九三三〜四五年のドイツ軍の総称〕からの通告書を手にして卒倒していた。彼女の夫は第一次世界大戦で亡くなり、長男は一九四〇年にフランスで戦死していたのだが——今度は次男まで死亡したのだった！

ヴォルフガング・カンペンはこの時のことを決して忘れることができなかった。「あれは、私の人生を通じて、最も恐ろしい状況だったと思います」と彼は言った。「息子を失った母親の苦しみ。母親にとってこれ以上大きな不幸はありません。一人の女性——小さい少年だった私が完全に頼り切っていた——女性が、残っていた最後の子どもを失くしたのです。」

優しさの終わり

一九四五年。戦争が終わった。寡婦の家には、二人の子どもを連れた避難民女性が、宿を借りていた。二人の子は何週間も、ヴォルフガングのいちばん好きな遊び友だちだった。ある日、母親が銃で子どもたちを撃ち、自分も銃で自殺したことをヴォルフガングは聞かされた。それがどういうことなのか、ヴォルフガングは理解できなかった。数時間後、彼は地下室で二人の友人の遺体に躓いた……。

終戦後に、小さいヴォルフガングはようやく母親と再会した。彼女は、知らない人になっていた。カンペンは語っている。「帰ってきても、私と母の間には、もう優しい気持ちはなくなっていました。私は優しさをはねつけました。別れ別れで過ごしたこの二年間は、もう簡単に穴埋めできない、と思ったからです。子どもでしたから、そういう思いを話すこともできませんでした。」

四五年の夏、彼は超満員の列車に乗り、一週間かけてルール地帯へ帰郷した。あるときは、貨車があまりに混んで狭く、一緒に乗っている人たちにはさみこまれていたので、長い道のりの間ずっと床に足がつかないほどだった。

足をつける床を決定的に失ってしまったこと、それを彼は三〇年後に人生の危機の中で、初めて認識した。「あとになって、これらすべての事態が起きたのは、一種の解放だったことに私は気がつきました。現在では、もう一度あれがくりかえされるのではないか、という不安は全くありません。しかしこの時点まで、――いずれにしろ私は四〇を超えました――私はずっと、この緊張、この不安を抱えてきたのです。」

トラウマを精神的に処理したことで、カンペンは長続きのする回復ができるようになった。また彼は、なぜ仕事にあれほど骨が折れたのか、なぜ予定外のことすべてによって極度の緊張を強いられていたかを理解した。このプレッシャーの下には、脅かされているという感情がつねにあったが、それを意識したことは全くなかったのである。

一九九六年。カンペンは抑うつ症の息子カスパルが「まるで世界が沈みこんでいくような気持ちになる」と言っているのを聞いて、心の底から驚愕した。彼は思った。「息子は何を言っているのだ、どこからそんな考えを知ったのだろう、だってあれは、私の話だ。私の感情だ。」

さらに何年も経った。ヴォルフガング・カンペンは自分の子ども時代にいっそう近づいたが、いつか孫ができるとしたら、もっと子ども時代に近づくことになるだろう。そうこうするうちに、彼はある種の驚きをこめて、子どもだったときのかつての自分について、話せるようになっていた。その子は生きぬくために、「思い出したくない体験などを無意識に」抑圧していただけでなく、明らかに鋭い眼力を持つ知恵のようなものがあり、この知恵が彼に確信させたのだ。年をとればきっと幸せになると。「年をとれば私はきっと幸せになる」は、偽りのない真実の言葉《マントラ》のようだった。

何という言葉だろう……。

「それは当時の私のオプティミズムでした」とカンペンは説明する。「自分は生き延びられるとよく分かっていました。でも同時に、体験した恐怖があまりに大きかったので、子どもの理解力では、いつか近いうちにそれも終わるのだ、とは思えませんでした。」

小さいヴォルフガングはきちんとそれを心にとどめていた。カンペンは、今では中年になったカンペンは、十分に満足して生きている。

治癒は可能だ

ヴォルフガングおよびカスパル・カンペンの話は、何十年も過去に起こった戦争の破壊力が、いつでもまた打ちかかってくる可能性があることを示している。今日でも、そして次に続く世代に対しても。しかし彼らの話は、慰めになるものをも含んでいる。ハンノ・ブッデンブロークとは違って、この二人の子どもたちは、ひょっとすると生きる勇気を奪い取ってしまったかもしれない危険をはらんだ影響から、自分たちを遠ざけておくことができた。ただし長い年月が経った後、彼らの抑圧は障害になり、最後には彼らの心の健康を脅かすものとなった。それでも精神的な背後関係が明らかにされ、処理された後には、治癒は可能だったのである。

第一三章　絶望的な家族

悲しみのない別れの歌

二〇〇二年の母の日、『*taz*《タッ》』〔*Tageszeitung* 日刊新聞の略称〕の寄稿欄に、母と息子の関係について、想像しうる限りで最もすさまじく、最も憂うつなことが掲載された。タイトルは『生涯にわたる隔たり』。最初に、一九七〇年のジョン・レノンの『マザー（*Mother*）』について語られる。これは悲しみのない別れの歌だ。「おかあさん、ぼくはあなたのものだった、でもあなたはぼくのものじゃなかった。ぼくはあなたを求めたけど、あなたはぼくを要らなかった。だからあなたに言わなくちゃならない、さようなら、さようなら。」

『マザー』では別れが歌われている。同時にそれは、悲しまないと決意する歌だ。個人的な別れはつらいかもしれないが、自分と関係を持たなかった母親たちに、いったい何を望むのか」と筆者ディルク・クニプハルス［taz の文学部門編集者］は書いている。

ジョン・レノンはリバプール出身の若者だった。彼が今日のドイツの家族関係と何の関わりがあるのか？——明らかにレノンの歌は、当時四〇代だった男たちにかなり頻繁にみられた、様々な感情を表現している。つまり、自分を産んでくれた女性に親近感を抱くのが、どれほど稀有なことかと理解し始めた息子たちの感情である。

『taz《タッ》』編集者クニプハルスがこの歌の中にみたのは、決して個人の運命ではなく、「現在の典型的な状況」である。ミヒャエル・レンツの小説『母の死（*Muttersterben*）』を読んだとき、レノンの歌が念頭に浮かんだ、とクニプハルスは書く。彼が一九六四年生まれのレンツと結びつきを感じたのは、世代がほとんど同じで、家族体験が似ていたことによる。

『母の死』は、癌を患った母親の死とその息子を題材にしている。息子は母親とともに暮らしていたときも、母親が死んでいくときも、彼女に対する心の結びつきを見つけ出せなかったと、別れの際にもう一度、手短に述べている。母親は知らない女性のままだった。息子の自省を書いた箇所では、レンツは独自のルールに従って、名詞の大文字書きを捨てた読みにくい言葉を使用している［ドイツ語ではつねに名詞を大文字で書き始める］。

「おれは一度も母さんと一緒に映画に行かなかった、芝居に行ったこともなかったと、ぼくはきっぱりと言い切った。だいたい、おれは母さんとどこかへ出かけたことなんかまるっきりなかったんだ。」［母さんのみ大文字書き、他の名詞は小文字。以下の引用部も同様］

母親であったこの女性について、息子はもっと深く知ろうとしたことはなかったし、互いに近寄っていく会話をした記憶もない。「ぼくらの生活の中に、優しげなやりとりはあった。でもいったい何が話題だったろう。天気や食事のことを話すのが重要だった。母さんは天気と食事について話すのが好きだった。」親密さが生まれそうになるたびに、いつだって何かが割り込んできて、おなじみのよそよそしさが戻ってきてしまう。生涯にわたる隔たりである。

クニプハルスはこれを「死ぬまで感情麻痺」と名づけ、その論拠を次のように述べている。六八年［学生運動の年］当時の若者たちは、両親との戦いと討論を求めていた。一方、六〇年代生まれの場合には、当面している世代間の軋轢の様相は全く異なる。そこで問題なのは、誰もその事実を認めたがらなかったが、双方の世代間につねに厳然として存在した隔たりを、もういいかげんにはっきり自覚することなのだ、という。

親と子は互いによそよそしいままだった

クニプハルスの記事によれば、確かに両親から離れはしたが、新しい大人の関係が生まれたわけではなかった。明らかに今は、お互いに他人行儀のままだと自ら認める子どもたちの時代だ。記事はこう続く。「この年代の人たちの親は、三〇年代の後半に生まれた。まだ自己犠牲が根拠不明の理想であり、健全な家族が最高の宝物だったこの最後の母親世代は退却中である。そして快楽主義や自分探しという特色を持つ子どもたちにとっては、ひょっとすると今が、別れを告げながらも、母親と真剣に話し合う最後のチャンスかもしれない。」

この関連で、クニプハルスは二〇〇一年に自殺したハンネローレ・コール〔元首相ヘルムート・コールの最初の妻（一九三三年生まれ）〕について述べる。彼女の運命は、ドイツに思いがけない同情と動揺の大きな波を引き起こした。もし首相夫人が、特殊なアレルギーによる長い間の苦しみが原因で家に閉じこもり、その苦しみにだけ目を向けていたというなら、彼女は理解されないだろう。彼女の伝記作者パトリシア・クラフ〔一九四五年生まれ〕は、自宅に引きこもるのは、自分の職業を持つことを断念した同年配の母親世代の大部分にとって、典型的なライフスタイルであった、と考えている。「彼女たちの多くは、ハンネローレ・コールと同様、戦中戦後には、つらい運命の打撃と過酷さに苦しみ、ほとんどの人がつねに他者のために、また他者を介して生き、その人生は夫と子どもたちに捧げられていました。」

ミヒャエル・レンツは小説の中で、簡潔に確言する。「お母さんはこの社会の人ではなかった。戦争世代の人だった、とぼくは思う。」

これほど感じの悪い母の日考察を『taz《タツ》』の読者がどう評価したか、私には分からない。一種の不当な要求、あるいは悪意に満ちた一般化をみてとっただろうか。読者の手紙を通じて筆者に、あなたは両親との関係に問題が多いようだからセラピストに相談したらどうかと勧めただろうか。あるいは、あの記事で自分を再認識したために、かなり多くの人びとがくよくよ思い悩んだろうか。

私がこの記事から読みとったのは、戦争の子どもたちを親に持つ子ども世代の人との対話から得た印象を確認するものだった。その際、私にとってなによりも重要だったのは次の疑問である。それぞれの子ども時代を、真逆の惑星で生きたともいえる、そんな二つの世代は、どうやって互いに理解し合えるのだろうか。

戦争の痕跡が今も残っている場所では、リラックスした家庭状況など、私にはうまく想像できなかった。まるで予想もしなかったのは、子どもたちが争わずに退却することだった。肩をすくめ、あきらめの言葉を口にしながら。「うちの親は戦争については、ほとんど何も話さない。それ以外の話も、深まらないいんだ。」

「うちの親のことは、誰にも分からない」のような発言が、現在三五歳から四五歳までの人に典型的である、ということから私は出発しているのではない。しかし私は、この世代にはよくある発言だと知っているし、セラピストとの対話からも、それが分かる。セラピストの話では、セラピーに来るのは、主として六〇年代生まれの人であり、まさに彼らこそ、両親との関係が驚くほど希薄で、文化的な馴染みのなさのようなものが世代間に存在していることが多い、という。

ケルンの家族療法家イレーネ・ヴィールピュッツは、仕事上、両方のグループを知っている。つまり三〇年代生まれグループと、六〇年代生まれグループである。戦争の子どもたち世代に属する人は、過去の恐怖に関わることをたいてい拒否する、と彼女は言い、次のように断言した。「実に興味深いことに、彼らが来る意図は、恐ろしい子ども時代を過ごしました、それについて再検討したい、ということではありません。自分は今から退職して年金を受けるのですが、それで上手にやりくりしていけるか分からなくて、と心配しながら来るのです。」

セラピストの仕事をしているうちに、ヴィールピュッツは典型的な家族モデルに気づいた。「親の生き方と子の生き方の間に、非常に大きな食い違いがあるのです」と彼女は言う。「多くの人は、他人をうらやんでばかりいる、と私は考えています。彼らがそれをきちんと認めることができれば、信じられないほどいいのですが。なぜなら、そこから話し合いを始められるでしょうから。」しかし大多数の年配者は、そのような問いかけからは身を引いてしまう、とりわけ世代が問題になると、口を閉ざすという。いずれにしても、感情の話については非常に無口になります――とヴィールピュッツは付け加えた。

大いなる無関心

若い世代の人が、くりかえし嘆くのを、ヴィールピュッツは耳にしている。「うちの両親はそもそも私がしていることを全く理解していません、と彼らは言うのです。」子どもたちは多くの場合、父母が実際に自分たちに関心がないのだと感じている。

「私が何の仕事をしているか、両親は今も知りません」と言ったのは、博士号を所持し、金融のエキスパートで、自動車の巨大コンツェルンでキャリアを積んできた女性である。「両親は、うちの娘は車を売っている、なんて言っています。」

ある教師から聞いたことだが、彼がどういうタイプの学校で教えているか、母親が今日まで記憶装置に入れていないことが理解できない、という。「母は少なくとも中等教育修了資格〔中学卒業〕があるのですから、学校のタイプの違いくらい分かるはずです。もしぼくが研究機関で働く物理学者であるとか、情報科学者だったなら、母がそういう職業の世界に疎いままでも理解できたでしょう。でもねえ、教師ですよ?!」と息子は首を振りながら言った。

子どもたちが時々、自分の親は全く成長してこなかったという考えを抱くのも不思議ではない、と家族療法家ヴィールピュッツは言う。「子どもっぽいという意味ではありません」と彼女は違いを述べた。「そうではなくて、両親は馬鹿なのだと子どもはなんども身をもって知ったのです。実際には、両親は馬鹿ではないのですよ。子どもたちは、親の家では色々な制約があるのを見ているし、感じています。親の方もたびたび、そういうふうに振る舞っている、と誰でも言うに違いありません。このような家庭では、意志の疎通は困難、とても困難です。」

三五歳のコンラート・マツケ*も、両親の無関心によって絶え間ない心の痛みを感じていた。しかしそのことについて両親と話してはいない。彼は話し合おうとしたが無駄だった。コンラートのスタートは遅かった。何年もドラッグに依存していて、次から次へと思いつくすごい計画で頭がいっぱいだったが、そのうちの一つでも実現したことはない。職業教育は受けていない、仕事はない、家庭を持ったこともない、何もない。典型的な成功中毒で、いつも成功欲に追いかけまわされている。そうこうするうちに彼はドラッグをやめた。彼はここ数年ドラッグはやっていないし、郷里から転居した。

両親の家から五〇〇キロ離れたライプチヒで、彼は新たに動きはじめた。写真学校に入り、上々の成果を上げた。彼にとって、自分の仕事について両親と話すことはもちろん大切である。初め彼は、話は簡単だと考えていた。自分が撮った新しい報道写真を見せるだけでいいのだから。両親はグラフ雑誌でそれを知っているし、きっと興味を持つはずだと。——しかし両親は興味を示さなかった。ちらりと見ただけで、感想もなければ、質問もない。コンラートは到着した晩に、がっかりしてベッドに横たわり、無駄だと分かっていながら二日目に期待をかけていたが、二日目も何もなかった。父親は彼に一度も「おまえの仕事をよくみてね、父さんは今ようやくほっとしたよ……」という言葉をかけなかった。その代わりに日常についての、どうでもいい会話がかわされた。

それでも、コンラートは思いついて、両親に写真を送った。次に両親を訪問した折に、彼は送った写真が——合板材の上に注意深く貼り付けられて——壁にかかっているのを見た。確かに暗い廊下の壁ではあったが、その廊下の端にはコンラートの少年時代の部屋が今もそのままある。彼は一人っ子だ。だからいっそう両親に近づけないことは、彼を苦しめた。一年にたったの三回ではなく、もっとたびたび両親を訪ねていけば、きっと喜ぶだろうと、彼には分かっている。でも両親は十分に賢明で、彼に無理強いをしなかった。父母の家では、コンラートがたいてい寛げないことに、両親は気づいているのだろうか。コンラートは肩をすくめる。そもそも息子は、両親について、特に二人が若かった時代について、自分の知識がどれほどわずかであるか、分かっていない。

ドラッグをやめたとき、コンラートは両親との関係改善が大切だと思った。そこで折に触れて、両親に彼らの子ども時代や若い頃について尋ねてみた。しかし答えてもらえなかった、と彼は言う。息子の好奇心に、それ以上耐えられない状況になったとき、父親はコンラートに言った。「母さんと父さんは知り合って一緒に暮らそうと決めてから、長い夜の間じゅう一つの部屋に閉じこもって、お互いに戦争体験をすべて話したのだよ。そのあとで、二人は誓い合った、この部屋を出たら、今話したことはすべて忘れる、絶対に！」

少なくともこれで、子どもだった両親が東プロイセンで終戦を迎えたときに、何かトラウマになるような恐ろしいことが起きたこと、両親との薄っぺらな結びつきが自分のせいではないことを、コンラートは知った。かれこれするうちに、「感情麻痺」も含めて、あるがままの両親を受け入れるのもうまくいっているし、二人の苦しみや不安を理解しようとしているし、そうしながら、両親の暗号化された愛情のしるしを学んでいるところだ、とコンラートは言う。「例えば、母がぼくのために一生懸命に料理を作ってくれるときや、お金は要らないの?と聞くときがそうなのです。今ではあまり考えもせずに、仲のよい友だちにするように腕を父の肩にまわすとか、父が身ぶりで答えることもあるし、もっと息子のそばにいたいと父が心から求めているのが分かります。」

小さな歩みだが、大切な歩みだ。「一人っ子ですから、どっちみちほんの少人数の家族です。両親はこの二人しかいませんし——小さい頃は、大好きな両親でした……」と彼は言う。息子はいつか両親と何でも話せるようになりたい、と願っている。しかし同時に、ほんとうの最後になってようやく、つまり両親が亡くなる前の最後の会話で、その願いが実現するのではないか、というのがいちばん大きな不安だと付け加えた。

「集団が持つ秘密」

すでにこの本の冒頭で述べた通り、ドイツの子ども世代における第二次世界大戦の後遺症は長期にわたるが、この後遺症について、研究によって明らかになったことはまだあまりに少ない。そして特に不足しているのは、戦争によるトラウマがもたらした、家庭および次世代への影響に的を絞った学問的な調査である。「これは集団が持つ秘密です」と医師で精神セラピストでもあるルイーゼ・レッデマンは力をこめて言い切った。「トラウマの影響は、この国ではほとんどあらゆる人に当てはまる、と私はますます確信するようになりました。本来なら困難な問題を抱えるすべての人に、次のように問い合わせなければならないはずなのですが。あなたの家ではどうでしたか？戦時中、御両親はどうでしたか？　祖父母のかたたちはどうでしたか？　そのかたたちはどこで何をしておられましたか？」

ビーレフェルトで精神身体医学とセラピーのクリニックの所長をしていた当時、ルイーゼ・レッデマンは、子どもの頃に受けたトラウマの後遺症に悩んでいるのは戦争世代の人だけではない、同じように第二世代、第三世代への転移もあるのだと、確信を持つようになった。症状は同じである。だから若年の患者にも、的確な問い合わせが非常に重要である、と彼女は言う。

この例が周知されるといいのだが。いつか研究者が第二世代というテーマを引き継ぐとしたら、センセーションとは無縁に思われる体験がいかに多いか、おそらく驚愕するであろう。ハンナ・クーン*のような話はたくさんある。ハンナは四四歳、既婚、職業はギムナジウムの教師である。ブロンドの髪をポニーテールに結った、愛くるしい少女のような女性で、活気があり、読書家で、的確な認識力に恵まれている。偶然に、私は彼女が教えている二人の女子学生と知り合いだった。二人はハンナの国語の授業について、「どんなテレビドラマより面白いよ」と話してくれた。特に評価しているのは、先生の文学の授業で、「ほんとうに生き生きして」いて、よく理解できるし、「たとえ昔の詩人が書いたものでも、今の自分自身や自分の周囲の世界について、たくさんのことが学べる」と分かったという。

私がこの絶賛の言葉を伝えると、ハンナ・クーンは嬉しそうにほほ笑んだ。それから私に、すでに早い時期から文学への愛が際立っていたこと、文学への愛が家庭による押し付けから、きっぱりと精神的に離れる力を与えてくれたことを説明した。過去を振り返る彼女のまなざしは、悲しげで、非難せず、しかしまた何一つ美化もしていない。彼女が自分の生まれ育った家庭について語ったことは、まさに絶望的な感じがした。「強く愛されているという感情を味わったことはなくて、実際には和を乱す者と思われていました。他に言いようがないのですが、私たち三人の子どもは、ある一定の年齢になると、邪魔ばかりするやつという烙印を押されていたのです。」

ハンナの話では、父親は職人で一九三二年に生まれ、ハンナがとても幼い頃はたいそうかわいがってどこへでも連れて行ったという。一緒に散歩をしたし、父親が話してくれる素晴らしいおとぎ話に夢中で耳を傾けた。彼女はまさにお姫さまだった。しかしやがて、ハンナが五歳か六歳になると、二人だけの親密な関係は、正反対のもの、不信と拒否へと激変した。父親は、娘を批判する機会はないかと見張るばかりだった。ハンナ・クーンにとって、自立への最初の一歩を踏み出したときに父親が娘への愛情を打ち切ったのは偶然ではない。──重要な成長段階で、パパはもうとめどなく讃嘆される対象ではなくなるのが普通である年齢だった。ハンナの父親は明らかにそれが我慢ならなかった。彼は距離を置き、娘が成長していくことにもはや興味を示さなかった。これが今でもそのまま続いている。

「さらに問題だったのは、両親がたいてい、三人の子どもとそれほど連帯感がなかったことです。私たちはおとなしくせよ──決して目立ってはいけないと言われていました」と彼女は言う。

こんなふうにして、子どもたちは成長したのだが、彼らはつねに管理されているが、守られてはいないと感じていた。他の子や教師、あるいは近所の人たちとうまくやれないときに、両親が助けてくれることはなかった。その場合はいつも子ども自身のせいなのだった。そしてこう言われた。

「おまえが自分で蒔いた種なのだから、そこからまた抜け出せるように努力するんだ……」

新しいことすべてに尻込みする両親

もともとハンナの両親は、娘をギムナジウムに進学させる必要はないと考えていたのだが、初等学校の教師が一〇歳の少女のために強力に支援してくれたおかげで、父母はしぶしぶ承諾した。ハンナは新しいタイプの学校［ギムナジウム］になかなかなじめず、やがて成績が落ち込むと、両親はただ傍観しているだけで、指一本動かさず、一言も言わなかった。非難もしなかったが、援助もしなかった。

彼女はそのことについて、現在こう語っている。「両親は残酷だったのではない、と私は考えていますし、そんなふうに思うのはいけないことです。でも彼らは気持ちの奥底で、なぜうちの娘は何がなんでもあそこへ行きたがったんだろう？　なぜこんな状況に？　こうなることは最初から分かっていた……と思っていたのです。」

両親は、新しいものには何事でも尻込みする人間だった。だから彼らは何も尋ねなかったのだ。今日までそのままだ。新しい体験をしたい、今まで知らなかった行動の仕方を試してみたい、という子どもたちの要望に気づいたとき、そう、およそ子どもが外の世界に対して魅力を感じたときは、いつも彼らは動揺した。

ハンナはおとなしい娘であった。彼女が「とても平穏で退屈ですらない青春時代」を過ごしたのは、読書が好きで、書物の向こうに代わりとなる世界を築くことができたからだ。しかしそれはつねに伝聞での体験だった。「根本のところでは、私は――今になってようやくはっきり分かったのですが――両親がそう生きてきたように成長しました。つまり彼らは伝聞の世界の中だけで生きていたのです。母はまるで中毒のように、とてもたくさん、特にハイレベルな通俗小説に読みふけりました。彼女は今読んでいるものについて自分から話すことは決してなかったし、読み終わったばかりの本でも、その内容を伝えることができませんでした。両親は二人で始終テレビを見ていました。彼らはめったに旅行することはなくて、するときは誰でも休暇で行くような、ドイツ語が使える場所だけでした。」

一方、ハンナと夫は外国旅行が好きだが、両親にそれについて話すのは避けているという。ましてスペインで盗難にあったことを実家で話すほど彼女は愚かではない。「そんな目に合うのはおまえのせいだ。どうしてそんなところへ行くのか、そこで何をするのか……。」〔ということになるからだ〕ハンナの夫の家族は、反応が全く違った。ハンナはこう語る。「彼の両親の家庭の雰囲気を、私はいつも信じられないほど妬ましく思いました。そこでは一緒に考え、色々なことを質問するのです。このほんとうに生き生きした興味、これは私の実家にはありませんでした。実家では両親は二人とも黙って座り、少し不機嫌な様子で写真をちらっと見て、内容のある質問をしませんでしたが、できなかったのでしょうね。両親が体験したことのない世界だったからです。」

ハンナは現在ではもう両親を非難することはない。両親は子どもの頃に恐ろしいトラウマを受けたため、限られた範囲でしか人生に関与できないのだと彼女は思っている。父親も母親も避難民家庭に生まれているが、娘はそれについてほとんど知らない。「両親との率直なコミュニケーションは存在しません」とハンナは言う。一九三六年生まれで主婦の母親は、自分で職業を持って生きる自信はないが、家族の世話をして、主婦としてつねに「ものすごく活動的」であるという。娘がちょっと訪ねて行くと、母親はいつも小さなプレゼントをくれて、自分の愛情を表現する。

ここで問題にしているのは、つねに退路を考慮に入れているようにみえる人間——親友とでもお互いに「あなた」[距離感のある二人称]を使って話す一人の女性である。彼女がなによりもしてほしくないのは、個人的なことについての質問だ。「もし質問されたら、母は集中できなくなり、そわそわと非常に落ち着きを失くして、まるで手仕事でもしているかのように、両手が動き、揉んだりし始めます。それから話をそらせるのです」と娘は母親が脅かされていると感じたときの状態を述べた。「それから母は全く集中せずに、何か他のことについて話し始めます。とにかくそれが彼女自身のための防衛であり、そのような質問に対する武器なのです。」

避難民の子ども二人

ハンナが避難について知っているわずかばかりの細かいことは、「ママは色々なことが分かるにはあの頃は小さすぎたの、ひょっとしたらその方がいいのかもしれないけど」という母親の補足でつねに終わったという。

親戚の人たちから、父親もまた避難の途上で恐ろしいことを体験したとハンナは聞いている。後に父親の家族はＤＤＲでも、脅かされていると感じ続けていたが、それは彼らが政治体制を全く信用していなかったせいだ。しかしそれについて彼女は父親自身からは今まで何一つ聞いていない。三人の子どもたちは父親が話す逸話を知っているだけで、この逸話には三人とももう以前からいらいらさせられていた。父親は、自分がつねに権力のある者たちに――彼の場合それはいつも教師だった――いかに抜け目なく反抗したかを語った。実際には、彼は弱虫だった。

「父は抵抗などできない人だと、私たちには分かっていました。だから私たち子どもは――言葉を選んで表現したいのですが――信頼感を持って大きくなることがとても難しかったのです。私たちの家庭生活はこんなふうでした。つまり、しっかりと封鎖されていて、父の監督管理欲求はとても広範囲に及んでいました。だから私は肘掛椅子に座って本を読みながら、何年も過ごしたのです」と娘は言った。

彼女は子どものとき自転車を持っていたが、乗って出かけるのは禁止されていた。学校へ通う道は危険だと両親は考えたのだ。ついに思い切って自転車を市内の交通にも利用したとき、ハンナはすでに二〇歳を超えていた。「勇気を出して、初めて自転車で町の中心部へ行ったときは、両手は汗びっしょり、今にも事故を起こすのではないかと、びくびくし通しでした。」

ハンナは楽しいお祭りやパーティー、今では喜んで思い出す家族の誕生日すら全く知らなかった。にぎやかな家族がやるように、一つの世代から次の世代へと語り継がれる、わくわくする、驚くような、あるいはとてもおもしろい話が語られることもなかった。そのような伝統が現実に存在することを――小説の中だけでなく――初めて知ったのは、夫の家族での祝いごとに招かれたときだった。彼の親類の間では戦争の恐ろしさについても率直に話されていた。「過去のこの部分もまた、彼らの中に今も生き続けているのだと、誰でも容易に気がつきます」と彼女は会話の雰囲気を述べている。夫の両親は、当時もう大人になっていたから、そのせいで実家の両親と違って、あの戦争をうまく克服できたのだろう、と。

それはそうと、母親と父親は自分たちの生きてきた人生を真実とは全く別様に物語っているようだ、という思いから娘は出発している。「それは何か彼らが考えたくないものなのです」と娘は承知している。以前は、父親が年金生活に入れば、彼の中の何かが割れて、それまでより穏やかに打ち解けてくるのではないかと期待していた。「でもそれは、人間の心理を全く理解せずに考えたことでした。年金生活者になってから、父の杓子定規はさらに強まっただけでした。今では計り知れないほどに増幅して……。」

それでも、今から一緒に昔の郷里に行こうと父に誘われたら、自分は即座に応じるだろう。しかしそんなことは起こらない、なぜならそうすると、場合によっては、父のそばに自分がいることになり、この近さに父は決して耐えられないだろうから、と娘は残念そうに言った。

彼女は懸念しているのだ。「私は想像するのですが、私が父と、先の大戦で戦死した祖父のお墓に行き、そこで二人の間に何か父の心を揺り動かすような会話が始まったら、父は耐えられないでしょう。」

ハンナ・クーンは、いつか再び両親との関係がよくなる日が来るとは、もう思っていない。お互いが持つよそよそしい気持ちは、おそらく彼らの関係の一部分であり続けるだろう。きちんきちんと両親の家に顔を見せるのは、義務的訪問以上のものではないことを彼女は悟っている。もし母親が一人なら、そのときにはひょっとすると、限られた日常からうまく彼女を引っ張り出すチャンスがあるかもしれない、とハンナは思い、ちょっとのあいだ幸せそうな顔をする。しかし母親の電話の会話さえ父親がすべてコントロールしているのである。その妻は、比喩的に言えば、彼から一ミリでも離れてはいけないのだ。

ハンナが家族の歴史について考えるときはいつも、あきらめや悲しみの感情が支配的である――それから自分に子どもがないことをとても残念だと思っている。ここでもまたハンナは、トラウマを抱えた両親が、彼女に与えることができなかったものとの関係をみている。「とにかく私には、子どもであることも子どもがいることも、目指すに値する体験ではありませんでした」と彼女はささやくように言った。

石工が仕事を投げ出す

四〇を超えた人間がまだ自分の家庭を築いていない場合、自分たちはアウトサイダーだと思い知る。ミヒャエル・ハルトヴィヒ*は年を重ねるごとにそれを感じる。熟練石工ミヒャエルは、さしあたり公務で養成専門教育を受けているのだが、これによって、職業生活での日々のストレスが、彼の最後の雇用関係の場合より、減ることを期待している。

彼もまたコンラート・マツケと同じく中毒という病気を克服している。二人とも、かなり慎重に言葉を選んでそのことを表現する。再発を恐れ、絶対そうならないように、あらゆる手を尽くしているからである。ミヒャエルは一九六一年に生まれ、すでに一八年前からアルコールをまったく飲んでいないが、再発の恐れが皆無だとは思っていない。警戒するのはよいことだ、と彼は言う。麻薬に対して用心深くなるからだ、と。彼は中毒の転移を自覚するようになって以来、自分が危険に晒されていると感じている。やっとのことでアルコールから脱すると、彼は仕事中毒になった。それに加えて、さらに生への不安が生じたという。

二〇〇〇年に彼は危機を経験し、今日までこの危機から、ほんとうにはまだ立ち直っていない。当時いくつかのことが一度に起こった。まず長年にわたる関係が終わり、その後すぐに彼は辞職を申し出た。「あれは搾取的な関係でした。仕事の日ごとに、私はますます荒れていきました。最後にロケット砲弾みたいに腹を立てました」と彼は言った。そしてこのことが自分をまたもや酒へとぐいぐい押し戻していることに気づいたとき、彼は非常ブレーキをかけて完全に仕事を投げ出した。彼は石工だったので、文字どおり石を放り出したのである。

引き続きしばらくアジアを旅してまわった。けれども帰郷してからは、もはや絶望と無意味さと生存への不安と脅かされているという感覚しかなかった。ある精神身体医学クリニックに入院したが、特別に役に立ったわけではない。なぜなら「そこでは患者の心をやみくもに引き裂いて、そのままほったらかしにするのです。」その後、具合はさらに悪くなった。

奇妙なのは、彼が自分の内面の状態を、歴史的な映像と結びつけていたことだけである。一種の白黒フィルムが、彼の中にくりかえし浮かび上がってくるのだ。一九四五年五月のベルリン、悲惨、瓦礫、爆弾によって地面にできたクレーター、灰。彼は自分が廃墟をあちこち彷徨っているのを見る。拠り所を失い、どんな未来もないのに生き延びている男。死。闇。空虚。無。ついにミヒャエルは以前にかかっていたセラピストに頼った。するとそれについてこう言われた。「その瞬間、あなたはお父さんのすぐそばにいるのですよ。」

息子は父親の戦争の話を知っていた、それもかなり詳細に。父親は一五歳で高射砲部隊に入り、一八歳ぎりぎりで召集された。ベルリンでの最後の戦闘に加わり、市街戦を戦い、息子に「味方の方を振り返って見るとな、もうまた誰かが死んじまっているんだ！」と語った。またミヒャエルは、まだ子どもだったとき、父親が夜中に「撃たないでくれ！」と叫び声を上げるのをたびたび聞いた。

父親はポンメルンの出身だった。兄弟の一人はSSに加わっていたが、それについて家族の間では沈黙が守られていた。ミヒャエルの祖父は戦死した。——父親は一九九五年に死亡した。

二〇〇〇年にミヒャエルの心中に湧き上がっていた映像は、父親が抱いていた死への不安ではなく、四五年五月の終戦後に感じていたどうしようもない絶望と関連があった。「そういうのは、映画に出てきたのではありません。戦争映画ではいつも戦いのシーンばかりです。生き延びられるのか、られないのか。」

ミヒャエルの記憶によれば、父親は生き残る技を誇りにしていたという。戦後はアメリカ陸軍で働き、次に農家で、後に建設現場の見習いをした。一つの建設現場から次の現場へと働いてばかりの人生。あるときはクレーン操縦士の教育を受けた。さらに自分の家も建てた。しかし四九歳ですっかり体を壊して年金生活に入った。

ミヒャエルが仕事への病的な欲求を持つのは、両親からの「遺伝」であるかのように聞こえる。両親は仕事以外にほとんど何もない人生を送った、と彼が述べているからだ。もしかすると両親は仕事をすることで生存の不安を覆い隠していたのだが、この不安がやがて息子である彼の心に再び姿を現したのかもしれない。息子は子どもの頃、父親のことをかっとなりやすく予測のつかない人だ、と思っていた。「父はとても乱暴だったようです、私たち子どもに対しても。私はいつも父が怖かった。」その頃、学校の授業についていけず――死んでしまおうかとぼんやり思うこともありました、と彼は付け加えた。確かに母親はいくらか彼を慰めてくれたが、掃除婦として働いていたため、たいてい家にいなかった。

七〇年代の半ばに父親は早期退職して、家にいるようになった。人生で初めて彼はミヒャエルのための時間ができたのである。するとこの男は話を聞かせ始め、自分の戦争体験のすべてを思春期にある少年にぶちまけた。「父はすべてのことを褒め称えて話し、自分や他の人たちを英雄視しました」と息子は思い出して語る。「父はおしゃべりでした。人の話に耳を傾けるのは苦手でした。

一度しゃべりだすと、話をやめることができませんでした。」
同じ時期に、一三歳のミヒャエルは規則的に酒を飲み始めた。

「私たちは健全な家族なのです！」

私がこの本を執筆していたとき、なんどもシュナイダー家*の人たちのことが頭に浮かんだ。以前に近所に住んでいた年配者で、私より二階下に暮らしており、ほとんど毎日のように子どもたちが訪れていた。子どもたちは三〇から四〇の間の年齢だった。

特に年長の二人の子どもは、様子を見にちょっと立ち寄るというのではなく、一緒にコーヒーを飲み、日々のことを話していた。彼らは別れる間際も、廊下でまだ話していた。なんという並はずれた強い結びつきだろう、と私は思った。あるときシュナイダー夫人にそのことを話すと、彼女は喜色満面で言った。「ありがたいことに、私たちは健全な家族なのです！」

彼女は小柄でふっくらとした、白髪交じりの巻き毛の女性で、動作は素早かった。このちょっとしたコンタクトは、かなり有益だということが明らかになり、その結果、私は次第にシュナイダー一家についてさらに多くのことを知るようになった。彼らの会話では、なによりも、日常生活がきちんとしているかが話題の中心だった。親切こそ、彼ら全体に共通する最大の価値だった。車が故障したり、失業したり、結婚相手に捨てられたときにも、決してその人を見捨てることはない。父親は早期退職をした行政官で、心臓が悪く、心筋梗塞の患者であった。彼と初めてエレベーターで一緒になったとき、私の注意を引いたのは、たった一階分にもかかわらず彼がエレベーターを使ったことである。それからゆっくりと自分の住いに向かって歩いていくのを見れば、彼が重い病気に違いないのは明らかだった。のちに知ったのだが、悪いニュースはできるだけ彼の耳に入れないようにされていた。母親であるシュナイダー夫人は主婦で、子どもたちからみると、悩みに耐えられない人であった。彼女がいるところで重いテーマの話をすると、彼女の眼にはたちまち涙が浮かぶのだった。私自身も時々、例えば角の花屋が店じまいをすると彼女に話したときに、それを見たことがある。

明らかに彼女に対してネガティブなことを強いてはならなかった。テレビでやる「問題作の映画」でもいけないのだ。一番いいのは、軽音楽を聴いたり、クロスワードパズルをしたり、『リーダーズダイジェスト』に載っている寄せ集めの小説を読んだりして、寛ぐことだった。彼女は愛すべき心の温かい人だった。誰も彼女を悲しませたくなかった。だから沈黙していた。

シュナイダー家の悲劇は、この母親がすべての人を制圧していることだと私は推測している。どのテーマは許可され、どれは許可されないか、決定するのは彼女だった。娘のドリスがつねに手元不如意なのは、なんどもかなりの金額を恋人に援助しているからだということを、子どもたち全員が知っていたにもかかわらず、この件で率直に話し合う許可が下りないのは、確実だった。――「うちのドリス」はお金の扱い方を知らない人間だからという理由で、両親はさっさとドリスの銀行口座を閉めてしまった。

さらに誰も敢えて声高に言わないが、末の息子クラウスがドラッグ常習者であることを、父親はうすうす感づいていたし、兄と姉は絶対に知っていた。ある晩、クラウスと角の居酒屋で出会ったとき、「家族と囲むテーブルの雰囲気ですけど、もともとぼくは、なんとか我慢しているだけです」と、クラウスが自分なりの釈明を語ってくれたことがある。だから彼だけは、時々あの儀式から逃れ出た。彼の場合、安易にドラッグに走ったわけではないのだろう。誠実そうな、目立たない服装をした三〇代半ばのこの男は、保険会社の外交員をしており、既婚で、子どもはいなかった。

同様に兄と姉も子どもがいない。ただしすでに全員離婚しているのだが。彼らは関係を作るのに、根本的に不運だったらしい。かつての結婚相手は心から温かく家族の中に迎え入れられたのだ。彼らは、思いやりと親切な心に強烈な印象を受けた。ところが結婚生活が挫折すると、義理の娘と義理の息子は、徹底的に追放された。関係を維持できなかったのは、彼らだけの責任にされたのである。この問題についてシュナイダー家の方針を一〇〇パーセント支持しなかった他のすべての人たちも嫌われてしまった。

居酒屋で末っ子のクラウスが私に打ち明けたように、シュナイダー家の場合、拒絶されるのはつねに家族以外の人たちであった。そうして、一緒になって憤慨するとき、食事中の会話の材料はたっぷり生まれた。あの男あるいは女はなんという恥知らずな振る舞いをするのだろう、息子の上司はなんと不公平か、どうして娘が部長から叱られるのか、そもそもこの世界が悪い、なぜ赤-緑政府［ドイツ民主社会党と緑の党の連立政権］はドイツを破滅させるのか、というように。親切で誠実な人びとの正体は、敵意に満ちて復讐心に燃えていることが暴かれる。中にいると、すべての銃眼から射撃される、城塞のような家庭。

以前、長男が車を工場まで牽引して運ぶのに手を貸したことがある。工場では、車はすぐに修理できるから、待っているようにと言われた。私はペーターから内気な印象を受けた。職業を尋ねると、彼はあいまいな態度になって、輸出入関係だと呟いた。クラウスから聞いて知ったのは、何人もいる子どもの中から、少なくとも大学教育を受けた者が一人も出なかったのはなぜか、両親は全く理解していなかった、ということだ。ともかく母と父はアビトゥーアを持っているのに、子ども三人は中等教育修了資格を持つだけなのだ。

「ぼくらが早くから学校で落ちこぼれになっていることが問題になると、母はたちまち涙ぐみました」とクラウスは言っていた。あるとき母親が知人から、お宅のお子さんたちが勉強について行けない理由が分かりますかと聞かれていたのを彼は見ている。母親は「あの子たちは多分大器晩成なのよ……」と答えていたという。三人とも全部が？　そんなことはあるだろうか？

シュナイダー夫人はズデーテン地方の出身である。五歳のとき、彼女の家族は追放された。三歳年上の夫はシュレージエンから避難してきた子どもで、ドレスデンの破壊を生き延びた。たやすく想像がつくように、戦時下の両親の子ども時代について話すことは、家庭ではタブーの一つであった。息子たちも娘も、自分たちが両親の過去によって苦しめられているのかもしれないとは、全く考えてみたこともなかったのだろう。私がクラウスに一度ちょっとした助言をしようとしたとき、彼はすぐにこの話題を変えた。明らかにシュナイダー家のみんなが「目隠し鬼ごっこ」をしていた――悪い結末になるのに。

三人の成人した子どものうち誰一人として、他に依存しない自立した生活をしていなかった。末の息子はドラッグをやっていたし、娘は両親を欺いていたし、長男は一年に二回も失業し、母親はつねに涙を使って脅し、父親は死に瀕している。そしてみんながあのモットーにしがみついていた。「ありがたいことに、私たちは健全な家族です！」

喪失を悔やまない

戦争、避難、追放の影響について、ビーレフェルトの心理学者ヴォルフガング・ノイマンは興味深い発見をした。彼が「傷跡探査」と名づけた学術的な調査では、あとから生まれた者たちに伝えられていく、無意識の色々な考えを可視化することが問題であった。それらには、ナチの犯罪、ナチの文化、そして戦争の結果が、今も微妙にあとを引いている。ノイマンは第二世代、第三世代の中に——かつての故郷や出自が、避難民の家庭でもはや重要でなくなっている場合でも、明白な特徴を確認した。その典型的な状況についてこう述べている。「両親は多くの場合、哀悼するどころか、罪を人に着せることばかりしていました、それによって自分たちは犠牲者だという態度のままでいられたのです。ひょっとすると、自分を犠牲者だと感じれば、例えば悲しみなどの、他の感情に近づくことは難しいと自分で分かっていたのかもしれません。」

そこまではすべて、よく知っていることのように聞こえる。悲しめないということは戦後ドイツの大きな問題だった。ほとんど知られていないようにみえるのは二つめの観点で、そこにノイマンは隈なく光を当てて、こう断言した。今日では喪失といえば別なこと、つまり職場や妻である、しかし喪失との付き合い方は、避難民の家庭では、たいていさらに次へと渡され、その結果がこうである。「婚姻を解消した妻は悪人である、言わば未来永劫に永遠に悪人のままである。ただしこの態度に固執するなら、人びとはつらい喪失を精神的に消化することはできない。」

そのうえ彼らはそこにはまり込んだままだ。そうなると発展もないし、ほんとうの再出発もない。

第一四章　理性と悲しみに賛意表明

戦争の恐怖をどのように思い出すか

理性と悲しみは、処方できない。しかしそれに対する関心を喚起しようと務めることはできる。いまだに克服できない戦争の恐怖を目の前にして、今の私たちには何ができるのか、そして、あの大惨事を、また大惨事と現在の間にある隔たりを正当に評価するような、公的追悼文化とはどのように見えるものだろうか、という［二つの］問いかけに近づくには、理性と悲しみのために心の準備をする必要がある。

ここで私たちは、社会的テーマというきわめて評判の悪いものに関わる。「ドイツでの戦争の恐怖を思い出すには、どのようなやり方が適切か？」といきなり質問する人は、我々がすべきもっとましなことはないのか、とたちまち反問がぶつけられる。あるいは、ドイツ人は再び自分たちを犠牲者として様式化する絶好の過程にあることに、どうか注意を向けてもらいたい、と忠告を受ける。すでに──五〇年代のように──ドイツの苦しみは、ホロコーストを生き延びた人や、他のナチ犠牲者の苦しみで相殺されている、という危険な考えがまたもや広がってきている、だからそこに手を触れない方がよい、というのだ。

逆である。私たちはそこに手を触れなければならない。ドイツ住民が空襲や追放に対して、想定よりはるかに大きな関心を潜在的に持ってきたことが明らかになった今、私たちは第一に、トラウマとなるような体験が、もうこれ以上、あとに続く世代へと渡されないように配慮しなければならない。第二に、新たな犠牲者崇拝を阻止するために、配慮しなければならない。第三に、私たちはヨーロッパの平和を維持する目的で、この義務を負っているのだ。

九〇年代におけるバルカン半島での暴力闘争の勃発は、集団が持っている、精神的に消化されぬままの恐怖に関する長期記憶［脳に無限の容量で永続的に保存された情報］は、いつまでも忘れず、予測がつかないということを示した。五〇年、いや一〇〇年の歳月が過ぎて、時がすべての傷を癒してくれたと思われていても──いつか何かの紛争がエスカレートして、恐ろしい破壊力が突発することがある。集団が抱える精神的に処理されていないトラウマは、血みどろの対立にも、ルサンチマンにも現れる。不発弾や有害廃棄物処理場の場合に似て、爆発前に危険を弱めるという責任の重い行為が存在するはずだ。

民主主義諸国家は、国家同士が平和共存するための最善の保証人であるというが、ヨーロッパ共同体で生じたように、国家が合体したときには、そのことが改めて言われる。だが民主主義国家は安定していなければならない。ドイツの民主主義がどれほど安定しているか、ありがたいことにまだ証明が必要というわけではないから、私たちには分からない。しかし私たちは知っているが、ドイツの民主主義は歴史が浅く、戦後に苦労して手に入れたもので——新連邦州〔旧東ドイツ地域〕ではほんの一五年も経っていない。それだけでもう、私たちはあらゆる社会的なストレス要因に対する自覚が必要なのだ。少なくとも私たちが（ドイツの）国民として影響力を持っている、あのようなストレス要因を軽減するために、である。甚だ多い失業を減らすことや、空っぽの国庫をもういちど満たすことは、政治の課題であり——その点では個々の人ができることはほとんどない。私たちがこの本全体を通じて携わってきたテーマは別だ。戦争世代の人びとがありのままで認められ、疎かにされないために、誰でも自分の周囲の世界で貢献できる。それについてはすでに多くのことが達成されているだろう。連帯するのに、遅すぎということはないのである。

人びとが自分の苦しみに心で整理をつけるのに最も成功するのは、共同体の支えを感じるときだ。しかし犠牲者の役割に固執する人は、自分の子たちへ、さらにその子の子どもたちへも、その役割を受け継ぐ心の準備をさせている。こうして彼らは巧みな世論操作に対する抵抗力を失い、容易に政治的なネズミ捕り男（扇動者）の餌食になるのだ。隠れてにせよ、人前でにせよ、絶えず嘆く大きな犠牲者の群れは民主主義を弱体化する。哀悼し悲しむ気力を持つあの犠牲者たちは違う――哀悼と悲しみは、嘆きとは全く違うものである。（気力のある）彼らは個人的な危機を克服することに、いち早く成功している。それだけではない。健康は伝染するという原理に従って、彼らはその後、危機にある他の人たちに意欲を起こさせる力を育て、その結果、他の人たちもまたついに行動的になって、自分の問題に敢然と立ち向かうのである。

嘆くな――悲しむのだ

嘆きは新たな犠牲者を生み出す。悲しみは、新たな強い精神へと向かう道である。だから悲しみを受け入れる準備は、新たな犠牲者崇拝に対抗する最良の防御であろう。悲しみは、私たちドイツ人が、巻き添え、責任転嫁、あいまいな不安、自己慰撫、時代遅れの思考パターンに、もうこれ以上我を忘れないために役立つだろう。

理性的であろうとすれば、諸事実を受け入れ、ドイツ人がトラウマを孕んだ文化の中で生きていると認めることに役立つであろう。

事実として次のものがある。ナチス政権下のドイツが残酷な戦争でヨーロッパを荒廃させ、何百万もの人びとを殺害したこと――新旧極右の数人を除いて、誰がこれを否定するだろうか？しかし事実についてのコンセンサスは、この国ではたちまち限界に突き当たる――例えば追放反対センター〔敗戦により東ヨーロッパからドイツ人が追放されたことに抗議〕をベルリンに作ろうという計画をめぐって、もう長いこと燻り続けている対立に示されるように。

「西暦一九四五年のドイツの苦悩というテーマを、それに先立つ四年間に起きたことや、ドイツ人への復讐の欲求をそもそも最初に呼び起こしたものから切り離すこと、それは誰にも、過激な右派にはなおさら、許してはならない」とアントニー・ビーヴァーは書いた。ドイツ人の多数がビーヴァーに同意するだろう、少数はしないだろう、と私は推測している。

第二の点に進むことにしよう。これについてはドイツ人の間に意見の一致はないし、外国でも一致はないだろうが――いわゆる過去の克服である。フランス人のアルフレート・グロセールは、その著書『ドイツ人たちはどのように違っているか（*Wie anders sind die Deutschen*）』で確言している。「外国からは、ドイツ人の共同体は疑惑の目で見られている。あの共同体は、ほんとうにドイツの名において引き起こされた苦しみを十分に自覚しているのだろうか。」

もちろん自覚している、とビーヴァーは述べる。「言うまでもなく、ドイツほど自国の過去の恐ろしい物事を直視した国は他にない。例を挙げれば、最近の歴史家世代に至るまで、ＳＳや国防軍が行った残虐行為に関する資料状況は非常に詳しく研究されている。」歴史の記述への関与が実に多いが、それは良いことばかりではなかった、時として、いくつかのテーマは、あまりに単純に白か黒かで色がつけられたが、歴史はそんなに整然と明らかになるものでは決してない、と彼は付け加えている。「ドイツ人は自分だけに関心がありすぎて、まるで我を忘れているようだ、ナチス時代と結着をつけるときもやはりそうだ、という非難が外国ではたびたび聞かれる。」

私はここでも推測するのだが、ドイツ人の多くは外国からのいわゆる非難に結局は同意するだろう、少数はまたしても同意しないであろう。

さて第三点。犠牲者としてのドイツ人、である。ドイツ住民が戦下で言語に絶する苦しみを味わったことは事実だ。これもまた否定されない。はっきりしないのは、現在のドイツ人がそれをどう取り扱うべきかである。「ドイツ国民が、全く固有の苦しみの記憶を保ち続けることは、彼らの権利ではないのか」とグロセールは問いかけた。重要なのはそこである。問題はただ、私たちは国民として自分たちに実際その権利があると感じているのか、あるいは、私たちが外国の評価から二度と自由になれないということはむしろ過去の遺産の一つではないのか、それだけである。心にやましいところなく私たち自身の犠牲者を追悼し、トラウマを抱えた人びとに援助の手を差しのべることを、最後には外国から許可してもらえると、私たちは無意識に期待していないだろうか？

「ドイツ一般市民が第二次大戦で経験した恐ろしい苦しみに対して、最後にその苦しみにふさわしい顧慮を受けることは、もちろん間違っていないし公正である」とアントニー・ビーヴァーは書いた。しかし彼に反対の見解をみつけるのは容易だ。『南ドイツ新聞』でモシェ・ツィマーマンは、

「爆撃、避難、追放」は公の討議の要素だから「道徳上の差引勘定や相対化」をしないように、と警告した。エルサレムで暮らすドイツ史の専門家ツィマーマンは、自分を犠牲者だと明らかにした人びとには「非難と怒り」があると気づいたので、こんな問いを投げかけた。「グラスやフリードリヒの読者、あるいはたくさんの記念銘板を読む人や、立案された避難民センターを訪問する人の怒りは、誰に対して向けられるべきなのか」、と。

外国からのどの異議を真面目に受けとらねばならないか、どれはそうする必要がないかを、そもそもどうやって見分けられるのだろうか。私たちが適切な追悼文化への態度を自分で見いだし、このようなテーマにおいては何らかの考えを分離することで十分だと、もはや思わなくなったときに初めて判別が可能になる、と私は思う。

私はこの関連で、一九八五年五月八日に当時の連邦大統領リヒャルト・フォン・ヴァイツゼッカーが行った名高い演説を思い出す。彼が語らねばと思ったのは、ナチスの犯罪・罪・過去の克服というテーマが、健全で民主主義的な多様な見解によってさらに発展するというのではなく、禍に満ちた意見の混乱の中で今にも窒息しそうになっていたからである。ヴァイツゼッカーの演説以後、ナチスの過去に関して、政治的な交際の文化は変わった。議論の中で罪や罪の否認を執拗に言い立てることは、以前に比べてはるかに稀になった。今では前より低い声音になり、非難や勝手な憶測は減った。他者の声に耳を傾けようとする気持ちが広がったのだ。ドイツの罪を問う代わりに、責任、すなわち、ドイツが過去の遺産に基づいて引き受けるべき課題と義務が、重要になっている。

偉大な演説の様々な影響

連邦大統領は明らかに、すべてのドイツ人に呼びかけることに成功した。彼らは様々に驚愕しながら、自分が犠牲者としても認められていると感じた。だから彼の演説のポジティブな影響は、後にあらゆる社会的な領域において察知された。最近この演説を読み直して、私には次のような思いが浮かんだ。ここでは誰かが、ドイツ人としてドイツ人に手を貸し、彼らが感情の迷宮からもういちど抜け出せるようにせよ、という召命を受けたと感じたのだ。彼は理性の呼び声を使い、実に様々な人生経験についての知識と、曇りのない思いやりの心を以て、そしてまた明確な境界を定めて、負債の免除を乞う不誠実な風潮に対して演説したのである。同時にヴァイツゼッカーの成功は、人と関われるのは、道徳的なアピールを行って彼らの要望をけなそうとせず、その人たちのことをほんとうに感じとったときだけだ、という教育的命題が真実であることを証明した。連邦大統領は、良心の呵責に照準を当てている限り、人は相手に対して態度を変えないものだ、との認識を心にとめていたのである。

時代は、ヴァイツゼッカーが長い演説をすべき機が熟していた。あれからほぼ二〇年後の今という時代は、さらなる演説のための機が熟していると私は考える。テーマは「ドイツにおける戦争恐怖の適切な振り返りについて」。私は、父親のあるいは母親の威信が、絶え間ない口論や理念のなさに対して、理性の声を対置することを願っている。世間一般によく知られ、もはや疑問視されない色々な事実が、そのために十分にある。

社会での議論が必要であるが、しかし議論は次第に尽きてきている。ひょっとすると空爆というテーマは、イェルク・フリードリヒのベストセラー『ドイツを焼いた戦略爆撃』とは別のきっかけで世間の関心を獲得した方が、ずっと好意を得られたかもしれない。しかしもし爆撃の恐怖のように、ほとんど筆舌に尽くしがたい何かが、地下でこれほど長く騒がしい音をたてているなら、その出現はもはや制御できない。被害を受けた者も、合理主義者も、歴史家も制御できないし、ましてマスメディアにはできない。彼らは諸テーマを、ただ黙殺するか、加熱することができるだけで、理性的な路線に導くことはできないのだ。

私はイェルク・フリードリヒに対する批判をあまりよく理解できなかった。戦争の子どもたち世代にとって『ドイツを焼いた戦略爆撃』は、アリス・シュヴァルツァー〔フェミニスト作家（一九四二年生まれ）〕の『小さな差別と大きな結果（*Der kleine Unterschied und die großen Folgen*）』〔一九七五年初版刊行〕が新しい女性運動のために持っていたのと同じ意義を持っていたことが、はっきり証明されるかもしれない。あの一九七五年当時、批評家にとっては、なぜ女性読者たちがこの本にこれほど熱狂して心を奪われたのか、そしてなによりも、どうやって互いに見ず知らずの女性たちを、自分たちのもっともプライベートな事柄について話し合うようにできたのかを自問するより、この本の中には色々な主張が根拠もなく並んでいるだけだ、とみてとる方が、はるかに容易であった。

フリードリヒが出した著書が、彼の反対者たちが言うように、「学問的には不誠実」、言葉はあまりにも扇情的、というのはその通りかもしれない。しかし最後に述べておくが、フリードリヒ自身が戦争の子どもであった。もしかすると彼は、同世代の人びとが爆撃戦争というテーマのために必要としたものを、後に生まれてきた人たちよりもよく知っていたのかもしれない。もしかすると彼は、今ようやく互いに話し合いたいという彼らの欲求を感じとって、そのための起爆剤を提供したのかもしれない。

『小さな差別と大きな結果』の出版後に初めて、女性文学が、また女性学研究がドイツで始まった。『ドイツを焼いた戦略爆撃』がどのような出版の波を呼び起こしたか、私たちは数年後に知ることになるだろう。

激しい感情から事実へ、つまり、今日では確かなものとなったトラウマ研究の知識へと戻ろう。判断基準が色々あり、この基準に照らせば、治療の成功は大体のところは予想できる。どの条件の下で、患者は上手く回復できるか、どの状況で治癒が妨げられるのかは知られている。もし犠牲者が共同社会からの慰めを経験するなら、それがなによりである。それは一つの家族でもいい、親戚全員でもいい、あるいは、特定のアフリカの伝統にあるように、村全体だとさらによい。重要なのは、立ち会っている人びとの前で、こう言われることだ。「そうだよ、きみは不当な目にあった。うん、きみが今のところ自分の人生とうまく折り合えないのは、色んな理由があるんだ。今、きみが混乱していつまでも悲しいのは、あたりまえのことだよ。泣いて、他の人に心を打ち明けるのはいいことだ。」

私たちの文化では、共同社会の儀式の中で公に不正が立証されるのだが、その儀式は法廷でのみ行われる。しかし法廷では犠牲者ではなく、犯罪者が中心に立つ。そして裁判官の使命は、慰めるのではなく真実を見つけ出すことなので、犠牲者はたいていの場合ほとんど思いやりもなく尋問され、裁判審理がトラウマを抱えた人をむしろ傷つけてしまう危険がある。

残っているのは何か。実際は葬儀や追悼式だけである。涙を流すことは許されている。共同社会が慰める。重要なのは整合性のある儀式であって、空疎なセレモニーではないことが前提である。以前の著作のために、私は子どもを失くした何人かの父母に、それについて質問したことがある。彼らの答えから、余計な苦しみを与える葬儀と助けになる葬儀の違いが、非常に明確になった。

追悼式典による解放

悲しみは病ではなく、癒す力があるということを、ヒルデガルト・シュヴァルツ*は全く思いがけない方法で経験した。一九九五年三月のある晩、彼女はとある追悼ミサに参列した。故郷の町への旅行を計画したときには、何がそこで彼女を待ち受けているか、全く想像もしていなかった。ただ例年通り、同じ時期に墓参しようとしただけだ。一九四五年の三月、その小さな町は空爆を受け——開戦以来たった一度の空爆だった——ほとんど完全に破壊された。この大惨事を偲ぶ追悼式典が、五〇年後のそのとき、盛大に執り行われていた。教会の中でヒルデガルト・シュヴァルツに同伴者はいなかったし、彼女も一人でいたかった。

八年後に彼女は私にこう語った。「ミサの最中に取り乱して、思い切り泣いてしまったことを思い出します。泣いたのはおそらく私一人だけでした。昔から知り合いだった人たちもいて、私が誰だか分かったということも覚えています。でも私は彼らと話すつもりはありませんでした。どうしてか、正確には分かりませんけれど。」彼女はよく考えてから、自分の家族が戦後に父親の中毒症のために町内で非難されていたことと関係があるかもしれない、と言った。「一九九五年になってもまだそれを精神的に引きずっていました。その頃、私はまだ今のようには自信がなかったのです。」

子ども時代を過ごした町での追悼式典に参加するまで、ヒルデガルト・シュヴァルツには一〇歳のときに起きたことを心情的に理解する手掛かりが全くなかった。母親と三人の兄弟を爆撃で失ったのだが、そのために嘆いたことも泣いたこともなかった。実際のところそれについて今まで語らないも同然だったし、語るとすれば、まるで新聞を朗読しているかのように淡々と語った。悲しみはなく、その代わりに、少女時代に生き延びる戦略として習得した、一種の合理化があった。

九〇年代の初めに、彼女はテレビでドイツにおける空爆について伝える解説番組を見ながら、自分が涙を流していることに茫然となった。娘に電話して、自分が泣いたなんて絶対に納得がいかない、あれはすべて自分の個人的なこととは無関係なのにと話すと、娘はあまりのことに（驚いて）口もきけなかった。母親が自分自身をあの爆撃の犠牲者だと感じられないなんて、どうすればそんなことがありえるだろうか。

一九四五年三月、ヒルデガルトの母親は爆撃機に急襲され、四人の子どもを連れて、ある家の外壁伝いに隠れるところを探していた。そのときまさにこの家めがけて爆弾が落ちた。幼いヒルデにはパイロットが見えた、彼は超低空を飛んでいたのだ。「つまり、パイロットは完全にこの家と人を狙っていたのです」とヒルデガルト・シュヴァルツは確信を持って言う。家族全員が生き埋めになった。「私は体を動かせませんでした。私は兄の真上に埋まっていました。」少年は尋ねた。「おかあちゃんはどこかな。他のみんなはどこだろう。」ヒルデは答えた。「みんな死んじゃった。天国にいるの。」それから二人は主の祈りを唱えた。唱え終わると下にいた兄は亡くなり、ヒルデは意識を失った。

二日後に瓦礫の中からヒルデが救出されたとき、相変わらず町は燃え続けていた。一〇歳の少女は無傷だったが、もう立てなくなっていた。干し草用の荷車で葬儀の場に運ばれ、再び歩けるようになるまで数週間かかった。

ヒルデガルトの父親は家族の喪失を克服できず、病的な欲求の虜になった。医師だったので麻薬は容易に手に入った。彼は日ごとに社会的に堕落して、小さい町の人びとの嘲りの的になった。ヒルデガルトは恥じ、父親を激しく非難した。父親が早々と亡くなると、娘は遠くへ引っ越していった。そして大学で学び、結婚し、三人の子を産み、自分の家庭を築いた。しかし結婚生活はうまくいかなかった。彼女も夫も、なんとか耐えられる共同生活という形をみつけられず、離婚することもできなかった。ヒルデガルト・シュヴァルツはいちど決めたことを変更する力を持っていなかった――あの時点、教会の椅子に座り、ついに泣くことができたあの時点まで。追悼式典のときに初めて、はっきり分かった。「私には悲しむ権利がある。私は扱いにくい人間なんかじゃない。私は、ほんとうにつらい体験をしたのだ。」

ミサのあと、町じゅうを練り歩く松明《たいまつ》行列に加わった。「祈りを捧げる地点がいくつもありました」とヒルデガルトは話した。「それから私たちは、山のふもとにある墓地の傍らを通り過ぎました。広い通りを歩いていくと、川の畔にチャペルがありました。そこには、犠牲者の追悼のために名を記した銘板が取り付けられていました。これらの名前の中に母や兄弟の名を見つけたことで、私の気持ちは明るくなりました。」

儀式が効果を顕す

それに続いて何週間、何カ月と時が過ぎていくうちに、儀式がその効果をあらわした。あとから考えて、ヒルデガルト・シュヴァルツは、あれが自分の人生の重要な転換点の一つだったと認識した。解放されたのである。「子ども時代の章はいま完全に終わりました。つまりもう重荷でもなんでもないという意味です」と彼女は言う。性格はこの間に大きく変わり、あるいはよくなった、つまり自分がほんとうに寛げる心の部屋をいくつも、ついにもういちど開いたのだ。「私はそのときに自覚しました、子どものときは気楽で活発な明るい子だったのに、あのすべてによって気難しくなってしまったことを。つまり極度の引っ込み思案になり、そんな自分は誰からも好かれないし、誰もそれを理解してくれないという苦しみと不安をいつも感じていました。私の人生は長い、長い間、ずっとそんなふうだったのです。」

これが結婚にも影響を与え、もちろん夫をも苦しめていたのだが、自分では全く気がつかなかったという。「夫は私をドストエフスキーの作品の登場人物のようだ、と言ったことがあります。でも私はそうじゃありません。」

ひょっとしたら信じるのは難しいかもしれないが、ヒルデガルト・シュヴァルツはあのイギリスの爆撃機パイロットに対して全く恨みを持っていなかった。自分の人生の総決算を全体としてポジティブにみることができたからかもしれない。彼女は教養があり、頑健で、経済的にも何不自由なく、子どもたちや孫たちと大変によく理解し合っている。

カトリック教徒のヒルデガルトは、数十年来、キリスト教徒とユダヤ教徒との対話に参加している。彼女はつねに、アウシュヴィッツを生き延びた人にとっては、アウシュヴィッツがもたらした様々な結果の方が、子ども時代のヒルデガルトに降りかかったことよりも、はるかに耐えがたいものだった、という意見である。

彼女の物語は、追悼式によって［事実と心の］つり合いが上手くいくに違いないと、私に示してくれた。一つの町のすべてが破壊されたことが何かの講演で報告されたなら、情報としては十分であるが、それ以上ではない。ミサの中で一五分のレクイエムが死者のために捧げられても、やはり重荷からの解放をもたらしはしない。これはケルンのある教会で起きたことであるが、一九四三年六月末の激しい空襲、いわゆる「ペーターとパウルの夜」がきっかけで、まさにこの地方自治体において、この自治体を構成していた人びとの半数が命を落としたにもかかわらず、神父は事務的にレクイエムを挟み込んだだけであった。そして説教の中でカトリック教徒とプロテスタント信者との相違を詳しく述べたりした。高位の教会関係者が、自分たちの儀式にはなんの力もないと思っているとしたら、気が滅入ってしまう。

ヒルデガルト・シュヴァルツは、町全体が関与した追悼式の様子について記した。なにしろ町全体が破壊されてしまったのだから、これ以上に適切なことがあるだろうか。

礼拝の妨害

しかし爆撃をきっかけとする大々的な公式追悼行事は、誰もが知っているように、慎重な配慮を要する事柄である。教会の扉の前でナチ信奉者たちがドイツの犠牲者崇拝に敬意を表するとか、反ファシズムのグループが、外にいる極右主義者と中にいる参加者を同列に置いて公然と非難するのは、ありえないことではない。追悼礼拝が本題からそれてしまうこともありうる。その好例がハンブルクの神学者フルバルト・シュテフェンスキのエッセイにみられる。

一九九三年ハンブルクで、五〇年前の爆撃、いわゆるゴモラ作戦［一九四三年の米英軍によるハンブルク空爆］の犠牲者のための追悼式典が行われた。ミヒェル［聖ミヒャエル教会の愛称］で追悼礼拝があり、コヴェントリ［イングランド中部。空爆で壊滅的被害を受けた］、ペテルブルグ［旧レニングラード。一九四四年三月空爆を受けた」からの招待客が参列し、ハンブルク市長、女性高位聖職者、そして特にあの空襲を体験した、あるいはあのときに家族を失った年配の人びとが招かれていた。礼拝の途中で妨害があった。若い人びとの一団が押し入って、マイクを占領したのだ。彼らは争って掴み合いをしたのち、声明文を読み上げることができた。「この死者たちについては、悲しむことは何一つない。爆撃のあった夜に死亡した者を悼むことは、ほんとうの追悼を、すなわち、ナチスの強制収容所で死んだ人たちへの追悼を排除するものだ。ドイツの歴史に基づく結論は、ドイツは二度と再び存在するな、ただそれだけであろう。」

ところで、追悼礼拝を妨害した若者たちは、神学専攻の大学生であった。「公的な追悼」というテーマで対談する相手を探していたとき、私は彼らのような意見を聞いたことがなかった。なにしろ目立っていたのは、私が意見を求めた人はほとんど誰一人として、今もまだ戦争の後遺症に苦しんでいるかもしれない人びとを、実際目にとめていなかったことだ。思いやりはめったになかった。政治的な懸念の方が支配的であった。

最初のうち私はそれが理解できなかった。私が向き合って座っているのは、鈍感な人ではなく、この社会の代表者で責任感の強い人たちだったからである。その背後に潜むものが何か、現在の私には分かると思う。学問の分野では、この関連で、犠牲者への感情移入能力の不足、つまり、他者の苦しみを深く感じとることの難しさについて語られる。私の述べることを理解していただくために、ここで、いわゆる犯罪者・犠牲者研究に踏み込んだちょっとした脱線が必要である。

この研究では仰天するような認識が存在する。なによりもまず若い乱暴者の多くは、自分が犠牲者を傷つけてしまったと実感する状態にない、という。徒党を組んで無力な人に残忍に襲いかかったときでさえ、彼らはあとで、犠牲者はほんのかすり傷をいくつか負っただけだと思っていたし——警察が撮影した傷だらけの顔写真を見せられても、そう思っているのだ。

彼らは自分たちを暴力犯ではなく、ただけんかっ早い若者だと感じているのだ。彼らは、犯罪行為をしたことを完全に否定する。それどころか、犯行を故意に軽くみる。そんなひどいことだったはずがない、こういうのは、口論に夢中になりすぎてつい起きがちで……。

小説の中で「感情が冷たい」人物として描かれる人びとの多くが、心の根底に、つらい子ども時代のトラウマを抱えている可能性があると、今では判明している。たいていの場合、彼らもまた暴力、例えば家庭内での虐待の犠牲者であった。ここで、部外者は即座にこう考える。それは犯罪者が、他人の同情を引き、寛大な扱いをしてもらうために、自分を犠牲者にみせる策略以外の何ものでもないと。ただし、精神を病んだ犯罪者を扱う精神療法医の研究では、彼らは通例、自分が子どもの頃に誰からも助けてもらえない犠牲者であったという考えに対して全力で抵抗する、ということが示されている。どんな場合でも彼らは、自分が他人にいいようにされる存在だった頃の、あの昔の感情に身を晒そうとしない。長い年月のあいだ彼らはその感情を上手く心の奥にしまいこみ、抑圧し、忘れてしまっていたのだ。そして、トラウマを受けた者としての自分の苦しみに気づいていないので、今では、自分が暴力を加えた相手に対しても、全く感情を持たないのである。

セラピーの中心点は、犯罪者が自分のトラウマを自覚し、その際にあの心の痛みに再会すること、心の痛みの中に隠れている深い絶望と無力感を体験することだ。これを一種の責め苦のように感じて、最後までセラピーに抵抗する者は少なくない。しかしセラピーが大きな成果を上げれば、彼らはその後、犠牲にした者たちへの同情を育てていける状態になるのである。

「トラウマを孕んだ文化」

ミカ・ブルムリクにインタビューするためにフランクフルトへ行ったとき、私は多くのことを予想していたが、この対談で犯罪者・犠牲者研究の情報と再会するとは思ってもいなかった。私が彼を訪問したのは、彼がある出版物の中で、ドイツを「トラウマを孕んだ文化」と呼んでいて、ユダヤ出自のホロコースト研究者の場合、それは異例だと思ったからである。

同時に、彼が述べていることは誤解の余地のないものであった。つまり、絶滅収容所がまき散らし、生き延びた犠牲者たちの心の中に後々まで残った恐怖は、戦争の暴力・爆撃・避難・飢餓の後遺症に比べて、はるかに耐えがたかったということだ。

「にもかかわらず重要なのは、ドイツ人もまた彼ら自身が受けた傷を認めるということです。なぜなら、傷を認めないままでいる限り、彼らはほんとうには感情移入、つまり他の犠牲者たちの気持ちになって理解する力を伸ばせないのですから」とブルムリクは言った。その際ブルムリクは、退職者の身分を目指している、あるいはすでに退職してそれに順応しているあの世代にとりわけ目を留めている。

これには、私は唖然とした。私はなんといってもまさに戦争の子どもたち世代の中で、ナチスの犯罪やホロコーストを生き延びた人たちの苦しみに関わろうと、並はずれて強い、時としてほとんど度を越した覚悟に出会ってきた。そのあげく、よりによってあの人たちには、共感力が不足しているというのか。

ええ、それはありえます、とブルムリクは言い、こう付け加えた。「私が思うに、この世代は政治的自覚があれば、部分的には犯罪者だった親世代に、道徳的なまなざしを注ぐために、精神力のすべてを必要としたのです。そしてこの精神力は、おそらくただ自分たちの持つ苦しみを抑圧しておくことによってのみ、ふり絞ることが可能だったのです。」

しかし「くりかえすまい、アウシュヴィッツを」の行動が、道徳的な立場に起因するだけであるなら、そこから出る結果は、ブルムリクが述べたように、犠牲者に対する道徳的な義務であって、彼らの苦しみを深く感じとることではない。そしてこの義務感が、まさにドイツの多くの年配者にとっては、数十年の間に、早く免れたい重荷になっていったのかもしれない。この関連でブルムリクは、マルティン・ヴァルザー［一九二七年生まれ］を思い出して断固として述べている。「ヴァルザーはもちろん若い時代にたくさんの戯曲やエッセイで、大量虐殺とアウシュヴィッツに取り組んできましたが、明らかにそれは精神的には完全にヴァルザーの傍らを通り過ぎてしまったようです。彼の心臓は、大量虐殺やアウシュヴィッツのために血を流しはしませんでした。彼はそれを道徳的な義務感から引き受けたけれど、年をとるにしたがって、自分がこの道徳的な義務感にどれほど悩まされているかが次第に明らかになり、とうとう最後には、実際に色々な形で、反ユダヤ主義的な、ユダヤ人に敵意を持った意見を、自分の作品の中に積み重ねていきました。」

もっと若いドイツ人について言えば、自分の家族は正しき者の側にいたのだ、という願望に満ちた考えが再び広がってきている。ブルムリクとの対談についてじっくり考えたとき、私の心に浮かんだのは、ドイツ国内における抵抗運動の一員だったという人たちが驚くほど増えたということだ。エムニド研究所［ドイツの民間調査会社］の代表的世論調査によると、ドイツ国内では家族の思い出と回想文化の間には大きな矛盾がある。この調査結果はインタビューと一緒に『おじいちゃんはナチじゃなかった（*Opa war kein Nazi*）』という本の中で公開されたが、この本の共著者ハラルド・ヴェルツァー［社会心理学者］は『南ドイツ新聞』に次のように書いている。「ホロコーストとドイツ人の犯罪行為が、公式の記憶の中では絶え間なく強調されている一方、日常生活の記憶ではナチは他人であって、決して自分の家族の者ではないという一つのイメージを育んでいる。特に孫の世代は、家庭で聞いた歴史を解釈しなおして、日常的な抵抗物語や、危険な時代における勇気ある行動の物語へと変えている。ユダヤ民族の絶滅は、家族の思い出の中では周辺的な役割しか果たしていない。」

そして次の数字は、ナチスの時代における役割と行動に関して、自分の家族の者たちが、どれほど好意的に格付けされているかを示すものである。世論調査では次のイメージが明らかになった。当時成人していた全住民の四分の一が迫害されている人たちを助け、一三パーセントは抵抗活動に積極的で、反ユダヤ主義者だったのはたった三パーセントだけだった。

世論調査結果を、私たちは注意深く取り扱わねばならない。美化や英雄化の傾向があまりにも明白である。この傾向は、もしドイツがいつかある日、今想像できるよりもはるかに重大な危機によって揺さぶられたなら、危険なやり方で増大し、大量の人間を新たなナチの腕の中へと追いやってしまうだろう。

もしかすると私たちに必要なのは、自分の家族について実際的な判断をする道が限定されないように、ナチ犠牲者を公式に追悼する場を多くすることではなく、自分自身の犠牲者を偲ぶ文化のための場かもしれない。

そしてそこに属するのは、第二次世界大戦で家族を失った人たちだけではない。多くのかつての戦争の子どもたち、すなわち、私たちとの連帯を必要としている生き延びた人たちなのだ、と意識することが、今最も重要だと私には思われる。

生き延びることが共通のアイデンティティーを作り出すなら

トラウマ研究に基づくさらに別の認識は、一般に集団で体験した大災害は、個人で体験した場合より、容易に精神的な処理がなされるということだ。その理由は、ともに生き延びることが、つながりのあるアイデンティティーを作り出すからだ。ただし、これが生じるのは、この苦しみを社会が承認する場合のみである。このようにして相互の連帯感も生まれる。

しかし戦争の子どもたち世代に属する人びとの場合、これは事実とは全く違った。彼らの苦しみは公的には認められていなかったので、成人してからも、連帯感のようなもの、あるいは共通のアイデンティティーを育てるには至らなかった。多くの場合、逆のことが起きた。戦争が今も自分を悩ませていることを大っぴらにすると、その人は情緒不安定という烙印を押され、この方法ですぐに沈黙させられたのである。

もちろん例外はあった、両親からくりかえし「おまえたちは子どものときにひどい経験をしたのだよ、ほんとうにひどい経験をね」と聞いていた人びとだ。しかしある問題について、基本的に社会では沈黙が守られていた場合、例外に当たる人は、自分たちが他の人と比べて、どんなに恵まれていたかが分からない。そこで彼らは、色々なメディアが発表したものを、極端な誇張とみなすのである。とにかく彼らは、トラウマを抱えた者にとって人生がどれほど厳しいものであるか、追体験することはできず――もちろんそれについての知識も皆無なのだ。

ここでもまた、女性解放運動との類似点がある。自分たちが抑圧されているとは、もちろん一度も感じたことがなく、自分の性的特質を享受していたため、あの興奮のすべてを全く理解しなかった女性も、七〇年代にすでに存在していた。「社会的な不公平は、どこにでもあるでしょ。」「職業につくチャンスが不足しているっていうけど、それは自己責任。」「性的虐待なんて、多分すべて空想。」「女性に対する暴力、いったいどこでかしら?」

親友が顎を打ち砕かれて病院のベッドに寝かされたときに初めて、運命に恵まれていた女性たちは考え込んだ。そしてようやく、自分の身には一度も起こらなかった苦境に気づいて、はっとした。あの頃はこんなふうにして、女性たちの間に団結が広がったのである。

カールスルーエで、連邦憲法裁判所の裁判官を退官したヘルムート・ジーモンにインタビューしたとき、戦争に行ったジーモンの世代と、戦争の子どもたち世代とを比較して、連帯感についてもまた大いに話題になった。「私の世代は――私は一九二二年生まれですが――大きな苦悩をすでに体験済みでした」とジーモンは言った。「しかし私の世代は、世間一般に認められ、世間では重んじられた集団であり、そして――生きている限り――強い自尊心を育ててきました。また一致団結した「我々は仲間だという感情（Wir-Gefühl)」のようなものも存在していました。」

政治的なあらゆる対立とは全く無関係に、共通の経験、つまりともに生き延びたことが、重要な役割を果たしてきた、とジーモンは断言した。「これが私たちを結びつけ、その結果お互いに助け合ったのです。つまり、それは限定された「我々は仲間だという感情」でした。その感情はそこに存在して、自分たちは孤独ではないと感じました。ほとんど全員が信じられないことを体験し、そのために疲れ果てていました。」誰かがトラウマを抱えて苦しんでいるのは当然のことのように受け入れられた、戦争の子どもたちの場合とずいぶん違っている、とジーモンは付け加えた。ジーモンによれば、戦争の子どもたちは自分たちの世代に比べて、控えめで、自尊心が低いという。

不思議はない。戦争の子どもたちはひどい苦境の中にいるのだ。子ども時代には、そんなことをするなと命じられてばかりいた。そういうことをみんなが体験したのだ。前を見なさい、と言われれば、おとなしく従った。そして年をとった今、彼らは自分たちの周囲で、次のような声を耳にしている。「こんなに長い年月が過ぎたあとになって、いったい何の役に立つのか。」「六〇歳を超えているのに、まだ自分の子ども時代のことをつつきまわすなんて、何を期待しているのか……。」

ジーモンも、より若い人たちにとって、あの出来事をそっとしておく方がよいのではないかと自問した。しかし一九四〇年に妻ハイデと話し合ったことが、彼のものの見方を変えた。

「私たちはこの怒りをどうしたか？」

　司牧心理学者であるハイデ・ジーモン＝オストマンも個人的な経験から、たくさんの未解決の事柄が、最終的に心の中で処理されるのを待っていることを、自覚している。「例えば、私たちは自分たちの怒りをどうしたか？　いったい私たちは失望をどうしたか？　私たちは野心を、生きる喜びを、つまり、あらゆるこれらの感情の動きをどうしたのか？　私たちはどこかで、すべてのものをきっちり詰めて、戸棚にしまい込んだか、あるいは、死体として地下室に放置したのです。」

　だから大事なのは、彼らの世代の人びとが、直《じか》に接している周囲の世界によって、言動を抑えられるのではなく、励まされることだ、と彼女は言う。しかしそれだけでは不十分だと彼女は思う。「私たちは世間からの励ましの言葉もまた、必要としています。私たちの世代は――自分では、それを自分たちに与えることができないので――外部による承認を必要としているのです。きみたちはあのひどいことを徹底的に論究してよいし、そうすべきなのだと。徹底的な論究がなぜ必要なのか、それには理由があります。子どものとき飢えていたこと、低空飛行の爆撃機に野原じゅう追いかけまわされたこと、炎上するいくつもの町を逃げまどったこと……。」

　もっとも――誰がこの許可を与えられるというのか？　私たちは再びこの章の出発点のテーマ、公的追悼と集団の悲しみの意味を問う、というところにいる。それに対する合意は存在しうるのか、例えばドイツの連邦議会において合意するのだろうか？　ありそうにないことだ。ＣＳＵ〔キリスト教社会同盟〕の政治家ペーター・ガウヴァイラーが二〇〇二年の終わりに、第二次世界大戦における、爆撃によるドイツ人犠牲者のための追悼記念日を制定してはどうかと連邦議会で提案したとき、多くの人びとの無関心にぶつかった。

それについてよく考えようという気があると認識されたことは、まだ一度もない。共和国政府は——戦争の子どもたちの一団でさえも、内閣構成員の半数以上がこの年代に属していたことを考慮すると——どちらにせよ、行動が要求されることはないとみてとった。政府の極度に簡潔で風変わりな答弁の結論は、「ベルリンのノイエ・ヴァッへ〔第一次大戦後に戦没者慰霊施設とされ、第二次大戦後は戦争と暴力支配の犠牲者に対する追悼の場〕に掲げられた、ドイツ連邦共和国中央追悼施設の献辞銘文に「我々は戦争によって及び従軍して故郷で、捕虜生活中に、また追放されて、命を失った無辜の人たちを追悼する」と書かれています」で、そのこと（行動の要求はないということ）を全く疑っていないのである。

しかしもう一度くりかえす。重要なのは、死者への献花ではない。なにより大事なのは、生き延びた人たちを支えることである。戦争の子どもたちは、全国民哀悼の日のセレモニーで、立ち直るということにはならなかった。——それなのになぜ「爆撃の犠牲者を追悼する日」に、あるいはベルリンのノイエ・ヴァッヘで、それがもっとうまくいくというのか。

共和国政府と政治家ガウヴァイラーは、戦争に対する恐怖の相応な記憶について公の場で議論することや、なによりもまず議論を具体化することがなぜ必要なのか、いまだに理解していなかった。

運命と和解する

新たな犠牲者崇拝なのかといえば、もちろん全く違う。そうではなくて生き延びた人たちとの団結であり、彼らの悲しみの過程を支えることである。ハイデ・オストマンージーモンはそれを明確に述べている。「今こそ、起きてしまったことを精神的に消化する時、悲しむ時です。つまりその理由は、無理やりに抑圧してしまった心のエネルギーをもう一度解放するためです。なぜでしょうか。彼らがこのエネルギーを、好ましく年をとるという重要な課題に注ぎ込めるためです。」

悲しむことは、生き損ねた人生と失われた人たちを認めることを意味する。悲しむことは、苦しみに満ちた体験を精神的に消化し、アイデンティティーの一部として受け入れるのを、助けてくれる。悲しむとは、自分の運命との和解を意味するのである。

第一五章　沈黙、語り、そして理解について

戦争の子どもたちと対話して

二〇〇四年〔本書の初版刊行〕以降、自分は戦争の子どもたちだからという理由で、私の自作朗読会に来る人びとがいる。そのつど、「戦争の子どもたち」というテーマの設定では、戦争の恐怖は少しも目新しいことではない、と確認できた。子どもたちが集団的暴力に特に苦しんできたことは、ずっと以前からよく知られていたのだ。新しいのは、子ども時代に恐るべき体験をしたのに、何十年以上も自分が特にひどい体験をしたとは思ってもいなかった多くの人びとを問題にした点である。

この人びとは自分の体験についての感情を知ることがなく、同時に、自分たちの最も重要な特性に気づくこともなかったのだから。

自作朗読会の折に行われる参加者との意見交換の重点は、次第に変化していった。初めの年は、次のような状況をなんども体験したものだ。精神的に癒されないまま、戦争によるトラウマを抱え続けている人びとのドラマチックな事例を、私がいくつか紹介したあとで、聴衆の中から最初に手を挙げて発言を申し出るのは、通例一九二八年から三三年の間に生まれた人たちであった。彼らは、私が述べたことは本質的には全く正しいと認め、時代はひどく悪かったが、実際のところ、それらすべては「非常にきちんと」克服された、と言った。つまり彼らは、そのとき話題になった運命を経験した人びとと自分たちを決して同一視せず、その証明として自身が味わったドラマチックな体験を詳細に話してから、「みんな、それをうまく乗り越えてきました」といつも付け加えるのだった。

高齢になってもまだ後遺症に苦しむ戦争の子どもたちに、聴衆が決して感情移入しようとしないと、後ろの方の列で三人の人が立ち上がり、会場から退出したことがなんどもあった。後になって、彼らが誰で、なぜ彼らはまさにこの種の発言の申し出に耐えられなかったのか、明らかになる。問題は「弟と妹」であった。どうやら発言者は、今でもまだ戦争体験に苦しんでいる人は、自身に責任があるか、基本的に情緒不安定な体質の人だという内容の、本題とは逸れたことを耳にしていたらしい。

兄と姉、弟と妹

私はインタビューで、一九三〇年頃に生まれた人びとのグループと知り合っていた。通例、彼らは自分の戦争体験を覚えていて、自分たちとその家族に襲いかかった打撃が、重大なものだったか、それともたいしたことはなかったかを、しっかり判断できた。彼らは親が負わされた過剰な負担に十分な理解を示していたが、自分よりあとに生まれた弟や妹のこと、まして落後した弟や妹が問題になると前々からほとんど理解を示さなかった。多くの場合、目立つのは、兄と姉の意見には思いやりがまったくないことだ。つまり年少の者たちは「情緒不安定」あるいは「非常識」だというのである。この場合、戦争時代が原因の精神的な障害が根底にあるのではないだろうか、と私が尋ねると、年長者たちは即座に席を離れる。「ありえません、なんといっても私たち全員が、同じことを経験したのですから」と彼らは言う。無理を強いられた大人は、幼い子どもが精神をしっかりと安定させるために必要な、家庭の温かさと安全を与えることができなかった。だから年端のいかない者の場合には、数珠つなぎになった恐ろしい体験の克服がはるかに難しかったのだ、という認識が欠けている。この戦争の最後の数年間に生まれた者たちこそが、家族の間ではつねに「おまえたちは何と言ってもほんとうに恵まれていたよ、なにしろあのことが全く理解できなかったのだからね」という言葉ばかり聞かされてきたのである。

父はいません、子どもはいません

二年前、一人の女性読者がギリシャから出した手紙が、私のもとに届いた。ある旅行者が私の本を彼女のところに置いていってくれたので、その本をなんどもくりかえして読んだという。そのとき初めて、自分の子ども時代の体験を言葉で語ることができるようになり、それを私に伝えたいと思ったと書いてあった。これは彼女の記録である。

健康で幸せな三人の子どもだった私たちは——一九三四年生まれ、一九三八年生まれ、末っ子の私が一九三九年生まれです——オーバーシュレージエンで暮らしていましたが、一九四五年の非常に寒い一月に、避難が始まりました。父はその直前に「召集されて」、私たちはその後二度と父と会えませんでした——私は父を覚えていません。しばらくは、なんとか暮らしていけました。私たちはせっせとすべきことを行い、もちろん、収入もなく困窮した寡婦になってしまったほんとうに若い母の言うことをよく聞きました。学校では三人ともいつも優等で、清潔できちんとした身なりをしていました。けれどついに、遅くとも思春期の頃、すべてが崩れたか、あるいは、誰も気にかけなかったし、気にかけることもできなかった結果が、過激な形で姿を現したのです。兄は吃音になり、姉はほとんど指の爪が見えなくなるまで爪を噛み切り、私は恐ろしい夢ばかり見ておねしょし、睡眠障害と抑うつ症になりました。

それでも私たちは、せっせとすべきことをしていました。そうしなくてはなりませんでしたし、するのが当然でした。とにかく母に心配をかけまいとする一心でした。それから私たちの職業選択問題がすべて失敗に終わり――そして私は――二三年以上にわたるのですが――重いうつ病による、全部で五回の精神病院への入院が始まりました。長い教育（つねに学年で最優等でした）は修了しないままで、定職もなく、自律神経失調症の診断を受けてリブリウム〔精神安定剤〕とアドゥムブラン〔抗不安薬〕を服用しながら若い時代を過ごしました。色々な半端な仕事をしてかろうじて生計を立て、私はいつも老齢にあこがれていました。年をとれば、もっとよい暮らしができると信じていたのです。

そうやって年をとり、四九歳以後受け取っているわずかな早期年金と、第二次大戦被害者に対する旧西ドイツ以来の保障施策の遺産として受け取れるささやかな負担調整金のおかげで、私はこのギリシャの地に、終《つい》の棲家となる最愛の我が家を作ることができました。私は――確かにうつではありますが――まるで楽園にいるような暮らしをしています。家族の残りの人たちは散り散りになってしまったので（これも戦争の結果です）ほんとうに孤独ではありますが、やはり私はこの暮らしを大きな奇跡のように思い、毎日とても感謝して過ごしています。兄も姉も離婚しました――私は一度も結婚を試したことがありません。ところで、あと少しの年月が残されています。大きな庭、ニワトリ数羽、ロバ一頭、咲き乱れる花の中にある陶芸用の小屋、海、雄大な景色とともに、ここで生きていきます。

バーバラ・W。今日で七一歳、父はいません、子どもはいません。

バーバラ・Wの家族関係は、戦争とナチス時代の後遺症によって傷つけられた。私の催しに参加する女性たちからも、年をとった兄弟姉妹間のコンタクトは、希薄か、きわめて問題が多いということを私は頻繁に耳にしてきた。多くの兄弟姉妹は戦争というテーマを断固として拒否し、いやそれどころか、自分たちがいるところで戦争について語られると腹を立てるというのだ。たとえ気を取り直して家族で集ったとしても、識閾《しきいき》下の対立は、良い雰囲気をもたらすことはないという。

不安の中心に向かう旅

しかし私は例外も知っている。追放という運命を体験した一人の女性が、年長の二人の兄が亡くなってから、年下の姉妹四人は年に一度、そのたびごとに違う場所へ、一緒に数日間の旅行をすると述べた。その際には、避難の直後と、西ドイツで過ごした終戦後初期の、重要な滞在地が問題になるという。「これらの場所で、私たち姉妹の一人ひとりが、そこにいた当時、どう感じていたか話します。すると全く異なる体験と記憶が出てくるのです。このような旅行は、きわめて特別な結びつきを私たち姉妹の間に作りました。」この女性たちにとって大切なのは、誰の記憶が「正しい」かではなく、「姉妹の誰もが、その場所と自分自身の歴史を結び付けている」という認識なのである。ある一人にとって「いちばん孤独な年月」だったかもしれないが、別の一人は、その地で生涯の友だちを得たので、十分に幸せな時期と感じていたかもしれない。

戦争の過去との取り組みをめぐって、そのような——つまり個人的な——努力の他に、公的な議論もさらに発展を続けた。その際に、過去何年にもわたる戦争の子どもたちの苦しみだけではなく、暴力で犯された女性たちの苦悩もテーマとして取り上げられた。六五年前のレイプの影響がどんなに激烈な形で今も残っているかを、老齢になって公の場で述べてくれた数少ない勇気ある女性たちがいたことで、それは明白になった。犠牲者がまだ子どもだった場合も珍しくない。

ドイツの戦争の子どもたちに関する調査の中で、私はなんどもそのことに気づいた。二つの事例について、私はすでに戦争の子どもたちについて書いた本に記している。その後、この事例とは別に、私がすでに経歴を公にした女性で、少女時代にレイプされた経験を持つ者が、さらに二人いることがはっきりした。私がインタビューした時点では、二人ともレイプについて語ることができなかった。二人のうち、当時十一歳だった一人が、それについて次のように話してくれた。「私は女の人たちと一緒に地下室に隠れていました。もちろん兵士たちはそこで私たちを発見して、それぞれ女の人を、誰かれの区別なく捕まえました。地下室はほんとうに真っ暗で、手当たり次第でした。」

また別の一人の女性、彼女の言葉を私は絶対に忘れない。ある朗読会の折に、彼女は最前列から手を挙げて発言の意志を示した。驚いたことに、彼女はそのとき立ち上がったのである。私は今も目の前に彼女の姿がありありと見える。小柄で、やせて、両腕をぶらんと垂らし、ポニーテール。彼女を見て最初に、奇妙だ、六歳の少女のように見える、と思ったことを私は覚えている。そして実際に彼女はある意味で六歳の少女であることを証明してみせた。「六歳のとき、私は避難民になりました」という言葉で話し始めたからだ。「私たちは、母、祖母、二人のおば、という非常に小さなグループでした。ある日すっかり疲労困憊していると、一人の農夫が、自分の農場に何日か泊って休んでいきなさいと申し出てくれました。」その翌日、突然大変な騒ぎが起きた。ロシア人が数人、この農場に近づいてきたのである。そのとき女性たちはあるアイデアを思いついた。唯一の子どもである幼い彼女は、一人でドアのところに行って、ロシア兵をそこで待ち受けるようにと命じられた。女性たちは「ロシア人は何と言っても大の子ども好きだから、私たちには何も起こるはずがない」と信じこんでいたのだ。しかし兵士たちは大声で言った。「子どもがいるぞ、ってことは、女がいるぞ！」それから彼らは母親、祖母、おばたちに襲いかかった。「彼女たちの叫ぶ声が、今でもまだ私の耳から離れません」という言葉で、時代の生き証人は話をしめくくった。

目立つのは、記憶の中の二つのモチーフである。この二つは、最初の二年間に行われたほとんどすべての催しで話題になった（しかしその後はめったにない）。最初のケースでは低空飛行する飛行機によるトラウマが問題になった。いつも同じ言葉が使われた。「私にはパイロットが見えました！　大の男が子どもを標的に射撃するなんて、どうしてできるのでしょうか？」この種の問いは人間の頭から一生離れない。体験した恐怖は、深く、とても深く根を下ろしている。

記憶のモチーフの二つめで問題になるのは、三〇年代生まれの人びとは、国家社会主義による暴力の証人であることだ。子どもの頃、彼らは強制労働を課せられた人びとが屈辱を与えられるのを、近隣のユダヤ人がトラックの上に追いあげられるのを、戦争捕虜や強制収容所の囚人の一団が列を作って通り過ぎ――無慈悲な扱いを受け、痩せさらばえているのを、その目で見ていた。たいていの親はただ、「あっちを見るんじゃない」と言うだけだった。当時比較的小さい子どもだったために、下等人種［ユダヤ人等を指すナチ時代の蔑称］とか支配者とかいうカテゴリーに、その正義感がまだ毒されていなかった人びとの記憶には、権利剥奪と残忍な虐待のシーンが深く焼きつけられた。

しかし長いあいだ沈黙し、あるいは、「自分たちは何も知らなかった」と主張したのが、親だけではなく、戦争末期生まれとは異なって、ナチス時代の記憶をかならず持っているはずの兄や姉の年齢に当たるグループも同様だった点に、私は今になって初めて注意をひかれている。子どものときに見てはいけなかったし、まして犯罪行為について話すのを禁じられ、それを語る言葉をみつけられなかった彼らの口は、数十年後もまだ封印されたままだった。高齢者になった今ようやく彼らは語れるのだ、ということに私の心は強く揺り動かされた。彼らの場合それは、恥と罪の感情が年下の人びとよりもずっと強く刻みこまれていたことを暗示しているのだと思われる。それは、なぜ多くの人びとが、ドイツ人のメンタリティーに対する不信の念を捨てなかったのかへの説明でもある。残虐行為へ逆戻りするかもしれないという不安が、生涯にわたって多くの人につきまとった理由を、私は理解し始めた。

この本のために調査を始めた最初の数年間、インタビューの相手が、まるで電話帳を読み上げるような、全く感情のこもらない調子で戦争の恐怖について語るので、そのたびに、どれほど当惑したかを私は覚えている。彼らはまるで感情が麻痺しているような感じであった。そんなふうに語る人の話に、長く耳を傾けることはできない。

老齢になった今ようやく、昔体験した喪失と脅威が自分たちにどれほど深く刻まれてしまったかを、多くの人びとは理解し始めた。戦争中の幼年時代を再構築するプロセスは、完全に心を解放するものではないとしても、結果的に、主として心の重荷を軽くするものとして体験される。私の知人グループでこの「解放作業」をしている間に、なんども私の注意をひきつけたのは、言葉と声の調子がどれほどはっきりと変化するかである。両方とも、活気づいてくる。この問題でテレビ出演に応じることにも、それは現れている。時代の証人が自分の気持ちに近づく機会を持てば、彼らの証言は私たちを深く感動させる。長い沈黙の後に、多くの戦争の子どもたちがついに自分たちの言葉をみつけ——そして彼らの話は傾聴されるのである。

「私は自分の子どもたちを愛せなかった」

ミュンヘンの医師でトラウマ研究者のミヒャエル・エルマンが観察したように、戦争の子どもたち世代に属する人の多くは、自分のアイデンティティーを確立していない。この世界では自分の居場所がいまだにみつけられない、という感情を持っていることも稀ではない。非常に重要な特徴が、これほど長いあいだ気づかれなかった結果、アイデンティティーは受傷したのだ。ミヒャエル・エルマンはこう解説する。「記憶を呼び覚ます作業をしなければ、自分の人生は連続性があるという感情は起きません——これなしでは、ポジティブなアイデンティティーは存在しません。」だから多くの戦争の子どもたちにとって、年月を経てから自分の過去の記憶と向き合うときに、そのことが問題になる。つまり彼らは、砕けてしまった生命感を、ポジティブなアイデンティティーに変えようとしている。彼らは、人生の最終段階で心の平安を得るためには、この道を進まなければならないと感じているのだ。

今日の私たちは知っていることだが、父母の生命感とアイデンティティーが不安定であったら、彼らは子どもたちに方向づけをしてやることがほとんどできない。戦争の子どもたちが産んだ多くの子ども、つまり「戦争の孫」もまた、沈黙と家族の秘密によって重荷を負わされていると強く感じて、悲しんでいる——彼らの見解によれば、現在まで世代間の対立を引き起こす原因は、いくつもの秘密なのである。「私は心情的に親に近づけない——それはなんとなく戦争と関係があるようだ」という発言は多い。『ドイツの忘れられた世代』の読者の半数は、自分の親についてもっとよく知りたいと願う戦争の孫ではないか、と私は思っている。私の著作を読んで、母あるいは父をよりいっそう理解する助けとなったと言って、彼らは私に礼を述べる。Eメールの二つに一つが、世代間の関係が将来的には改善するだろうという期待を書いたものだ。

ときおり成功のニュースが届く。両親と祖父母の過去が、もうタブーではなく、自由に語り合えるようになった家族はかならず存在する。しかしそのような交流は、何事も見落とさないマスメディアという存在が、このテーマを取り上げて推測しているよりも、はるかに稀であろう。戦争の子どもたちの子どもたちが生きる静かなドラマを、あなたの心で受け止めてほしい、とたくさんのメールで私は頼まれた。対談相手が足りなくなることはない。

戦争の孫

二〇〇九年に私の本『戦争の孫 ――忘れられた世代の後継者（*Kriegsenkel — Die Erben der vergessenen Generation*）』が出版された。何人かの戦争の子どもたちもこの本を読んだか、あるいは少なくとも自分の子どもからそれについて聞いたようだ。十数名ほどの年輩の人びとが私に向かって公然と怒りを表した。怒りの主旨は、あの頃は誰もが人生でとてもつらい思いをしていた、そして今度は、何もひどいことを体験しなかった成人した子どもたちが抱える問題まで我々に責任があると言うのか、ということだ。彼らはこのテーマ設定を拒否した。というのも、彼らは自分の子どもたちを傷つけたが、罪は犯していないし、こんな憶測が可能だとは、決して思えなかったからだ。他方で、その間に戦争の子どもたち関係の朗読会ではいつも、「私たちは、子どもたちに何を伝えてきたのでしょうか？」と質問する母親がいる。特に人びとは、人生に対する十分な信頼感を子どもに伝えることができただろうかと、心を悩ませている。

あるときの朗読会の終わりに、一人の女性が、私と二人だけで話したいと申し込んできた。初め彼女は黙りこんでいたが、やがて震え始め、そして「私は自分の子どもを愛せなかったのです！」

という言葉が口から洩れた。これを彼女は、自分が戦争の子どもであると知って初めて自覚したのだという。心的外傷を受けて、彼女は強い感情を持たず、多分「感情麻痺」だったようだ。しかし精神療法医の治療を受けている今、感情が動き始めたと感じるという。それからというもの、子どもたちとの関係は明らかに好転し、「それを子どもたちも認めています」と付け加えた彼女の顔には、希望に満ちた小さな笑みが浮かんだ。

戦争の子どもたちと平均的な世間の人びと

ようやく数年前から、「戦争の子どもたち」は一つの世代を表す名称となった。以前この年齢層の人びとは「私たちは戦後世代だ」と言っていた。ヘルムート・コール〔西ドイツおよび統一後の連邦共和国元首相〕もまた自分をそうみていた——彼は一九三〇年生まれである〔二〇一七年没〕。彼の内閣を構成する閣僚の四分の三がこの年齢層に属していた——つまり、およそ一九三〇年から四五年生まれの世代である。彼らは事のついでに戦争について語りはしたが、「あれは私たちには普通のことだった、なんといっても私たち全員が体験したのだから」と言った。子どもたちはそんなふうに感じるものだ、と。つまり彼らは、大人になってもまだ子ども時代と同じ態度をとり続けていたし、自分たちに影響を与えたのは五〇年代だと確信していた。今ようやく老齢になって、私たちは最後の戦争世代だ、と彼らは言っている。

ここで重要なのは、戦後数十年の間に、戦争やナチスの過去というテーマの取り扱い方がどれほど種々様々であったか、またどの視点がいつ支配的であったかを明らかにすることだ。七〇年代以降、特にアメリカのテレビシリーズ『ホロコースト』が放映されてからというもの、「犠牲者としてのドイツ人」というテーマは、もはや文化的に好ましくないものとされた。メディアで、学校で、研究で、ヒトラーのドイツに関する事実や背景、ナチスの犯罪による犠牲者のみが問題になった。こういった認識の枠組みの変化を前にして、ドイツ人は、戦争で、捕虜生活で、戦後の貧困の中で、どれほど自分たちが苦しんだかを嘆いたのである。故郷を追われた人びとが何もかも失い困窮したことは、分割されたドイツの西側では、聞き逃すことができない公的なテーマであった（東側では、SED［ドイツ社会主義統一党］が、すべて黙殺されるように取り計らった）。

確実なのは、禍に満ちたドイツの歴史の扱いは、目立つほどの一八〇度方向転換の中で生じた、ということだ。『ドイツの忘れられた世代』が二〇〇四年に出版された当初は、このテーマ設定が、社会的政治的にどんな評価を受けるか、明確ではなかった。私は逆風が来ることを覚悟していたし、少なくとも評論家の半分は、ドイツ人を犠牲者だと表現したといって、私を非難するだろうと想像していた。初期の批評の一つがまさにその通りだった（『シュトゥットガルト新聞』）。著者は「通俗的な心理学」を使って論じている、この本には深みと内容がない、というのが非難の要点であった。そして最後に「この本を出版したクレット－コッタ社は、なぜ今頃になってまた、「我々はやはり全員被害者だという主張の波に乗っていくのか」と自分に問いかけねばならない」と述べている。これが、この種の辛辣な批判では、今でも唯一のものである。明らかに当時すでに、考え方の根本的な変化が始まっていた。ドイツ人の苦しみを無視することは、時流にかなったものではなくなったのである。

ドイツ－感情の反射作用

ドイツの罪について、およびドイツでは民主主義がその禍に満ちた歴史のゆえに他のどこよりも危機にさらされているのではないかという不安について、公的な議論は、二〇〇五年以降——戦争と追放による痛ましい体験が、テレビで放映される頻度が増すにつれて——明らかに減少した。それ以前は、ナチズムとホロコーストについて、メディアは過剰に貢献していたのだろうか。外国人たちはそれについてくりかえし意見を述べたが、特にセース・ノーテボーム〔オランダの小説家（一九三三年生まれ）〕は、一九九八年の長編小説『死者の記念日（*Allerseelen*）』〔カトリックの万霊節〕で、意見表明している。ここに描かれているのは、非社交的なあるオランダ人で、彼は妻と息子の事故死を克服できず、その基調である暗い雰囲気がドイツの首都ベルリンの「メランコリー」と結びついている。「彼は外国でよく耳にする様々な主張とは逆に、たとえどんな形であるにせよ、永遠の自己探求が決して止まらないことを知るのに十分なほど長い間、ここにいた。それに対して、あらゆるメディアに出てくるユダヤ人という言葉を数えるには、ただ任意に選び出した一週間があればよかった。それは、あるときは無意識の、あるときは顕わな強迫観念であって、この強迫観念の響きは、長い間よく機能してきた自由主義的現代の民主主義へと発展したものの中に、依然として混じっていた。」

ところが、それから驚くべきことが起こった。二〇〇六年サッカーのワールド・カップが、ドイツを、ドイツ国旗が咲き誇る夏の庭へと変貌させたのである。国家の本質的シンボルとの緊張関係がほぐれてきた。このことはドイツの一般大衆によって圧倒的に支持されただけでなく、外国のメディアからも歓迎された。黒・赤・金の無数の旗は、何百万の国民によって、目に見える形で、ドイツの感情反射作用を——国を愛する感情や国家のシンボルが現れるたびに、無意識に生じるあの居心地の悪さを——弱めたのである。サッカーの夏には、それについてもう何も感じられるものはなかった——そしてドイツ人自身以上に驚かされた人は誰もいなかった。

様々な感情の反射作用については知られている。それは深く根づき、意志の力では妨げることができない。もしかすると、激しい衝撃に引き続いて何かの行動が起こらないように、理性で防止策を講じることができるかもしれない。ドイツ–感情の反射作用は、多くの若者にとっては耐えがたいものだった――その理由は、彼らがナショナリストだったからではなく、自分たちの家庭内でそれについて率直な対話がなかったと察していたからだ。彼らはドイツの過去について、ただ暗示を受けていただけだった。まさにそのことが、新たな沈黙と混乱を生み、結局その結果として、多くの若者が自分の家族の歴史に無関心なのである。

現在、「ドイツの罪」というテーマと社会的に取り組む中で新たに出現したこの緊張のなさは、どのような影響を生むのだろう、と私は自問している。ドイツ人は以前より忘れやすくなるのだろうか、あるいはそれどころか、以前より責任を自覚するようになるのだろうか。

これまでナチスの過去についての知識を背景にして、私たちの法治国家を保持するためのセンサーは適切な発展をしてきた。それはなによりもまず、戦争の子どもたち世代のおかげである。彼らは昔の連邦共和国［旧西ドイツ］で、ナチズムとその集団犯罪についての知識が、学校や大学に、そしてメディアにしっかりと根づくように配慮した。責任をもって徹底的に最近の歴史を見直したことは、ドイツの評価を大きく高めたが、これは彼らの功績である。

「平和のための戦争の子どもたち」

年配の人びとは公共の場に登場することが増え、あるいは時代の証人として学校に招かれている。生徒たちが、罪だけではなく苦しみもまた存在したのだと理解し始めるなら、彼らは自分の国を、さらにまた自分の祖父母を、いっそう理解することになるだろう。そして、爆撃や追放や飢えについてだけでなく、一つの独裁国家〔ヒトラーの第三帝国〕あるいは二つの独裁国家〔第三帝国と旧東ドイツ〕での体験について質問してほしい。私たちの民主主義のためには、これ以上よい援護はない。

時代の証人として戦争の子どもたちは計り知れないほどの価値がある。現在最も興味深いプロジェクトは、研究のための重要なドイツの戦争の子どもたち-アーカイブだと私には思われる。発起人は促進協会「平和のための戦争の子どもたち」である。かつての戦争の子どもたちによって設立されたこの公益協会は、学術的な平和活動に力を尽くしている。映像ソフト収集貸し出し施設〔ビデオテック〕、つまり、時代の証人インタビューの代表的アーカイブを作ろうとしている。これは二〇一〇年一月にハンブルク大学現代史研究所で始められた。このアーカイブが学際的かつ国際的に役立つには、八〇〇から一〇〇〇のインタビューが必要である。

どのインタビューも、科学的処理とアーカイブ化を含めて、二〇〇〇ユーロかかる。「平和のための戦争の子どもたち」協会、および、この大プロジェクトに参加している学者たちは、戦争の子どもたちの立場にある人びとからの財政的援助を期待している。そこで「あなた自身の戦争の子ども‐インタビューに二〇〇〇ユーロのご寄付を」という呼びかけが行われた。そして親族の人も、平和活動に寄与することができる。年上の人たちが切りのいい誕生日を迎える前に、実になんども、彼または彼女に何をプレゼントすればいいですか、という質問が出る。戦争の子ども‐インタビューについて考えてみるのは、社会への贈り物として価値があることだ。それが実現すれば、もちろん家庭アーカイブのために、映像コピーもできるだろう。

戦争の子どもたちは、「忘れられた世代」の運命への関心がこれからもう消されることなく、そして平和への道が受け継がれていくために、多大な貢献さえできるのである。

あとがき（二〇〇四年）

ルイーゼ・レッデマン

数年前に、私はフィラデルフィアでトラウマセラピーについての講演を行ったが、その際、当地のセラピストたちは私に次のような質問をした。なぜあなたはトラウマのセラピストになったのか、それはあなたの個人的な出来事のゆえにか、それとも集団的な出来事のゆえにか、と。ここドイツであったなら、私にそのような質問をするだろうか？　どちらかというとしないと思う。

集団的な出来事のゆえに、これは一体どういうことであろうか？　自身が戦時生まれの子どもである私には、子どもたちにはある決定的な局面がある、ということを認めることが許されるであろうか？　つまり、ヒトラーが存在したこと、ドイツ人が戦争を始めたこととは全く関係がなく、見捨てられること、故郷の喪失、爆撃、飢え、苦悩、避難民、それゆえ、アウトサイダーであるという恥辱、親たちの不安感、そして親たちがいかなる支えも与えることができないこと、そうしたこと関係している、すなわち、まさしく小さな子どもが日常的に体験する苦悩と関係している、ある決定的な局面が子どもたちにはある、ということを。ウィーン出身のブリギッテ・リューガー・シュースターと彼女の仕事仲間たちは、コソボ出身の子どもたちと関わり合っている。彼女たちは、これらの子どもたちがいかに親たちに心を配り、自身の苦悩を隠し、良い振る舞いをし、いかなる問題をも持っていないかのようにみえるか、ということを観察している。ブリギッテ・リューガー・シュースターは、「何の問題も持たない子どもたち、彼らこそ私たちが心配する子どもたちなのです、これらの行儀のよい適応した子どもたちが」と述べている。

私たちも、そのように行儀のよい適応した子どもたちではなかっただろうか？　反抗はずっとあとでしたのである。その通り、後に私たちは自分たちの親たちと闘った。だが、私たちは私たちの中の、見捨てられた子どもたちのことを気にかけたことはなかった。

トラウマ研究では、一般に多くのことが変動している、ほとんど毎日新しい認識が加わる。「戦争の子どもたち」というテーマは、公の議論ではほとんど知られていない。

なぜドイツの戦争の子どもたちにおける戦争に限定されたストレスが、ほとんど認められなかったのか、ということについては、様々な理由がある。主要な理由は、おそらく、ドイツ人がナチスの時代に打ち立てたものの処理が、ドイツ人の意識の中で――そして当然彼らの犠牲者の意識の中で――優先された、という事実と関係しているのであろう。そしてそれはまた効力を持ち続けているが、それは全く当然のことである。

それにもかかわらず、誰もが知っているように、戦争の子どもたちは行為者ではなかった。これらの子どもたちを彼ら自身の観点から考察することが、これまで私たちに可能でなかったのは、どうしてだろうか？　そうすることは必要であろう。そしてそのために、ザビーネ・ボーデは彼女の著書で重要な一歩を企てている。私は敢えて次のような一つの仮説を立てた。私たちの親たちは「犯罪者」だったか、または「野次馬」だった、いずれにせよ「良い人びと」ではなかった、と私たちは知らされた。それが子どもに――後に私たちの中の子どもに――何を形成したかは、誰も、私たち自身も、関心を抱かなかった。私たちはそれを呑み込んだ、私たちはもつれていた、そして私たちがたとえ何を考え、何を行おうと、それは間違っていた。私たちが自分たちの親たちの中に行為者の面をみたとしたら、私たちは彼らもいずれにせよ多くが犠牲者だったことを見落としたのだ。また犠牲者の面をみるとしたら、私たちは彼らの行為者の面を見落としたことになる。

両者を内的に耐え抜くには、ずっとより内的な仕事が必要とされる。「行為者」と「伴走者」の子どもである私たちは、今日内面化した家族の共同責任から抜け出て、私たち自身の生活を敢えてやるようにしなくてはならない。私たちは、この内面化した家族の共同責任によって、まさに私たち自身の生活の一部を断念した。だが、私たちがこの私たちの生活を取り戻すべき時が来たように、私には思われる。私たちは、私たちに属していない部分を、内的に私たちの親たちに返さなければならないであろう、そして彼らは、私たちが望む親たちではなかった、という恥辱と悲しみに耐えることを学ぶであろう。

過去数年間、私のセラピストという仕事において、なるほどそのあいだ個人的なトラウマに従事することは可能になっているが、第二次大戦と戦後の時代が飢えと寒さと追放を伴った集団的な精神的外傷について熟考することは、相変わらず多くのことがそれと同一視されている一つの社会的タブーであるということが、私にはますます明らかになった。

かの有名なアメリカのトラウマ研究家ピーター・ラヴァインは、子どもたちがそれらに耐えることができ、大人になってもこれらをトラウマと認識しない精神的外傷に関する一つのリストを作成した。それには、例えば、飢え、寒さ、喪失、転居といったものが属しているが、追放による故郷の喪失については、彼はまだ全く一言も語っていない。

親たちの精神的なストレスが、子どもたちにとって一つの高いリスクを意味する、ということを私たちは知っている。いかに多くの戦争の子どもたちの親たちが、心的外傷後ストレス障害に罹っていたことであろうか？

もしも子どもが毎日大惨事的な戦争の出来事に晒されているとしたら、もしもその子どもが他の人びと、もしかしたらその子どもに近い人びとが殺されたり、手足を切断されるのをともに体験するとしたら、守ってくれるはずの大人たちが消え、臓器の失調症にさえなり、それによって精神的に消える、ということをともに体験するとしたら、何が起こるだろうか？　年齢に応じてこの子どもは、いくつかの徴候を挙げるだけでも、後退、抑うつ、摂食および睡眠障害、過度の執着、不安、悪夢、大と小のおもらしでもって反応することだろう。

この子どもは、トラウマ体験のあいだ「注意力が散漫に」なり、まるですべてがほんとうではないかのように、すべてがほんとうには生じていないかのように振る舞う、ということも生じるかもしれないであろう。そしてこの現実のフェードアウトという状態は強固になり、その結果、後に大人になっても、現在の時と場所を適切に認識し、識別するのが困難になることだろう。

実状、および生じたこととの、ある適切な対決の、このフェードアウトは、ドイツ国民のある一つの集団的な問題であったし、今もそうであろう。マルガレーテとアレクサンダー・ミチェリヒは、それを「悲しむことの無能力」と呼んだ。悲しむことができるということは、人生の事実をしっかりとみるのに十分強いことを前提にしている。精神的外傷はこの能力を減少させるか、または、全く無力にしてしまうのである。

危機を克服する能力の研究、それゆえ精神的な抵抗力、および恐怖心を克服できる能力を研究することは、補足的にトラウマ研究に属している。ドイツ国民は甚大な危機を克服する能力を意のままにする、というのは疑っていい。個人の場合のそれの出現は排除しないけれども。そこで、恐怖政体と戦争全体の処理が、論争的な形ではなくて、補償的なやり方を企図して生じたというのは不思議ではない。

トラウマ研究の認識は、ドイツの戦争の子どもたちにも適用すべきであろう。私たち精神セラピストたちは何を考慮しなければならないであろうか？　まず私たちは、私たちが自分たち自身の歴史を十分に再検討したかどうか、ということをいちど明らかにしなければならない。たとえ私たちに良い教育分析家がいたとしても、それは事実ではない、とみなすべき確かな理由がある。

それから私たち精神セラピストは、もし助言を求める患者が一九三五年と四五年の間に生まれていたら、第二次世界大戦に関して、その患者に対して率直に尋ねてみるべきであろう。それは実際次のように全く簡単な質問である。「どこであなたは生まれましたか？ あなたのお父さんはどこにいましたか、お母さんはこの時期にどこにいましたか？ あなたの生まれたところで爆撃はありましたか？ 戦後あなたはどこで生活しましたか？」これらは中心的な問題のいくつかにすぎない。

その後ことは深まるであろう。まさにこの時期にも注意を向けさせることが、いよいよもって重要である。それはそうと、それについて幾人かの患者たちは——意識することなく——何も知らないというのも、実際それについては、決して語られなかったからである。

私にとって重要なのは、私たちは個人の見方と解決に対してオープンであるということである。そういうわけで、ある一人の女友だちが、自分は奇妙な反応を示すことを意識するようになった、と私に語った。彼女はみんなが電車をののしるといつも電車をかばうというのだ。彼女は当時、避難の途上で遂に電車に乗ったとき、たとえ狭かったとしてもどんなに良かったか、それから、安心感、安らぎ、緊張緩和が生じたのを思い出し始めた、という。彼女は電車が遅れても決して怒らない、という。だが、プラットホームでは相変わらず不安を抱くそうだ。

精神分析家ピーター・クターが示しているように、私たちは、精神的葛藤の処理についての一般に行われている企てを、実存的葛藤についての認識によって補わなければならないが、トラウマとトラウマ的ストレスの後遺症についてもそうである。体が全く直接的に自己を思い出し、これを苦痛によって表現するということを理解することを、私たちはますます学ばなければならない。もし体の苦痛を理解して通訳してやるとしたら、体は傷つけるのを止めるかもしれない。ある六〇歳の女性は、絶えず冷たい脚について嘆いていた。冷たさはふくらはぎの真ん中にまで広がっていた。彼女が子どもの頃、避難の途上、ふくらはぎの真ん中まで冷たい水の中に、すなわち、逃げる際に乗ったボートの中に立っていた、ということを思い出すまで、何をしても役に立たなかった。そのことが認識されて十分に処理されると、彼女は両脚と脛をゆっくりと取り戻すことができた。つまり脚と脛はいわば氷水の中に留まっていたのである。

トラウマ的体験は、想像上「良い終わり」へと運ばれるべきであろう。それは、私たちは私たちの中の子どもに共感して出会う、ということである。私たちはその子どもに、おまえに苦痛や不安や絶望があるのはもっともだ、と言うべきであろう。

私にとって音楽は最大の慰めであるので、ここに一つの比喩がある。それは、もしかして、テーマが短調のままに留まっているとしても、テーマを変化させて、メロディーが長調で響くように試みるかのようである。

精神セラピストたちも、もっと以前にすでに戦争の精神的外傷に気づこうとしていたのであり、戦争によって受けたトラウマを持った彼らの患者たちの病気と苦悩状態の間には関係がある、ということをつねに体験してきたのである。彼らはまた、誰が戦争で罪があるのかということは、小さな子どもには何の役割も演じていないのであって、その子どもは単に、父親が不在なこと、母親が不安とパニックになっていること、飢えて凍えていることに苦しんでいるのだ、ということを認識していただけである。戦後その子どもの体験が、大人たちの考えではもっと重要でもっと悪いことがあったからという理由で、価値を持たなかったということは、その子どもの心にどのような影響を与えたであろうか？

もしもその子どもが、自分の父親が「行為者」であったこと、自分の国民が恐ろしいことをやったことを認識するとしたら、何が生じるだろうか――自分自身との共感を知らないこの子どもは？

一つの可能性はすべてを否認することであろう。別の可能性は、父親、両親を非難し、攻撃するが、自分自身はフェードアウトし続けることであろう。こうした人間は、自己と他者にとっての包括的な共感には、苦労してしか到達できないであろう。

私が理解するところでは、私たちドイツ人は、この恐ろしい出来事に対応できるには、それのすべての面に対応できるには、とりわけ治癒力のある危機克服能力の欠如のゆえに、非常に多くの時間を必要としたのである。

この恐ろしい出来事の数ある面の一つは、戦争の子供たち、それゆえ、今日五八歳から七三歳までの世代の運命である。ひとはそれを嘆くかもしれないが、正確な認識と正視には時間が必要だったということには、おそらくそれなりの意味があったのだろう。今や時が熟したようにみえる。この著書はそのための重要な貢献である。願わくは、本書が当事者において自身の履歴との対決を引き起こし、だがもう一度より正確に正視する勇気を生じるように。

他者との深い共感は自分自身との共感を前提とする。だがそのことを私たちは長いこと考えてこなかった。ザビーネ・ボーデの著書はこのプロセスを突き動かすのを助けてくれることであろう。

訳者あとがき

ザビーネ・ボーデ著『ドイツの忘れられた世代』（クレットーコッタ社）(Sabine Bode, *Die vergessene Generation, Klett-Cotta*) は二〇〇四年に初版が刊行され、大きな反響を呼んだ。本書はその七年後の二〇一一年に出版された増補版——増補版のための序文と第一五章が新たに加えられた——の全訳である。底本として二〇一四年刊の第一七版を使用した。

ザビーネ・ボーデは、一九四七年、敗戦後のドイツに生まれた。『ケルン市報知新聞』編集者を経て、一九七八年よりフリージャーナリスト、著述家、ラジオ放送作家として活躍している。ケルン市在住。戦争の子どもたち、戦争の孫たちをテーマとする主要著書はドイツの雑誌『シュピーゲル』のベストセラータイトルリストに挙げられ、現在も読み継がれているロングセラーでもある。

この本の主人公である「忘れられた世代」「戦争の子どもたち」とは、第二次世界大戦中に子どもだった人びとに与えられた名称である。今ではこの呼び名がほぼ定着しているという。彼らが体験した戦争による暴力、徹底的な破壊、爆撃された街からの避難、古くから住みついた故郷からの追放、貧困と飢餓、死と別れ。そしてこの悲惨は彼らにどんな影響を与えたかが語られている。

戦争の子どもたちというテーマは、著者がこの問題に関するセミナーに参加した九〇年代初頭には、一般的にも研究者からもあまり関心を持たれていなかったという。子どもの多くは、戦中戦後に目で見たこと耳で聞いたことについて尋ねたり話したりすることを大人から暗黙の裡に禁じられて、ただじっと口を閉ざして生きてきたのである。著者がこの沈黙したテーマと巡り合い、一生関わっていこうとするいきさつを、私たちは細かく知ることができる。彼女は辛抱強くテーマを追い、周囲の理解が得られないままにインタビューの相手を探し、こつこつと調査を続けてきた。

彼女の問いかけに応えたのは、およそ一九三〇年［総選挙で国家社会主義ドイツ労働者党（ナチス）が大進出を果たした］から四五年［五月にドイツ無条件降伏］に生まれた人びとである。彼らに襲いかかった想像を絶する恐怖や苦痛はトラウマとなってその後の人生にまとわりついたことが分かってくる。トラウマとは、耐えがたい出来事によって心に刻み込まれた深い傷を指す。それは脳の記憶装置の奥底にしまい込まれたまま、時には何十年も「寝たふり」を続けることもある。本人は自分が特別にむごい体験をしたという自覚もない。それがあるときいきなりよみがえり、心や体につらく、時には死ぬかと思うほどの症状を突発させることが確認された。

この本の特徴はなによりも、当時の体験や気持ちについて自分の言葉で表現し始めた人びとの語りを手掛かりに、子どもの視点から戦争の子どもたちの状況を捉え直し、あの時と今までを詳細に考察している点である。気長に積み重ねたインタビュー、メールや手紙、著者が開く会の参加者の発言などからは、戦争の子どもたちの息遣いが聞こえてくる。トラウマとなった体験は様々である。爆撃機に追い回される、一瞬のうちに家族全員が死に自分だけが生き残る、目の前で肉親がレイプされる、親による虐待、性的虐待、自分がどこのだれかわからない戦災孤児など。著者と専門家の話し合いの記録も興味深い。

二つ目の特徴は、戦後間もない頃のものも含む今日の文学から古典まで、文学作品からの引用の多さだろう。著者も述べているが、文学や芸術はトラウマになるような体験について学問が関心を持ち始めるはるか以前に作品の中に描き、人びとをひきつけてきた。本書にとりあげられた作品の引用を楽しんでいただければと思う。日本語の翻訳で全文を読める長編もある。亡くなった弟をたった一人でネズミから守ろうとする少年と、その少年に手を差し伸べる脚の悪い老人を描くボルヒェルトの短編『夜には鼠も眠る』は、途中の数行と最後が少しカットされているが、ほぼ全文である。

さて、トラウマとなった過去の体験が心身に色々な苦痛を起こし、時には凄まじい症状となって現れる病は、心的外傷後ストレス障害（ＰＴＳＤ）とよばれる。この病名が広く知られるようになったのはベトナム戦争後である。ベトナム戦争を戦った米軍兵士は、戦地で深い心の傷を負った。人格が崩壊する、無感情になる、社会生活にうまく復帰できない、適応障害、自殺、薬物の乱用が多発した。その結果アメリカでは他国に先駆けてトラウマとその治療について研究が進んだのである。

第二次世界大戦時の戦争の過去は、今日もなお、ドイツの多くの家族に痕跡を残しているという。身をもって過酷な体験をした戦争の子どもたち世代だけではなく、その子どもたちやその孫たちの世代に至るまで、彼らのトラウマの影響はみられるという。

本書の内容は暗く重い面が多いが、心の傷を癒すことに成功した例、傷と共存する可能性の例も述べられている。また時代の生き証人として前向きに生きようとする人びとの活動と、それを支える社会の動きについても書き加えられている。そこに一筋の光明がある。

ところで著者と同年代の訳者は、本書に惹かれ翻訳に取り組んできたが、実際のところ心理学や医療については一読者の立場でしかない。専門的な事柄について不十分な点があるかと思う。専門の方たちがどうかお許しくださり、ご指摘をいただければまことに幸いである。

最後になったが、本書の出版を快く引き受けて下さった三元社の上山純二氏に心から感謝するとともに、ドイツ語について助言をいただいたダブリンのトリニティー大学ドイツ語講師ヨアヒム・コルプ博士に厚く御礼申し上げる。

二〇一七年七月　訳者

翻訳は、実現した増補版のための序文、謝辞、第一章から第七章まで、ルイーゼ・レッデマンによるあとがき（二〇〇四年）を茂幾が、第八章から第一五章までを齋藤が担当した。

著者紹介

ザビーネ・ボーデ（Sabine Bode）
1947年生まれ。ケルン市在住。『ケルン市報知新聞』編集者を経て、1978年よりフリージャーナリスト、著述家、ラジオ放送作家として活躍。戦争の子どもたち、戦争の孫たちをテーマとする主要著作は、ドイツの雑誌『シュピーゲル』のベストセラーリストに挙げられ、現在でも読み継がれているロングセラーでもある。

訳者紹介

齋藤尚子（さいとう ひさこ）
桜美林大学名誉教授
訳書：P.W. ドリンガー著『ベルリンサロン』鳥影社（2003年、共訳）、マンフレート・ゲルテマーカー他編『ヴァイマル・イン・ベルリン』三元社（2012年、共訳）

茂幾保代（もぎ やすよ）
元大阪大学非常勤講師
訳書：P.W. ドリンガー著『ベルリンサロン』鳥影社（2003年、共訳）、ヨッヘン・クラウス著『シャルロッテ・フォン・シュタイン―ゲーテと親しかった女性―』鳥影社（2009年、共訳）、マンフレート・ゲルテマーカー他編『ヴァイマル・イン・ベルリン』三元社（2012年、共訳）

ドイツの忘れられた世代
戦争の子どもたちが沈黙をやぶる

発行日　二〇一七年七月三一日　初版第一刷発行
著者　ザビーネ・ボーデ
訳者　齋藤尚子
茂幾保代
発行所　株式会社 三元社
〒一一三-〇〇三三
東京都文京区本郷一-二八-三六 鳳明ビル
電話／〇三-五八〇三-四一五五
ファックス／〇三-五八〇三-四一五六
印刷
製本　シナノ印刷　株式会社

ISBN978-4-88303-443-7
http://www.sangensha.co.jp